古典文獻研究輯刊

十七編

潘美月・杜潔祥 主編

第4冊

天一閣藏明代文獻研究(上)

柯亞莉 著

國家圖書館出版品預行編目資料

天一閣藏明代文獻研究（上）／柯亞莉　著—初版—新北市：
花木蘭文化出版社，2013〔民 102〕
目 2+218 面；19×26 公分
（古典文獻研究輯刊 十七編；第 4 冊）
ISBN：978-986-322-429-7（精裝）
1. 文獻　2. 研究考訂　3. 明代
011.08　　　　　　　　　　　　　　　　102014846

ISBN-978-986-322-429-7

古典文獻研究輯刊
十七編　第 四 冊　　　　　　　ISBN：978-986-322-429-7

天一閣藏明代文獻研究（上）

作　　者　柯亞莉
主　　編　潘美月　杜潔祥
總 編 輯　杜潔祥
企劃出版　北京大學文化資源研究中心
出　　版　花木蘭文化出版社
發 行 所　花木蘭文化出版社
發 行 人　高小娟
聯絡地址　235 新北市中和區中安街七二號十三樓
　　　　　電話：02-2923-1455／傳眞：02-2923-1452
網　　址　http://www.huamulan.tw 信箱 sut81518@gmail.com
印　　刷　普羅文化出版廣告事業
初　　版　2013 年 9 月
定　　價　十七編 20 冊（精裝）新台幣 31,000 元

天一閣藏明代文獻研究（上）

柯亞莉　著

作者簡介

柯亞莉（1981～），女，湖北大冶人，浙江大學中國古典文獻學專業畢業，文學博士，現任職於燕山大學出版社，主要從事藏書史、明代文獻研究，在《文獻》、《書目季刊》、《天一閣文叢》等刊物發表論文十餘篇，整理點校《吳百朋集》（中華書局待版）一部。

提　　要

　　中國古代藏書家和藏書樓在保存文獻、促進學術和傳播文化方面起到了重要作用。寧波范氏天一閣是我國現存最古老的私家藏書樓，足稱藏書家之巨擘。本文選取天一閣藏明代文獻為研究對象，重點是為了突出其學術史和文化史上的價值與意義。

　　論文分五章。第一章考述天一閣創建者范欽的從政簡史和交遊情況，在此基礎上指出，范欽藏書以實用經世為旨歸，所藏書很多來自友朋贈送或向友朋索取，范氏藏書樓建成於隆慶五年（1571），直至萬曆二、三年間（1574～1575）才正式命名。第二章和第三章闡述天一閣藏明代文獻的主要內容，即奏議類、政書類、傳記類、地理類、科舉文獻和明人文集等六類，並舉出百餘種明代文獻撰寫提要。第四章總結天一閣藏明代文獻的學術價值主要是史料研究和實用參考價值；其明刻本和明抄本涵蓋了明代各個階段和各種形態，具有重要的版本學意義；天一閣世代藏書，且與清初學術文化互動，其價值與意義將進一步發揚光大。第五章追蹤考察天一閣藏書散出的三條線索，得出結論天一閣舊藏以今臺灣和國家圖書館收的最多，並根據見聞製出天一閣原藏明代文獻在今天各圖書館的庋藏情況表。

　　作者立足原始文獻，將鉤稽史料與實地考查相結合，運用歷史學與文獻學的研究方法，在天一閣研究、中國藏書史研究和明史研究等方面做出了一些有益的探索。

圖　版

說明：

　　下列圖版共 50 張。其中圖 2～7、12～26、19、23、24、27、44、47 採自《天一閣珍藏系列・善本》；圖 8、9、18、20、43、45、46、48、49、50 採自《四庫全書存目叢書》影印天一閣藏本或舊藏本；圖 17、21、26、28 採自《續修四庫全書》影印天一閣藏本；圖 25、29～33 採自《天一閣藏明代地方志選刊》和《續編》影印天一閣藏本；圖 34、42 採自《北京圖書館古籍珍本叢刊》影印天一閣舊藏本；圖 10、11 採自《北京大學圖書館藏善本書錄》；圖 22 採自《香港中文大學圖書館古籍善本書錄》；圖 35～40 由天一閣博物館周慧惠提供。

圖 1：天一閣近影

圖2：《范司馬奏議》

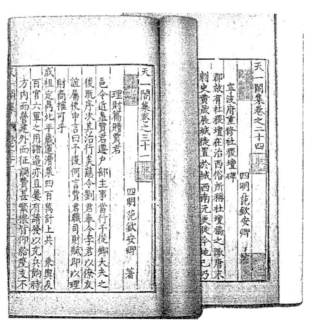

（天一閣藏明嘉靖刻本）

圖3：《天一閣集》

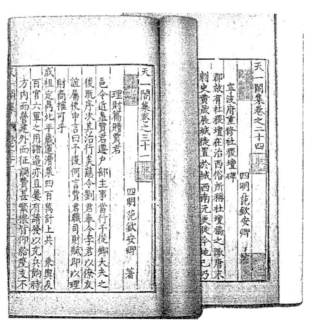

（明范欽撰，萬曆刻本）

圖4：《貢舉錄》

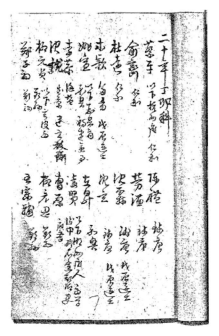

（天一閣藏范欽手稿）

圖5：《范氏奇書》

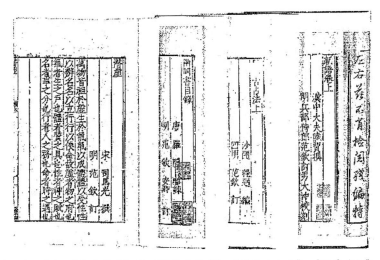

（天一閣刻本，包括《乾坤鑿度》附《周易乾鑿度》、《周易古占法》、《周易略例》、《周易舉
正》、《京氏易傳》、《關氏易傳》、《麻衣道者正易心法》、《穆天子傳》、《孔子集語》、《論語筆
解》、《郭子翼莊》、《廣成子解》、《三墳》、《商子》、《素履子》、《竹書紀年》、《潛虛》、《虎鈐
經》、《兩同書》、《新語》等二十種）

圖6：《稽古錄》

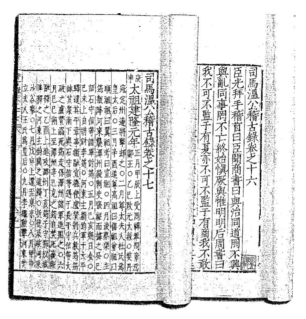

（天一閣刻本）

圖7：《元史續編》

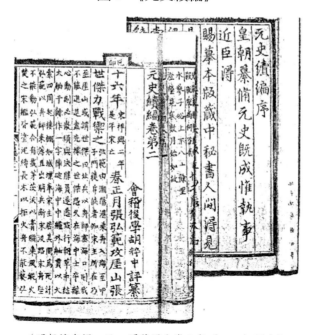

（明胡粹中撰，天一閣藏明永樂元年（1403）刻本）

圖 8：《商文毅公遺行集》

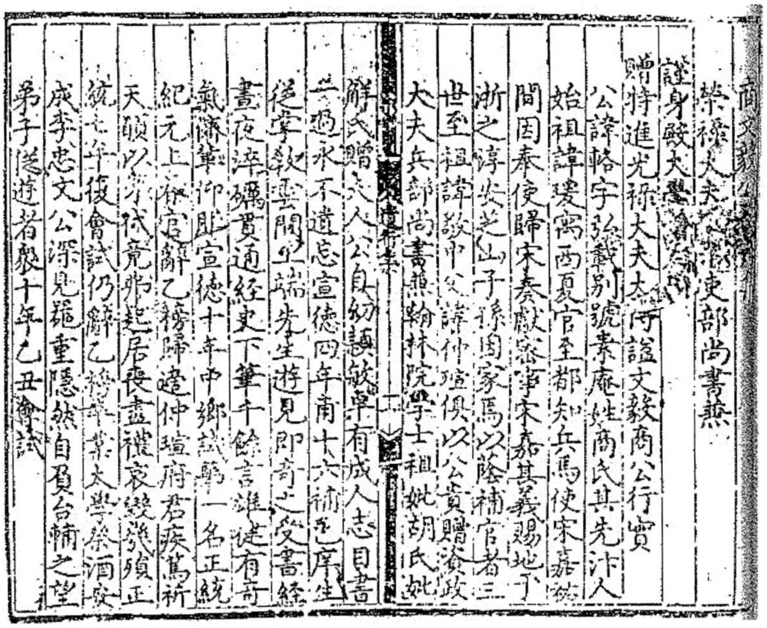

榮祿大夫少保兼太子太保吏部尚書兼
謹身殿大學士致仕
贈特進光祿大夫太傅謚文毅商公行實
公諱輅字弘載別號素庵姓商氏其先汴人
始祖諱璞宋西夏官至都知兵馬使宋嘉祐
間因奉使歸宋奏獻密事宋嘉其義賜地于
浙之淳安芝山子孫因家焉以蔭補官者三
世至祖諱俊中父諱仲瑄俱以公貴贈資政
大夫兵部尚書兼翰林院學士祖妣胡氏妣
商文毅公遺行集　二
解氏贈夫人公自幼穎敏卓有成人志日書
一過永不遺忘宣德四年甫十六補邑庠生
從學教諭閔端先生遊見即奇之受書經
晝夜淬礪貫通經史下筆千餘言雖從有司
氣節輩御史宣德十年中鄉試第一名正統
紀元上春官辭乙榜歸遭仲瑄府君疾篤祈
天願以身代竟卯起居喪盡禮哀毀幾殞正
統七年復會試仍辭乙榜卒業太學祭酒安
成李忠文公深見器重隱然自負台輔之望
弟子從遊者數十年乙丑會試

（明商汝頤編，天一閣藏明正德十六年（1521）刻本）

圖 9：《通鑑綱目前編》

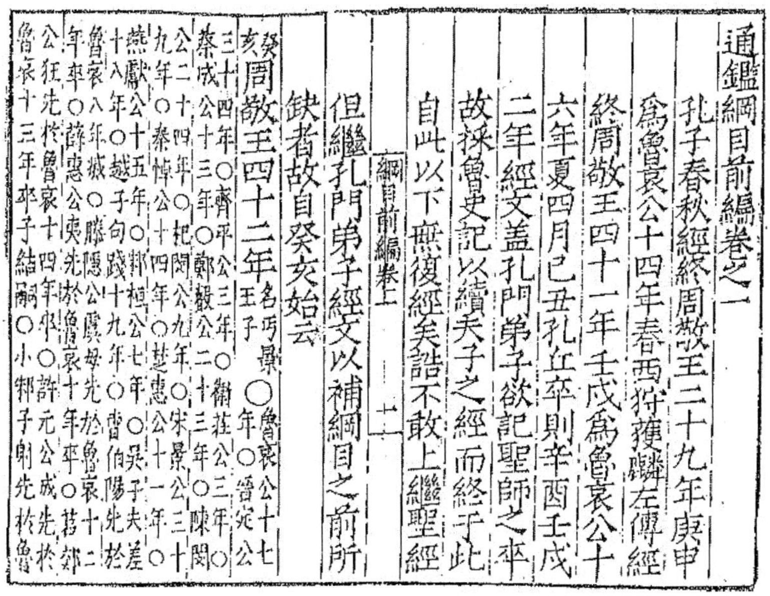

通鑑綱目前編卷之一
孔子春秋經終周敬王三十九年庚申
爲魯哀公十四年春西狩獲麟左傳經
終周敬王四十一年壬戌爲魯哀公十
六年夏四月己丑孔丘卒則辛酉壬戌
二年經文蓋孔門弟子欲記聖師之卒
故採魯史記以續夫子之經而終于此
自此以下無復經矣詰不敢上繼聖經
綱目前編卷上　十二
但繼孔門弟子經文以補綱目之前所
缺者故自癸亥始云
癸亥周敬王四十二年名丐景王子○魯哀公十七年○晉定公
三十四年○齊平公三年○衛莊公三年○蔡成公十三年○鄭聲公二十三年○陳閔
公二十四年○杞閔公九年○宋景公三十九年○秦悼公十四年○楚惠公十一年○
燕獻公十五年○越王句踐十九年○吳夫差十八年○邾桓公七年○曹伯陽先於
魯哀八年滅○滕隱公虞母先於魯哀十年卒○薛惠公夷先於魯哀十年卒○莒郊
公狂先於魯哀十四年卒○許元公成先於魯哀十三年卒子結嗣○小邾子射先於魯

（明許誥撰，天一閣藏明嘉靖五年（1521）刻本）

圖10：《虛菴李公奉使錄》

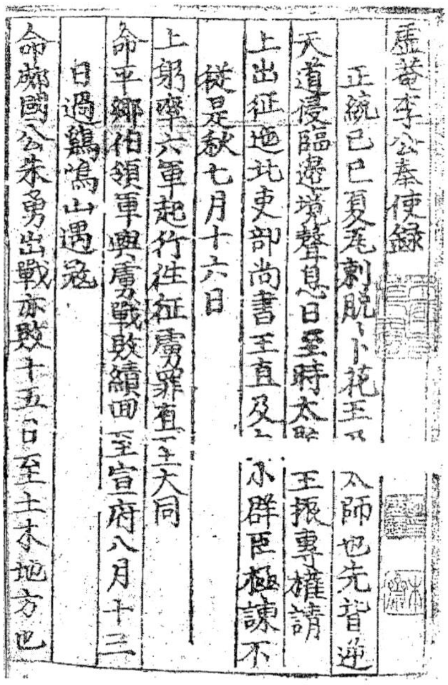

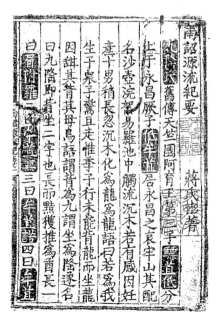

虛菴李公奉使錄

（明李實撰，北京大學圖書館藏明嘉靖元年（1522）刻本，天一閣舊藏）

圖11：《南詔源流紀要》

南詔源流紀要　　　蔣彬較著

（明蔣彬撰，北京大學圖書館藏明嘉靖十一年（1322）刻本，天一閣舊藏）

圖 12：《戴兵部奏疏》

有功當時雖重賜累洽曾未嘗一日有忘
於武也傳祚八百有自來矣我
太祖奮武應天滌腥羶以清中土
文皇天戈載舉靖朔漠直搗其巢嗣是綿延百
六七十年流芳遺烈照照諸邊文臣武士
建節樹勲者尚歷歷可數故醜虜雖嘗匪
茹其來有時其入有限禦之易爲力也頻
歲緣吾黨逆賊叛夏從寃導之横驁且來
不以時非先秋而夏則後秋而冬既瞻哉
以時日又疑哉以虐嘗變詐以時而長哉
軍旁能倍策以求勝之反每每墮其計幸
賴
聖天子至誠格於
玄休威德加於夷狄疆場震懾土宇清寧偉
哉
萬福無疆豈有惟允但用戒戎作以備不虞
臣子爲
國謀忠定不敢以苟寧自委因循違慮以貢

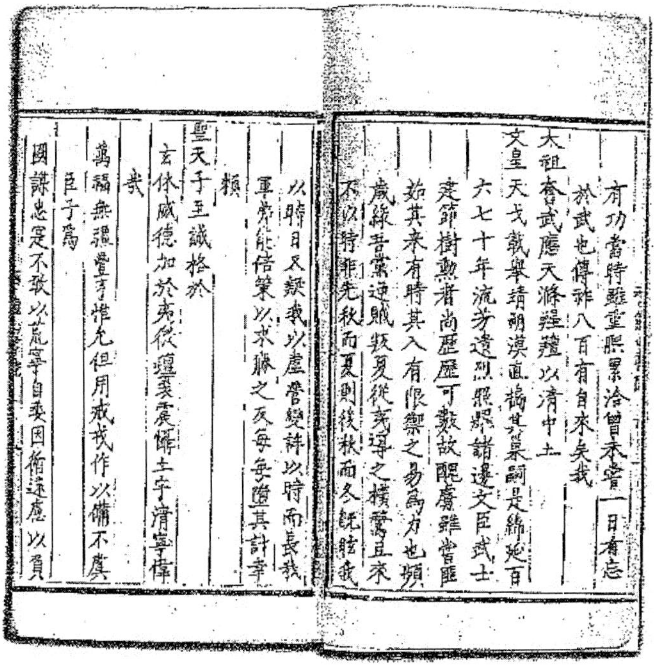

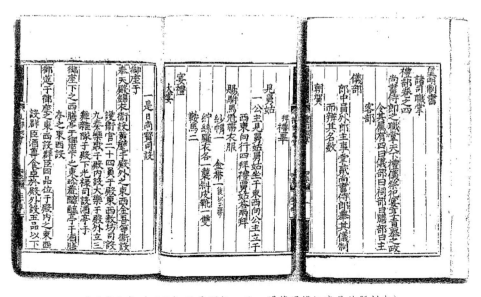

（明戴金撰，天一閣藏明嘉靖龍山書院刻本）

圖 13：《皇明制書》

皇明制書
諸司職掌
禮部卷之四
尚書侍郎之職掌天下禮儀祭祀宴享貢舉之政
令其屬有四曰儀部曰祠部曰膳部曰主
客部
儀部
郎中員外郎主事掌貳尚書侍郎舉其儀制
而辨其名数
朝賀
拜禮
見舅姑
一公主見舅姑舅姑坐于東西向公主立于
西東向行四拜禮舅姑荅兩拜
賜駙馬冠帶衣服
紗帽一　金帶一後以玉帶
紵絲羅衣各一襲斜皮靴一雙
鞍馬二
宴禮
大宴
一是日尚寶司設
御座于
奉天殿錦衣衛設黃麾于殿外之東西金吾等衛設
護衛官二十四員于殿東西教坊司設
九奏樂歌于殿内設大樂于殿外立三
舞雜隊于殿下光祿司設酒亭于
御座下之西膳亭于御座下之東珍羞醯醢亭于酒膳
亭之東西設
御筵于御座之東西設群臣四品位于殿内之東西
設群臣酒亭食卓於殿外設五品以下

（洪武元年（1368）正月頒行，天一閣藏明鎮江府丹徒縣刻本）

圖 14：《寧波府通判諭保甲條約》

寧波府通判吳 為保甲事蒙
欽差巡視海道兼理邊備浙江等處提刑
按察司副使劉 憲牌仰職會本府吕
推官督同鄞縣夏知縣遵奉
總制軍門原行親詣各鄉村審編保甲
竣事列條曉諭遵依外但流聞易弊兩
戒難周緣擬刋行備呈

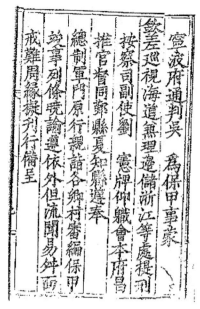

（天一閣藏明嘉靖三十四年（1555）寧波府刻本）

圖 15：《催徵錢糧降罰事例》

國為民各有攸濟而並行互舉不宜偏廢者
也臣等於本年欽奉
聖諭今後除見年應納錢糧不免外其以前拖
欠着戶部分別年月久近分數多少具奏蠲
免欽此該部即將一應帶徵全徵各項錢糧
通行查明年月久近數目多少酌議應免
應徵及漕運改折數目逐一條列上
請候蒙
聖旨允俞其見年應徵錢糧分毫不許拖欠如
有司官因而怠玩及姑息市恩的比舊定降
罰事例倍加處治欽此凡在當事臣工孰不
肅然徵惕奉揚
綸音完輸見年徵租備軍
國之額賦臣等待罪該科竊恐人情易趨
於玩弛或以災傷藉口庸有委卸於因循
反以撫字沽名及今不嚴行查參明示顯
罰不惟人心不懲無所儆戒抑且歲用不
敷何以取盈

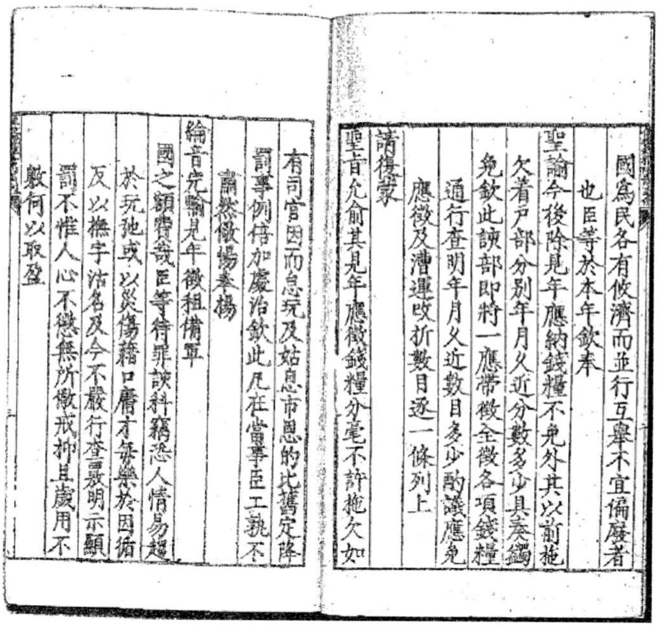

（天一閣藏明萬曆五年（1577）福建布政司刻本）

圖 16：《王氏家藏集》

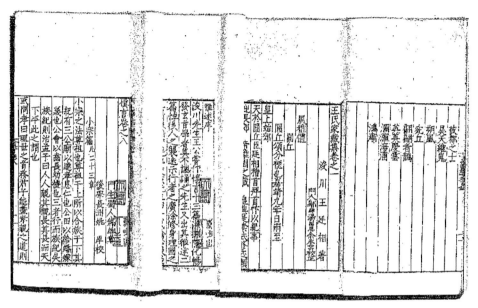

（明王廷相撰，天一閣藏明嘉靖十五年（1536）刻本）

圖 17：《蓉塘詩話》

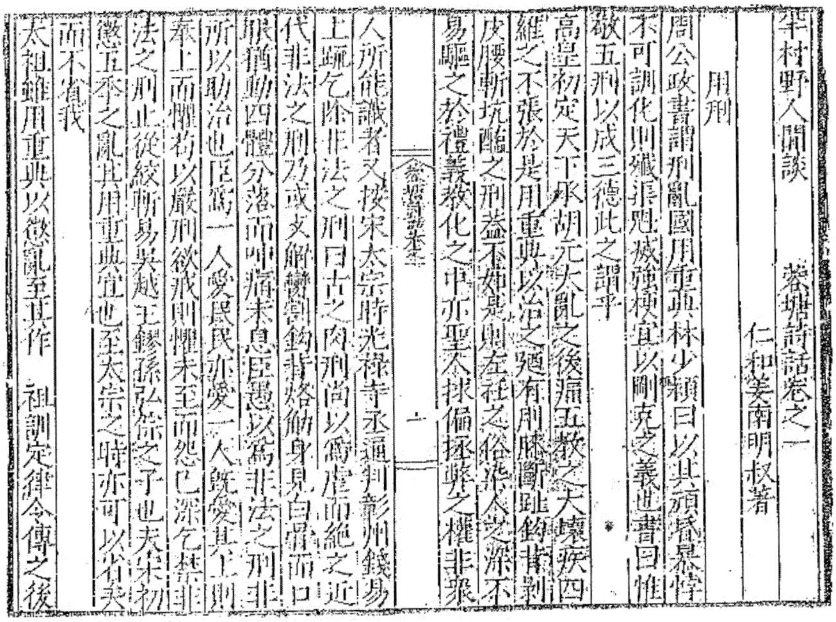

（明姜南撰，天一閣藏明嘉靖二十二年（1543）刻本）

圖 18：《南華合璧集》

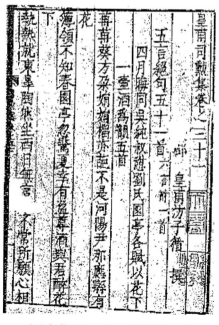

（明王寵、黃魯曾撰，天一閣藏明嘉靖刻本）

圖 19：《皇甫司勳集》

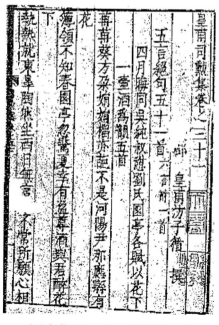

（明皇甫汸撰，天一閣藏明刻本）

圖 20：《李氏山房詩選》

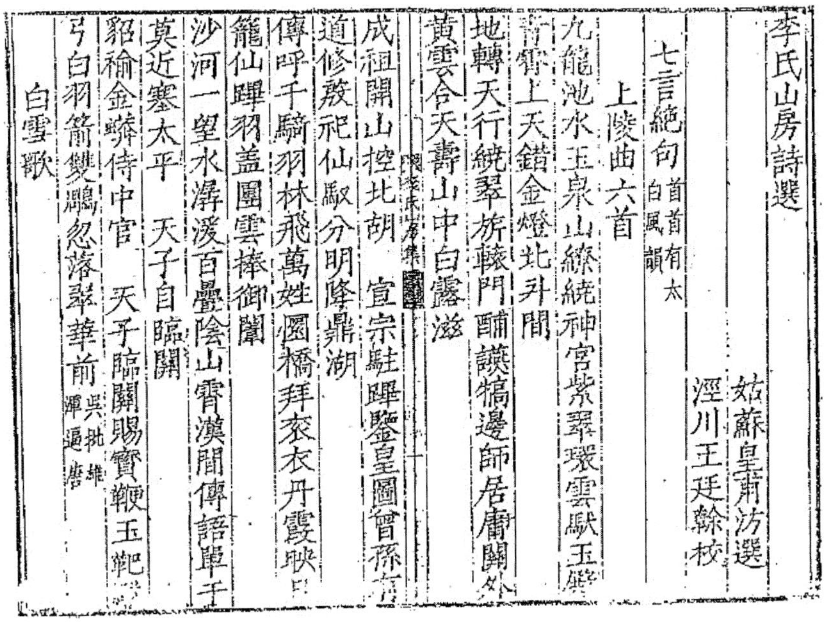

李氏山房詩選

姑蘇皇甫汸選
涇川王廷榦校

七言絕句首首有太
白鳳韻

上陵曲六首

黃雲合天壽山中白露滋
地轉天行繞翠旂轅門酺讌犒邊師居庸關外
沆瀣上天錯金燈北斗間
九龍池水玉泉山繚繞神宮紫翠環雲馭玉鑾

成祖開山控比胡　宣宗駐蹕鑒皇圖曾孫
通修敎祀仙馭分明摩鼎湖
傳呼千騎羽林飛萬姓圜橋拜袞衣丹霞映日
籠仙蹕羽蓋圍雲捧御闌
沙河一望水淨淺百疊陰山霄漢間傳語單于
莫近塞太平　天子自臨關
貂褕金鱗侍中官　天子臨關賜寶鞭玉靶
號白羽箭雙鵰忽落翠華前　吳批雜　唐遣
白雲歌

（明李先芳撰，天一閣藏明刻本）

圖 21：《天池山人小稿》

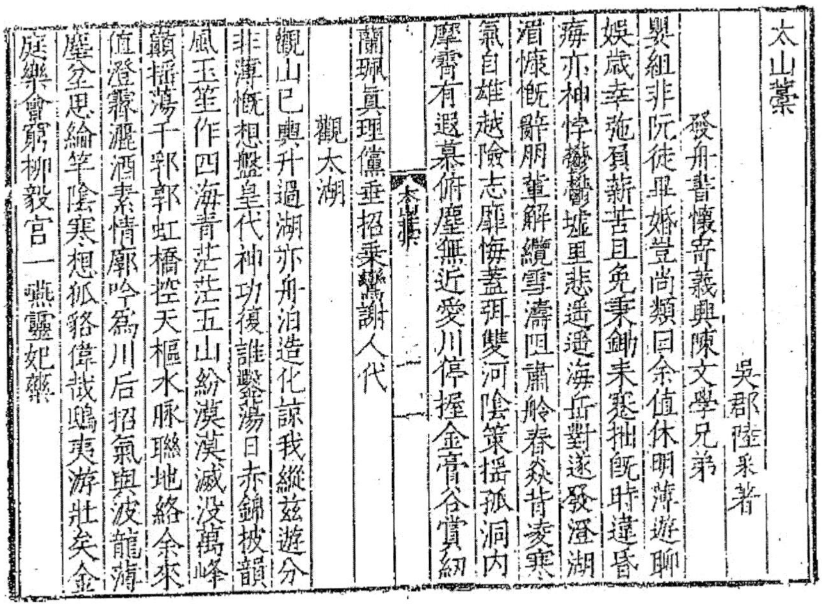

太山藁

吳郡陸采著

摩霄有退暴術塵無近愛川停握金膏谷實紹
蘭珮真理儻垂招乘鸞謝人代
觀太湖

發舟青懷奇義與陳文學兄弟
與組非阮徒罪婚豈尚類曰余值休明薄遊聊
娛歲幸施頹薪苦且免秉鈕未寒拙時姜寒
痎亦神愕鬢鬌墟里悲遲遲海岳對遂發涇湖
湄慷慨斷朋董解續雪濤四蕭陰策搖孤洞內
氣自雄越險志塵蓋羿雙河陰策搖孤洞內
觀山已興升過湖邪舟泪造化諒我縱茲遊分
非薄慨想盤皇代神功復誰鑿瀁湯日赤錦披韻
風玉笙作四海青茫茫五山紛漠漠滅沒萬峰
顛搖蕩千邘郭虹橋控天樞水脈聯地絡余來
值登霽灑酒素情廓吟爲川后招偉哉鷗裊游壯矣金
塵坌思繪竿陰想孤貉偉哉鷗裊游壯矣金
庭樂會窮柳毅宮一嘯靈妃藥

（明陸采撰，天一閣藏明刻本）

圖 22：《子威先生澹思集》

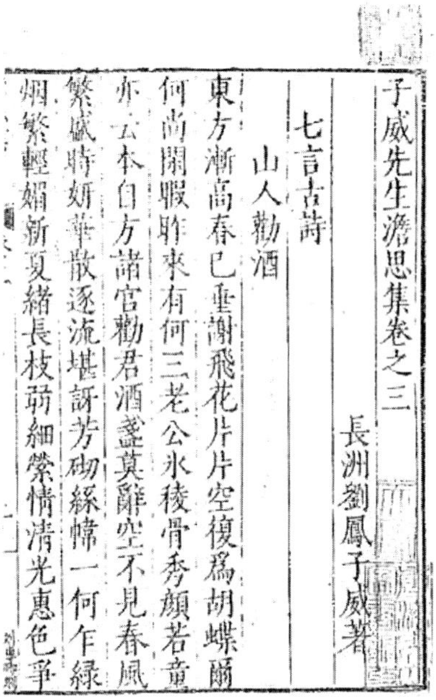

子威先生澹思集卷之三
長洲劉鳳子威著
七言古詩
山人勸酒
東方漸高春已垂謝飛花片片空復為胡蝶爾
何尚閑暇昨來有何三老公氷稜骨秀顔若童
亦云本自方諸宮勸君酒盞莫辭空不見春風
繁盛時妍華散逐流堪訝芳砌絲幃一何乍緑
烟繁輕娟新夏緒長枝弱細縈情清光惠色爭

（明劉鳳撰，香港中文大學圖書館藏明刻本，天一閣舊藏）

圖 23：《尺牘清裁》

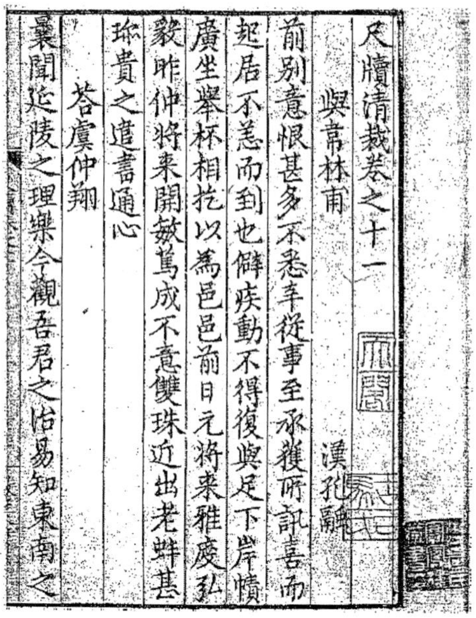

尺牘清裁卷之十一
與常林甫　漢孔融
前別意恨甚多不悉辛從事至承獲所訊喜而
起居不恙而到也僻疾動不得復與足下岸幘
廣坐舉杯相於以為邑邑前日元將來雅度弘
毅昨仲將來闊敏篤成不意雙珠近出老蚌甚
珍貴之遣書通心
答虞仲翔
曩聞延陵之理樂今覩吾君之治易知東南之

（明王世貞編，天一閣藏明隆慶刻本）

圖 24：《洪武四年進士登科錄》

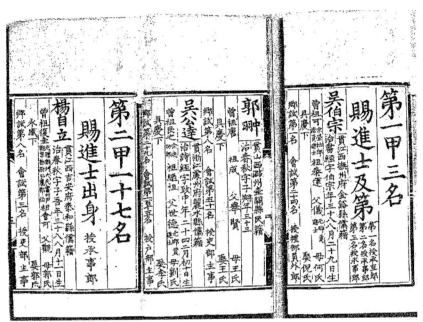

（天一閣藏明洪武四年（1371）刻本，包背裝）

圖 25：萬曆《營山縣志》

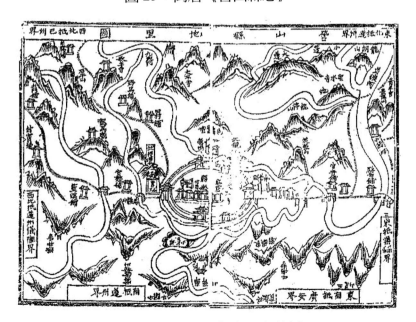

（天一閣藏明萬曆四年（1576）刻本）

圖26：《船政》

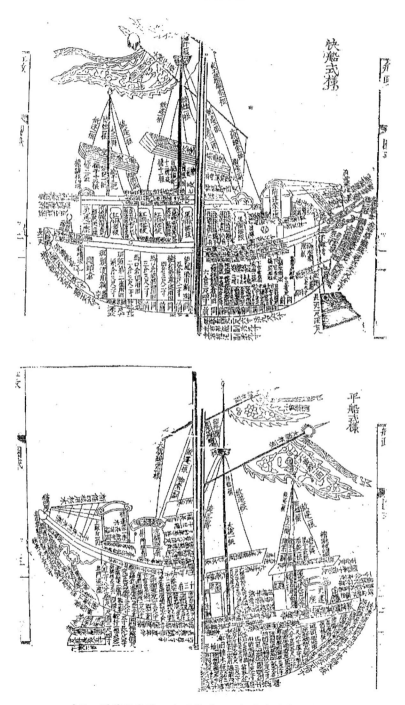

（天一閣藏明嘉靖二十五年（1564）南京兵部刻本）

圖27：《營規》

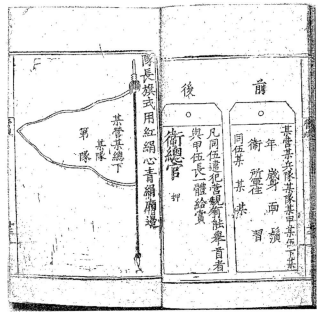

（天一閣藏明嘉靖四十年（1561）南京兵部刻本）

圖28：《新編魯班營造正式》

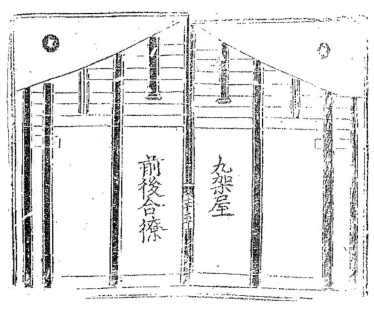

（天一閣藏明刻本）

圖 29：永樂《溫州府樂清縣志》

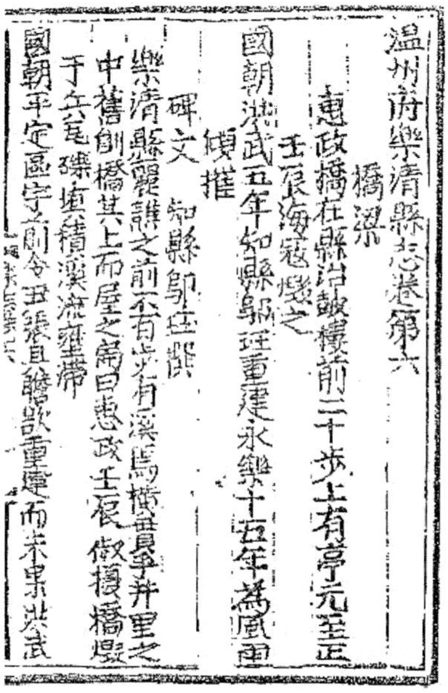
溫州府樂清縣志卷第六
橋梁
惠政橋在縣治譙樓前二十步上有亭元至正
壬辰海寇燬之
國朝洪武五年知縣鄒珵重建永樂十五年為風雨
傾摧
碑文 知縣鄒珵記
樂清縣麗譙之前不百步有溪焉橋其上亭并里之
中舊創橋其上布屋之扁曰惠政壬辰 歲橋燬
于兵瓦礫塡積溪流壅滯
國朝平定區宇前令丑張且[illegible]歌重建而未果洪武

（天一閣藏明永樂刻本）

圖 30：成化《中都志》

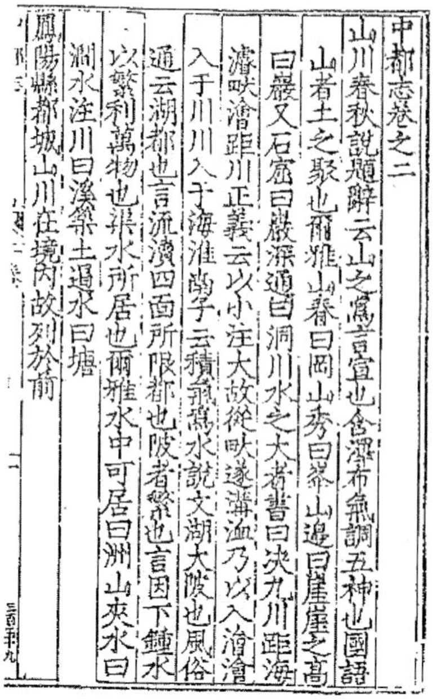
中都志卷之二
山川春秋說題辭云山之為言宣也含澤布氣調五神也國語
山者土之聚也爾雅山脊曰岡山秀曰[illegible]山邊曰崖崖之高
曰巖又石窟曰巖深通曰洞川水之大者書曰决九川距海
濬畎澮距川正義云以小注大故從畎遂溝洫乃以入澮澮
入于川川入于海淮南子云積氣為水說文湖大陂也風俗
通云湖都也言流瀆四面所限都也陂者繁也言因下鍾水
以繁利萬物也渠水所居也爾雅水中可居曰洲山夾水曰
澗水注川曰溪案土遏水曰塘
鳳陽縣郡城山川在境內故列於前

（天一閣藏明隆慶三年（1569）重刻本）

圖 31：正德《蓬州志》

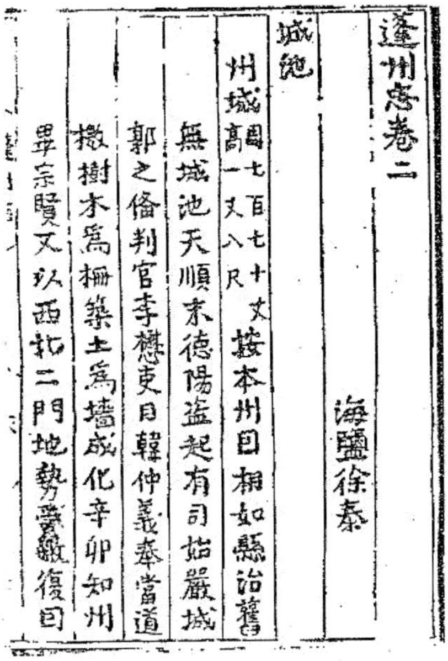

蓬州志卷二

海鹽徐泰

城池

州城圍七百七十丈高一丈八尺按本州舊相如縣治舊

無城池天順末德陽盜起有司始嚴城

郭之備判官李懋吏目韓仲義奉當道

檄樹木爲柵築土爲墻成化辛卯知州

畢宗賢又以西北二門地勢衝激復曰

（天一閣藏明正德刻本）

圖 32：嘉靖《南寧府志》

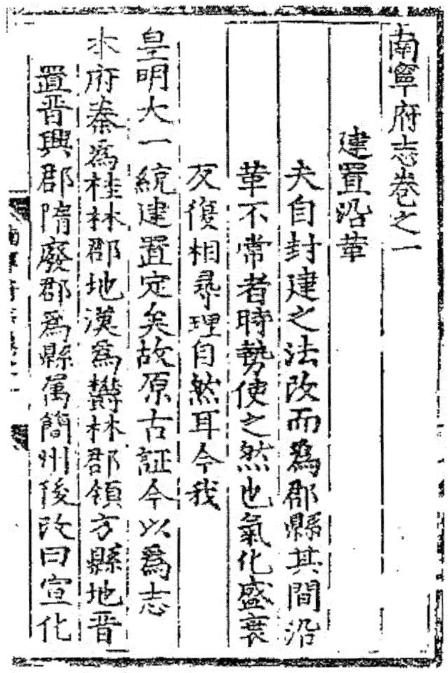

南寧府志卷之一

建置沿革

夫自封建之法改而爲郡縣其間沿

革不常者時勢使之然也氣化盛衰

反復相尋理自然耳今我

皇明大一統建置定矣故原古証今以爲志

本府秦爲桂林郡地漢爲鬱林郡領方縣地晉

置晉興郡隋廢郡爲縣屬簡州後改曰宣化

（天一閣藏明嘉靖刻本）

圖 33：萬曆《兗州府志》

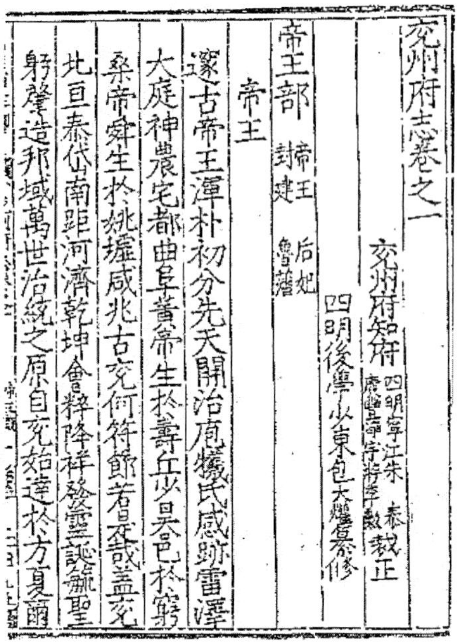

（天一閣藏明萬曆刻本）

圖 34：《麗澤錄》

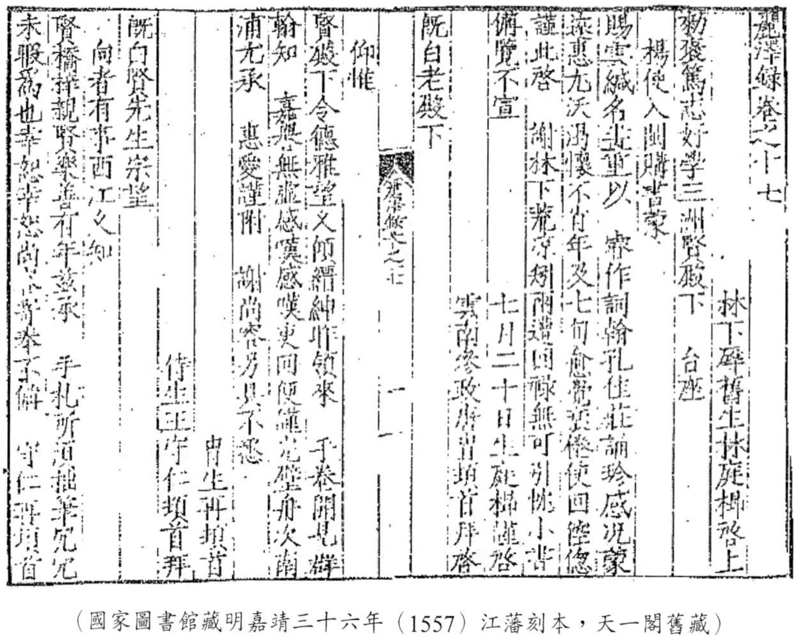

（國家圖書館藏明嘉靖三十六年（1557）江藩刻本，天一閣舊藏）

圖 35：《萬曆十年江北武舉鄉試錄》

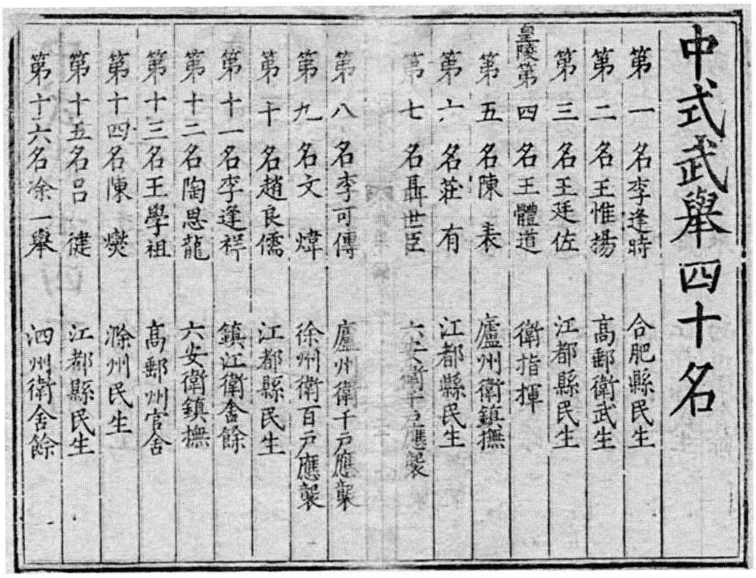
中式武舉四十名
第一名李逢時　合肥縣民生
第二名王惟揚　高郵衛武生
第三名王廷佐　江都縣民生
皇陵第四名王體道　衛指揮
第五名陳表　廬州衛鎮撫
第六名莊有　江都縣民生
第七名聶世臣　六安衛千戶應襲
第八名李可傳　廬州衛千戶應襲
第九名文煒　徐州衛百戶應襲
第十名趙良儒　江都縣民生
第十一名李逢祥　鎮江衛舍餘
第十二名陶思龍　六安衛鎮撫
第十三名王學祖　高郵州官舍
第十四名陳燮　滁州民生
第十五名呂徤　江都縣民生
第十六名佘一舉　泗州衛舍餘

（天一閣藏明萬曆十年（1582）刻藍印本）

圖 36：《崇孝錄》

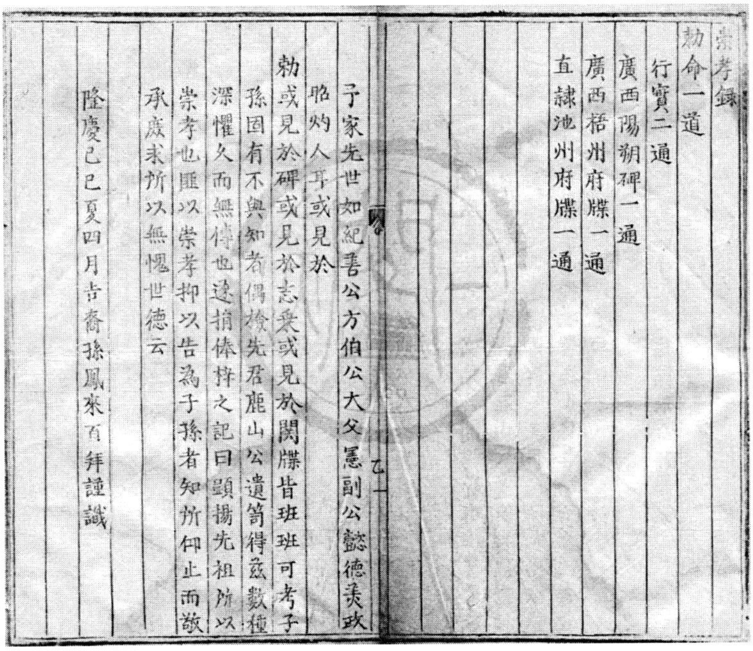
崇孝錄
勅命一道
行實二通
廣西陽朔碑一通
廣西梧州府牒一通
直隸池州府牒一通

予家先世如紀善公方伯公大父憲副公懿德美政
昭灼人耳或見於
勅或見於碑或見於志乘或見於閱牒皆班班可考子
孫固有不與知者偶檢先君鹿山公遺笥得茲數種
深懼久而無傳也遂捐俸梓之記曰顯揚先祖所以
崇孝也匪以崇孝抑以告為子孫者知所仰止而敬
承庶求所以無愧世德云
隆慶己巳夏四月吉裔孫鳳來百拜謹識

（明錢鳳來編，天一閣藏明隆慶三年（1569）刻本）

圖 37：《吳山志》

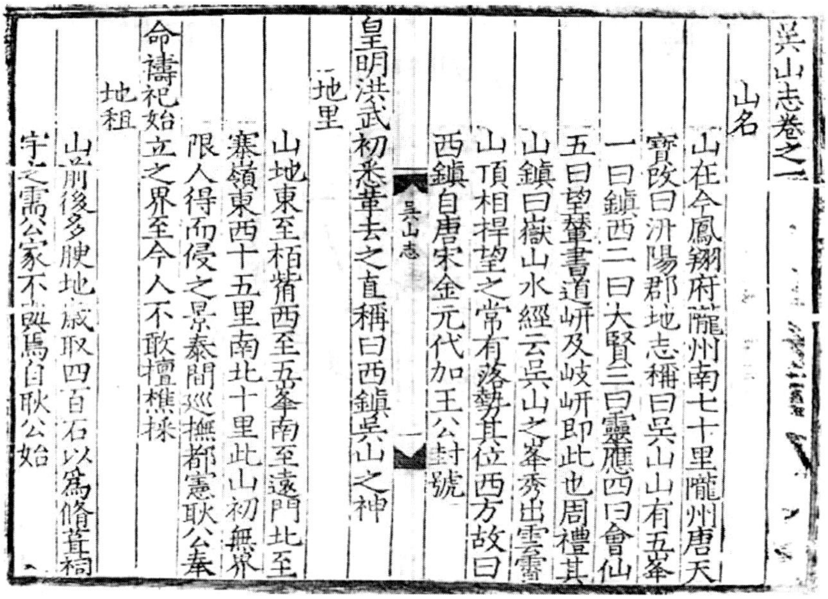

吳山志卷之一

山名

山在今鳳翔府隴州南七十里隴州唐天
寶改曰汧陽郡地志稱曰吳山山有五峯
一曰鎮西二曰大賢三曰靈應四曰會仙
五曰望輦書道汧及岐汧即此也周禮其
山鎮曰嶽山水經云吳山之峯秀出雲霄
山頂相捍望之常有落勢其位西方故曰
西鎮自唐宋金元代加王公封號
皇明洪武初悉革去之直稱曰西鎮吳山之神

地里

山地東至栢背西至五峯南至遠門北至
寨嶺東西十五里南北十里此山初無界
限人得而侵之景泰間巡撫都憲耿公奉
命禱祀始立之界至今人不敢擅樵採

地租

山前後多腴地歲取四百石以為脩葺祠
宇之需公家不與焉自耿公始

吳山志　一

（明司靈鳳纂修，天一閣藏明嘉靖八年（1529）刻本）

圖 38：《廬陵曾氏家乘》

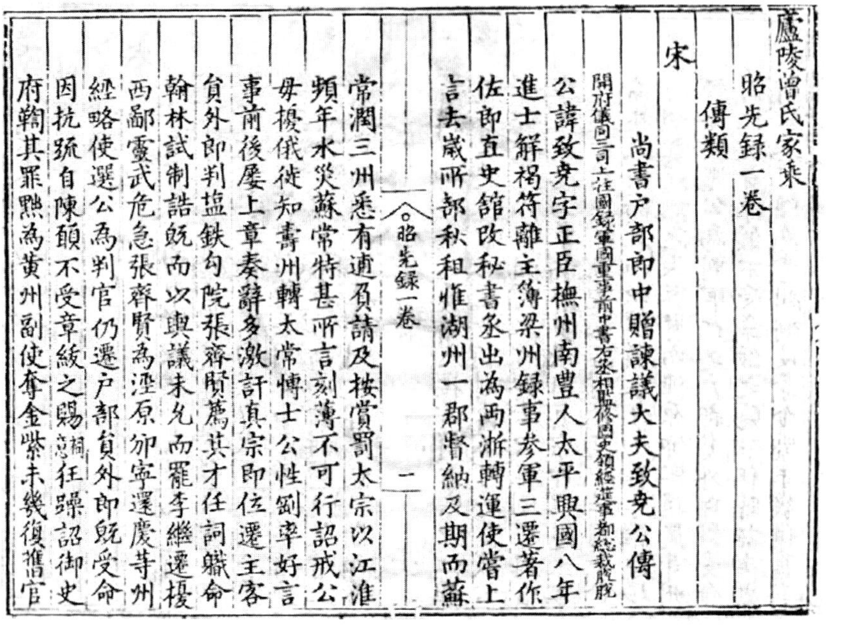

廬陵曾氏家乘

貽先録一卷

傳類

宋

尚書户部郎中贈諫議大夫致堯公傳

開府儀同三司上柱國錄軍國重事前中書右丞相監修國史領經筵事都總裁脫脫

公諱致堯字正臣撫州南豐人太平興國八年
進士解褐符離主簿梁州録事參軍三遷著作
佐郎直史館改秘書丞出為兩浙轉運使嘗上
言去歲所部秋租惟湖州一郡輸納及期而蘇
常潤三州悉有逋負請及按賞罰太宗以江淮
頻年水災蘇常特甚所言刻薄不可行詔戒公
毋擾俄徙知壽州轉太常博士公性剛率好言
事前後屢上章奏辭多激訐真宗即位遷主客
員外郎判鹽鐵勾院張齊賢薦其才任詞職命
翰林試制誥既而以輿議未允而罷李繼遷擾
西鄙靈武危急張齊賢為涇原邠寧環慶等州
經略使選公為判官仍遷户部員外郎既受命
因抗疏自陳願不受章綬之賜忿詞狂躁詔御史
府鞫其罪黜為黄州副使奪金紫未幾復舊官

貽先録一卷　一

（明曾孔化編，天一閣藏明嘉靖刻本）

圖 39：《萬代公論》

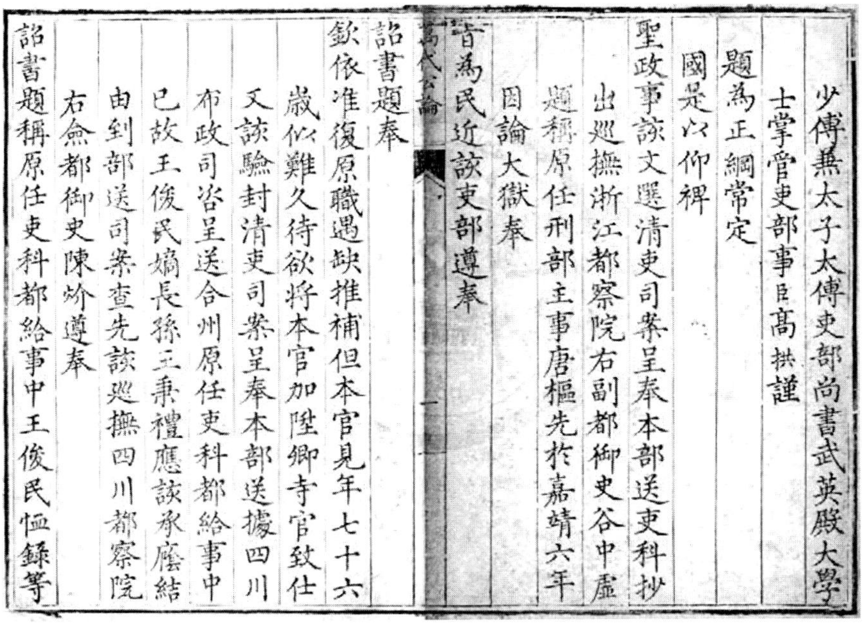
少傅兼太子太傅吏部尚書武英殿大學
士掌管吏部事臣高拱謹
題為正綱常定
國是以仰裨
聖政事該文選清吏司案呈奉本部送吏科抄
出巡撫浙江都察院右副都御史谷中虛
題稱原任刑部主事唐樞先於嘉靖六年
因論大獄奉
旨為民近該吏部遵奉
萬代公論　一
詔書題奉
欽依准復原職遇缺推補但本官見年七十六
歲似難久待欲將本官加陞卿寺官致仕
又該驗封清吏司案呈奉本部送據四川
布政司咨呈送合州原任吏科都給事中
已故王俊民嫡長孫王秉禮應該承廕結
由到部送司案查先該巡撫四川都察院
右僉都御史陳竾遵奉
詔書題稱原任吏科都給事中王俊民恤錄等

（天一閣藏明隆慶四年（1570）刻本）

圖 40：《雙忠錄》

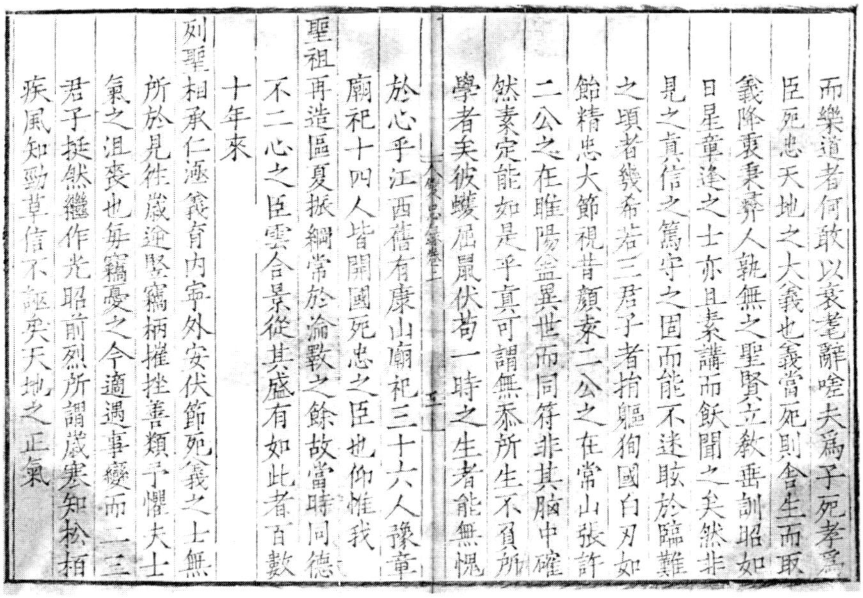
而樂道者何敢以衰耄辭噫夫爲子死孝爲
臣死忠天地之大義也義當死則舍生而取
義降衷秉彝人孰無之聖賢立教垂訓昭如
日星章逢之士亦且素講而飫聞之矣然非
見之真信之篤守之固而能不迷眩於臨難
之頃者幾希若三君子者捐軀徇國白刃如
飴精忠大節視昔顏袁二公之在常山張許
二公之在睢陽蓋異世而同符非其胸中確
然素定能如是乎真可謂無忝所生不負所
學者矣彼蠖屈鼠伏苟一時之生者能無愧
雙忠錄卷上
於心乎江西舊有康山廟祀三十六人豫章
廟祀十四人皆開國死忠之臣也仰惟我
聖祖再造區夏振綱常於淪斁之餘故當時同德
不二心之臣雲合景從其盛有如此者百數
十年來
列聖相承仁涵義育內寧外安伏節死義之士無
所於見往歲逆竪竊柄摧挫善類予懼夫士
氣之沮喪也每竊憂之今適遇事變而二三
君子挺然繼作光昭前烈所謂歲寒知松柏
疾風知勁草信不誣矣天地之正氣

（天一閣藏明正德建昌府刻本）

圖41：《南贛督撫奏議》

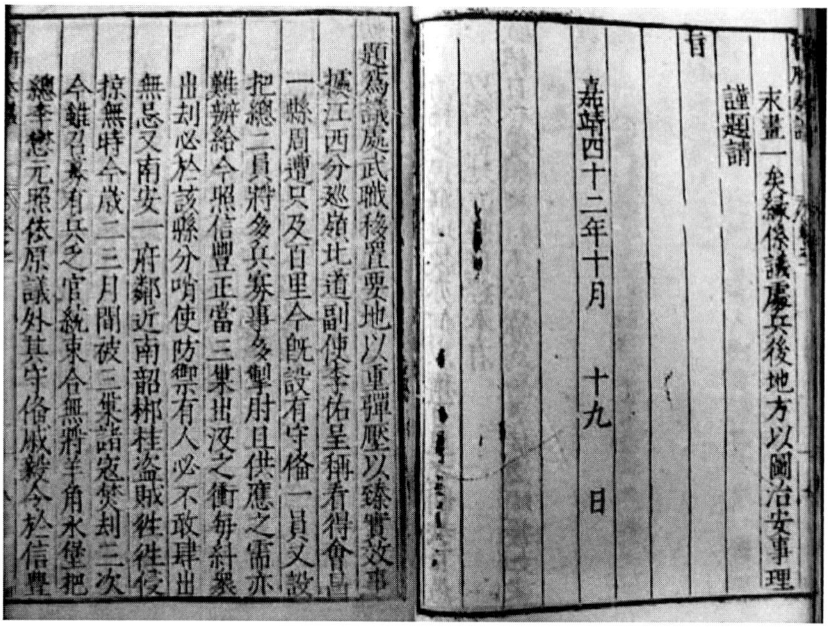

（明吳百朋撰，天一閣藏明隆慶元年（1567）李佑刻本）

圖42：《西菴集》

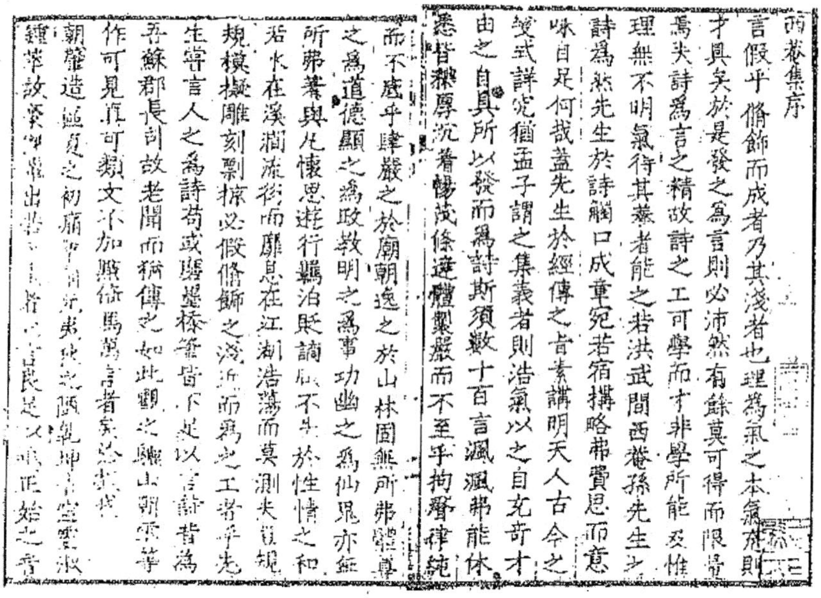

（明孫蕡撰，國家圖書館藏明弘治元年（1503）張習金蘭館銅活字刻本，天一閣舊藏）

圖 43：《胡子易演》

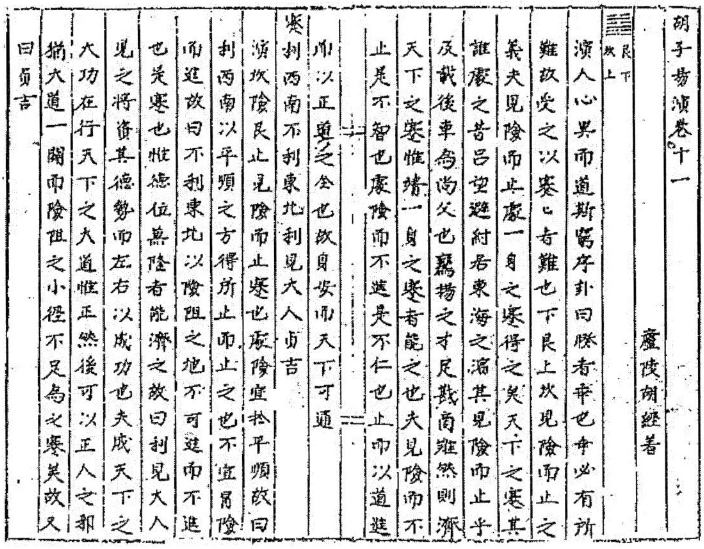
胡子易演卷十一　廬陵胡經著
艮下坎上
演人心異而道斯窮序卦曰睽者乖也乖必有所
難故受之以蹇蹇者難也下艮上坎見險而止之
義夫見險而止處一身之蹇得之矣天下之蹇其
誰處之昔呂望避紂居東海之濱其見險而止乎
及其後車為尚父也鷹揚之才足哉商難然則濟
天下之蹇惟靖一身之蹇者能之也夫見險而不
止是不智也處險而不進是不仁也止而以道進
而以正道之全也故貞安而天下可通
蹇利西南不利東北利見大人貞吉
演坎險艮止見險而止蹇也處險宜於平順故曰
利西南以平順之方得所止而止之也不宜冒險
而進故曰不利東北以險阻之地不可進而不進
也見蹇也惟德位兼隆者能濟之故曰利見大人
見之將資其德勢而左右以成功也夫成天下之
大功在行天下之大道惟正然後可以正人之邦
猶大道一關而險阻之小徑不足為之蹇矣故又
曰貞吉

（明胡經撰，天一閣藏明藍絲欄抄本）

圖 44：《春秋世學》

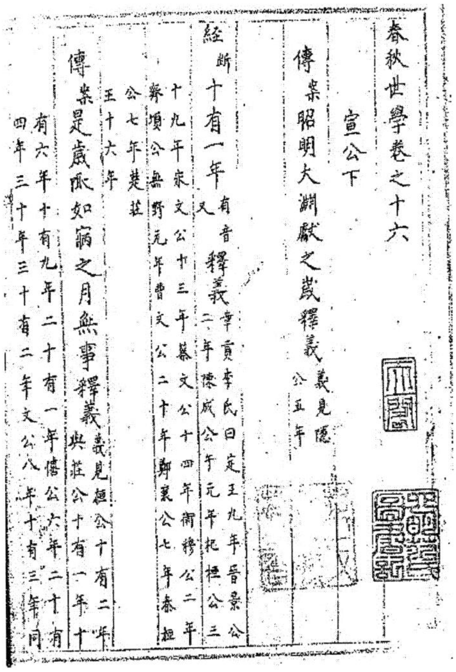
春秋世學卷之十六
宣公下
傳 叅昭明大淵獻之歲釋義 義見隱公五年
經 斷 十有一年 有音又 釋義 章貢李氏曰定王九年晉景公
二年陳成公午元年杞桓公三
十九年宋文公十三年蔡文公十四年衛穆公二年
郲頃公無野元年曹文公二十年鄭襄公七年秦桓
公七年楚莊
王十六年
傳 叅是歲旅如窮之月無事釋義 義見桓公十有二年
與莊公十有一年十
有六年十有九年二十有一年僖公六年二十有
四年三十年三十有二年文公八年十有三年同

（明豐坊撰，天一閣藏明藍絲欄抄本）

圖 45：《西漢書議》

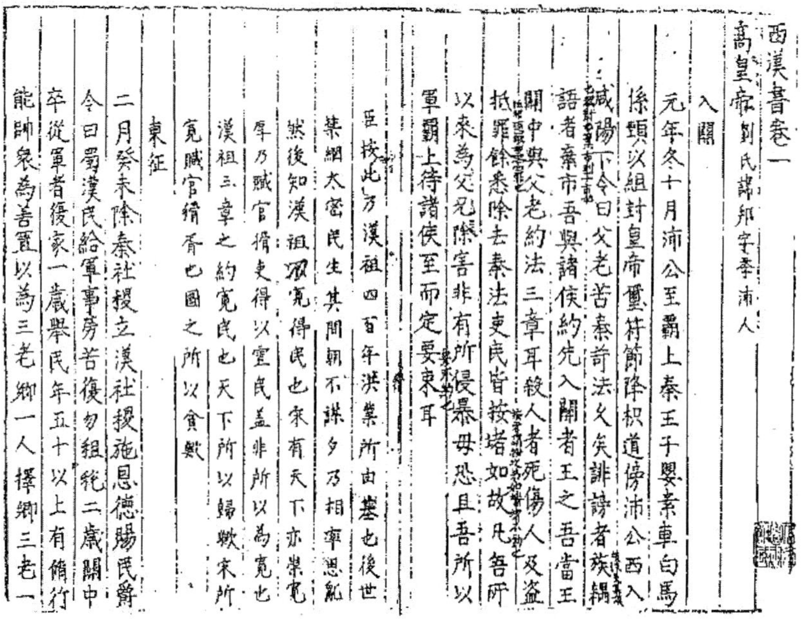
西漢書卷一
高皇帝 劉氏諱邦字季沛人
入關
元年冬十月沛公至霸上秦王子嬰素車白馬
係頸以組封皇帝璽符節降枳道傍沛公西入
咸陽下令曰父老苦秦苛法久矣誹謗者族耦
語者棄市吾與諸侯約先入關者王之吾當王
關中與父老約法三章耳殺人者死傷人及盜
抵罪餘悉除去秦法吏民皆按堵如故凡吾所
以來為父兄除害非有所侵暴毋恐且吾所以
軍霸上待諸侯至而定要束耳
臣按此乃漢祖四百年洪業所由基也後世
禁網太密民生其間輒不謀夕乃相率思亂
然後知漢祖以寬得民也求有天下亦崇寬
厚乃賦官猾吏得以虐民蓋非所以為寬也
漢祖三章之約寬民也天下所以歸歟來所
寬賦官猾胥也國之所以貧歟
東征
二月癸未除秦社稷立漢社稷施恩德賜民爵
令曰蜀漢民給軍事勞苦復勿租稅二歲關中
卒從軍者復家一歲舉民年五十以上有脩行
能帥衆為善置以為三老鄉一人擇鄉三老一

（明霍韜撰，國家圖書館藏明藍絲欄抄本，天一閣舊藏）

圖 46：《玉唾壺》

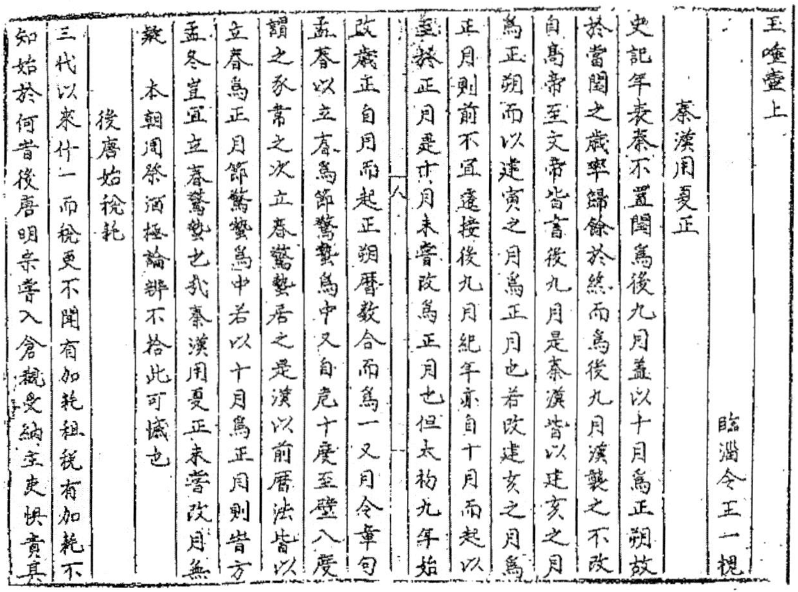
玉唾壺上
臨淄令王一槐
秦漢用夏正
史記年表秦不置閏為後九月蓋以十月為正朔故
於當閏之歲率歸餘於終而為後九月漢襲之不改
自高帝至文帝皆書後九月是秦漢皆以建亥之月
為正朔而以建寅之月為正月也若改建亥之月為
正月則前不宜遂接後九月紀年亦自十月而起以
至於正月是亦月未嘗改為正月也但太初九年始
改歲正自月而起正朔曆數合而為一又月令章句
孟春以立春為節驚蟄為中又自危十度至壁八度
謂之豕韋之次立春驚蟄居之是漢以前曆法皆以
立春為正月節驚蟄為中若以十月為正月則皆方
孟冬豈宜立春驚蟄也哉秦漢用夏正未嘗改月無
疑 本朝周祭酒極論辯不洽此可識也
後唐始稅耗
三代以來什一而稅更不聞有加耗租稅有加耗不
知始於何昔後唐明宗嘗入倉觀受納主吏懼責其

（明王一槐撰，國家圖書館藏明藍絲欄抄本，天一閣舊藏）

圖 47：《天心復要》

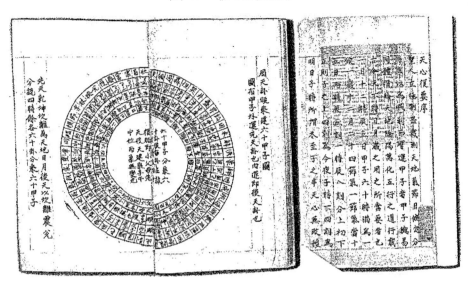

（明鮑泰撰，天一閣藏明朱絲欄抄本）

圖 48：《鹿原集》

鹿原集
賦
睽離賦
睽離別彭子美中也抒我懷素愛繙同心辭之攻拙不
敢計矣
王溪戴
眇予生于絕阜兮悲斯文獻之莫徵帝俊斯予厥初兮性悾侗而
顓顓悵前脩于罔及兮去聖逵其將日遠孰導予于先路兮孰騁
予轡之偃蹇泊予恒若不及兮恐年歲之不吾留將遡流而求源
兮測江淮而無舟予朝挹桂巖之清露兮餐秋菊華之落英嗟揭
車與芝蘭兮雜蕙茝之紛芳嗟道周之杕杜兮上童龍而無枝[illegible]
美人兮寫予衷而局致之予猷慕夫古之人兮咸喜能而好脩[illegible]
百代而神交兮豈云界夫遐陬懷佳人其不忘兮戴予思于海[illegible]
香盍替之無再兮紛予懷之繾綣曰予不撫壯而脩姱兮羌自戕其
露根也苟予美其信修兮寧美人之不予覩也予既襲瑤華以
為屨兮又集芙蕖而為裳紉瑤英以為佩兮結胡繩于香囊抱
衆芳以歇處兮世孰挹予之馨香既美人不可以坐招兮思[illegible]
之莫吾予將往覩于天下兮庶蟬娟之可覩伊歲比于閶茂兮日躔
于壽星凉風颯颯而吹衣兮白露湛湛而滑零廼朝解予鞿舟于柳
涯兮夕弭楫于漓江架帝子之蛾眉兮倏忽遙邁于瀟湘蒼梧兀而
逝兮灑予涕洏之淋浪于耒江離于衡澗兮聞哀鴻于南浦嘆幽

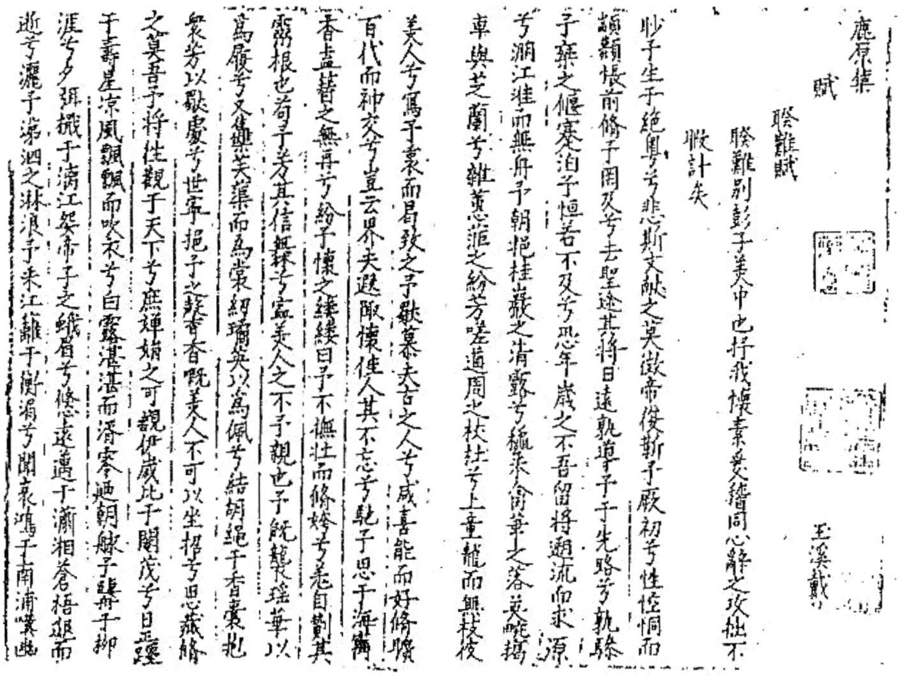

（明戴欽撰，國家圖書館藏明藍絲欄抄本，天一閣舊藏）

圖 49：《宸章集錄》

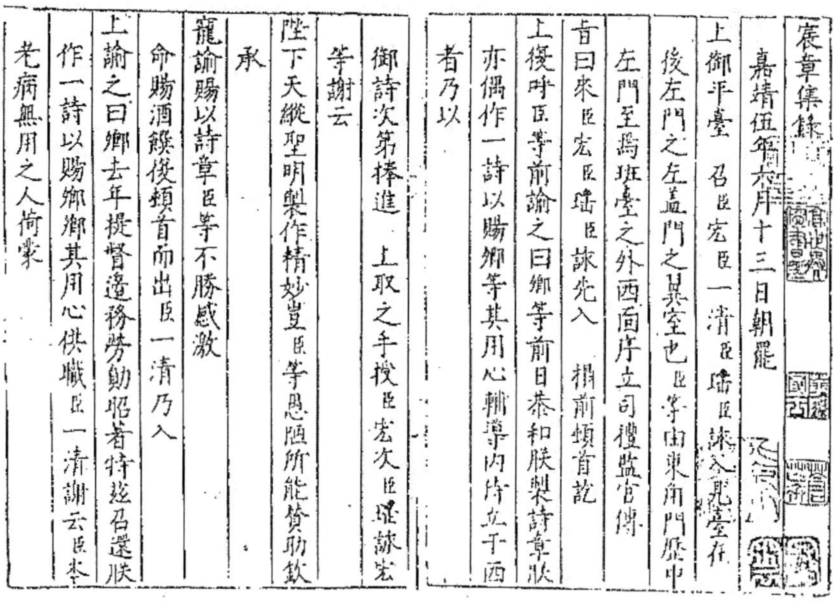
宸章集錄
嘉靖伍年六月十三日朝罷
上御平臺 召臣宏臣一清臣璁臣萼入見臺在
後左門之左蓋門之具室也臣等由東角門歷中
左門至爲班臺之外西面序立司禮監官傳
旨曰來臣宏臣璁臣萼先入 捐前頓首訖
上復呼臣等前諭之曰卿等前日恭和朕製詩章朕
亦偶作一詩以賜卿等其用心輔導內侍立于西
者乃以
御詩次第捧進 上取之手授臣宏次臣璁諭宏
等謝云
陛下天縱聖明製作精妙豈臣等愚陋所能贊助欽
承
寵諭賜以詩章臣等不勝感激
命賜酒饌俟頓首而出臣一清乃入
上諭之曰卿去年提督邊務勞勣昭著特茲召還朕
作一詩以賜卿卿其用心供職臣一清謝云臣本
老病無用之人荷蒙

（北京大學圖書館藏明藍絲欄抄本，天一閣舊藏）

圖 50：《九朝談纂》

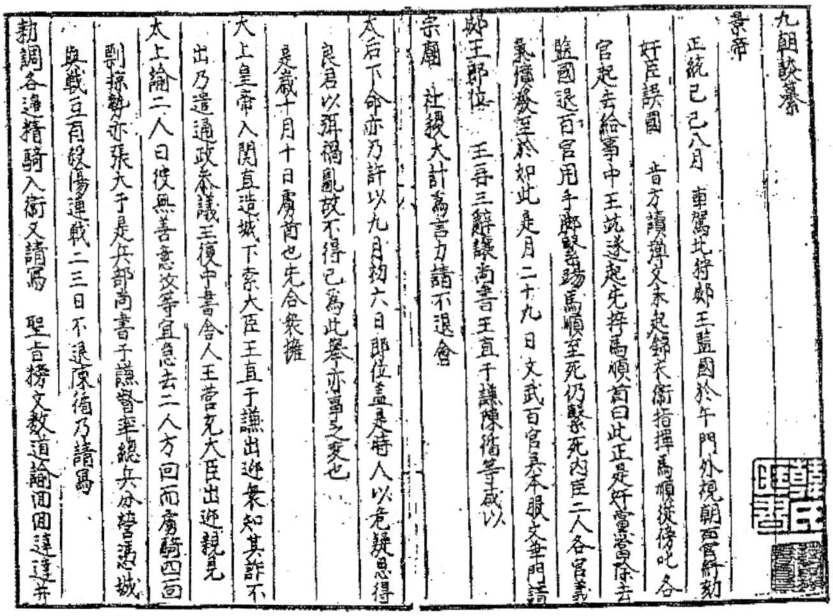
九朝談纂
景帝
正統己巳八月 車駕北狩郕王監國於午門外視朝百官爲劾
奸臣誤國 昔方讀彈文未起錦衣衛指揮馬順從旁叱各
官起去給事中王竑遂起先捽馬順首曰此正是奸黨當除去
監國退百官用手腳毆踢馬順至死仍毆死內臣二人各官義
氣憤發至於如此是月二十九日文武百官具本服文華門請
郕王即位 王再三辭讓尚書王直于謙陳循等咸以
宗廟社稷大計爲言力請不退會
太后下命亦乃許以九月初六日即位蓋是時人以危疑思得
長君以弭禍亂故不得已爲此舉亦事之變也
是歲十月十日虜酋也先合衆擁
太上皇帝入関直造城下索大臣王直于謙出迎衆知其詐不
出乃遣通政參議王復中書舍人王普充大臣出迎覲見
太上諭二人曰彼無善意汝等宜急去二人方回而虜騎四面
剽掠勢亦張大于是兵部尚書于謙督率總兵石亨禦寇城
與戰五日殺傷過戟二三日不退陳循乃請爲
勅調各邊精騎入衛又請爲 聖旨榜文教道諭回回達達并

（臺灣中央圖書館藏明藍絲欄抄本，天一閣舊藏）

緒　論

　　故家喬木，文獻繫焉。藏書樓與藏書家在我國學術史和文化史上佔有重要的地位和作用，其所庋藏的文獻嘉惠學林，澤被後世，同時也對文獻的流佈與傳播起到了積極的推動作用。因此，我們一方面要珍惜古代藏書家的勞動成果，另一方面則需要對其學術史價值和文化史意義進行深入探討。就現實來講，絕大多數明清時期的藏書樓業已閣毀書散，惟寧波范氏天一閣歷經四百餘年巋然獨存，足稱藏書家之巨擘。正是由於這種原因，天一閣越來越引起人們的關注。筆者選取天一閣藏明代文獻爲研究對象，重點便是爲了突出其學術史和文化史上的價值與意義。

第一節　天一閣及其藏書研究小史

　　天一閣位於浙江寧波，是明代隆慶、萬曆之際〔1571～1575〕范欽建造的一座私家藏書樓，至今已有四百餘年的歷史。與此同時，天一閣及其藏書的研究也經歷了近四百年的時間，其研究史大致可以分爲明末至清前期、清末至新中國成立和 1949 年至今等三個階段：

一、明末至清前期：「歷年二百書無恙，天下儲藏獨此家」〔註1〕。

　　天一閣從建成後直至明末，並不太爲人所推重。清初黃宗羲〔1616～1695〕作爲登閣觀書的第一個外姓人，寫下《天一閣藏書記》一文，讚揚天

〔註 1〕　〔清〕全祖望：《久不登天一閣偶過有感》，朱鑄禹：《全祖望集彙校集注》，
　　　　　上海：上海古籍出版社，2000 年，第 2259 頁。

一閣藏書能「久而不散」﹝註2﹞，從此有二百年歷史的天一閣，逐漸進入清代研究者的視野。清代學者的天一閣研究集中在對閣藏部分文獻做初步的整理，總體來看此時對天一閣藏書的研究並未形成規模。

這一時期的天一閣藏書研究專家，首推清初甬上（寧波的別稱，因境內有甬江得名）著名學者全祖望。全祖望（1705～1755）治學重視文獻，他與當時許多有名的江浙私家藏書樓如杭州趙氏小山堂、揚州馬氏玲瓏山館和寧波鄭氏二老閣等的主人都有所交往。全祖望與天一閣也結下不解之緣，曾自稱「予之登是閣者最數，其架之塵封，衫袖所拂拭者多矣」﹝註3﹞。全祖望是鄞縣人，得近水樓臺之便，曾數次登閣。據其弟子董秉純所編《年譜》，雍正元年（1723），全祖望十九歲，首次登天一閣借書；乾隆三年（1738），全祖望三十四歲，薄遊京洛後返回故鄉，重登天一閣。全祖望對天一閣藏書的研究表現在三個方面：一是搜集、整理和研究天一閣藏鄉邦文獻，如傳抄宋史浩《鄮峰眞隱漫錄》和明黃潤玉《儀禮戴記附注》等，借閱明黃潤玉《傳家集》和鄭眞《滎陽外史》等，整理宋張津《乾道四明圖經》、元袁桷《延祐四明志》、明李本《四明文獻錄》和戴鯨《四明雅選》等；二是借抄天一閣藏宋明人經解與文集，如宋夏竦《古文篆韻》、陳祥道《論語解》、易祓《周易總義》、夏僎《尚書解》、劉克莊《劉後村大全集》、劉敞《公是先生文抄》和明王恕《石渠意見》等；三是搜括天一閣藏金石碑揭，如唐開元太山摩厓拓本、宋拓石鼓文、宋重修嵩嶽中天王廟碑、宋大觀御製八行八刑碑、宋紹興學宮禊帖和明開封府學石經碑等。全祖望以上三方面的研究成果以提要和題跋的形式散見於《鮚埼亭集》及《鮚埼亭集外編》中，詳參本書附錄一：《全祖望集中所見天一閣藏書研究資料輯錄》。全祖望還對天一閣的有關史事做了初步考察，其所撰《揭文安公天一池記跋》、《天一閣藏書記》和《天一閣碑目記》三篇文章，首次考證了天一閣的命名由來和藏書來源以及天一閣創建者范欽晚年析產分書事迹。

繼全祖望之後，由於《四庫全書》的編纂，形成了天一閣藏書研究的一個高潮。1772 年，乾隆皇帝下令在全國範圍內採集遺書，以編纂《四庫全書》。此時的天一閣主人是范欽八世孫范懋柱（1719～1780），他順應時勢，應詔進書，共計進呈書 640 種。而被《四庫全書總目》著錄的范氏天一閣進呈本就

﹝註2﹞ 駱兆平：《天一閣藏書史志》，上海：上海古籍出版社，2005 年，第 321 頁。
﹝註3﹞ 《全祖望集彙校集注》，第 1069 頁。

有 473 種，其中 96 種抄入《四庫全書》，377 種著錄於《存目》。四庫館臣分別爲這四百多種天一閣進呈書撰寫了提要，提要內容包括介紹圖書內容、評價圖書得失和甄別圖書優劣。此舉是對天一閣藏書進行的一次較大規模的整理研究，使天一閣從此聲名遠播。

　　嘉慶、道光年間的學者阮元（1764～1849）在天一閣藏書研究方面也做出了一定的貢獻。嘉慶二年（1797），阮元督學浙江，登天一閣觀書，並摩天一閣藏北宋石鼓文，嵌置杭州府學明倫堂壁間。嘉慶八年（1803），阮元再次登閣，督命范氏後人編纂《天一閣書目》。嘉慶十二年（1807）秋，阮元又重摩北宋石鼓文十石，置之揚州府學明倫堂壁間。嘉慶十三年（1808），《天一閣書目》編成，由阮氏文選樓刻印。是目十卷，錄版本，錄序跋，錄印章，是天一閣書目中流傳較廣、學術價值較高的一部。阮元撰《寧波范氏天一閣書目序》，認爲天一閣能夠持久，是由於天一閣的防火措施、管理制度和受到地方政府的優待等三方面的原因。嘉慶十四年（1809）阮元在杭州立靈隱書藏，十八年（1813）在揚州置焦山書藏，所訂管理條例，如書不出閣、嚴防火燭等，明顯沿襲天一閣的管理舊規。

二、清末至新中國成立（1840～1949）：「傑閣三百年，老屋荒園足魁海宇；賜書一萬卷，抱殘守闕猶傲公侯」〔註4〕。

　　近現代以來，即從鴉片戰爭至新中國成立的一百年，天一閣飽經內憂外患，歷經數次劫難，藏書大量散出。這一時期在天一閣藏書研究方面較爲突出者，有羅振常、陳登原、趙萬里和馮貞群等人。此時天一閣藏書研究開始趨向專門化。

　　羅振常（？～1944）1914 年自日本歸國，在上海先後設食舊鹽和蟫隱廬書肆，得以寓目當時自天一閣散出的大量珍本古籍，於是多於書前撰寫題記，記敘該書的版本和內容，並略及其文獻價值。惜羅著多爲零散之隻言片語，不成系統。五十年代，其婿周子美編輯其遺著《善本書所見錄》，書中著錄天一閣舊藏約十種。八十年代，周子美又編成羅原著之《天一閣藏書經見錄》三卷，記錄天一閣散出書 204 種。

　　陳登原（1900～1974）於 1930 年任教於鄞縣湖西市立女子中學，次年春

〔註4〕 1881 年寧波知府宗源瀚題聯，1980 年沙孟海重書，見駱兆平：《天一閣藏書史志》，第 318 頁。

依據查訪見聞撰成《天一閣藏書考》一書。書分九個部分：一、三百年前浙東藏書之盛；二、天一閣主人；三、天一閣收藏之來源；四、天一閣之組織及管理；五、天一閣與四庫全書；六、天一閣書目及其內容；七、菁華小記；八、天一閣之散佚；九、天一閣之善後問題。附錄四篇。是書是第一部全面系統研究天一閣的專著。然疏漏紕繆亦多，且亦有校對草率、措辭不當之處〔註5〕，「作者未經登閣，多得之傳聞，故多隔膜」〔註6〕。

趙萬里（1905～1980）自 1928 年 6 月起任國立北平圖書館善本部主任等職，曾南下上海、杭州、寧波等地購置書籍。1931 年，趙萬里兩次親臨天一閣，與鄭振鐸、馬廉二人二日一夜手抄天一閣藏明藍格寫本正續《錄鬼簿》一部。1933 年又重登天一閣。趙萬里有《重整范氏天一閣藏書記略》和《從天一閣說到東方圖書館》二文，見解不凡，獨到深刻。二文考察了天一閣藏書的保存方法，評定了天一閣藏明代地方志和科舉文獻的文獻價值，總結了天一閣藏書散出的原因，初步探討了天一閣藏明代文獻的史料價值。他的結論是：「換言之，天一閣之所以偉大，就在能保存朱明一代的直接史部，乾隆修《四庫全書》時，天一閣和貴族的學術界，一度接觸以外，至今二百餘年，學術界沒有受到他一點影響。」〔註7〕趙萬里還擬編製天一閣藏書目錄，將天一閣現存藏書編作內篇，散落於閣外的編作外篇。然這一「繁密」的天一閣書目編撰計劃，終未實現。

馮貞群（1886～1962）自 1932 年至 1941 年任鄞縣文獻委員會委員長，在此期間，主持重修天一閣，移寧波府學「尊經閣」於天一閣內，闢明州碑林和千晉齋，對天一閣的保護與建設貢獻甚大。同時，馮貞群也整理研究了天一閣藏書。1935 年和 1936 年，馮貞群編成《天一閣方志目》和《天一閣藏明代試士錄目》各一卷，二目後來合刊成《天一閣簡目兩種》。1937 年又編成《鄞范氏天一閣書目內編》十卷，其中《劫餘書目》四卷，著錄天一閣藏宋、元、明三代文獻；《書藏目》並《范氏家著目》一卷，著錄天一閣藏清代文獻和范氏族人著作；《附錄》四卷，編輯天一閣的圖象、版片、帖石碑林、諸目記考、雜錄諭旨、聯禁牌志、傳抄書約、舊目考略、閣書景、藏印、人像、

〔註 5〕 參季嶽：《評天一閣藏書考》，《浙江省立圖書館館刊》第 2 卷第 1 期，1933 年。

〔註 6〕 駱兆平：《天一閣藏書史志》，第 406 頁。

〔註 7〕 趙萬里：《重整范氏天一閣藏書記略》，《國立北平圖書館館刊》第 8 卷第 1 號，1934 年，第 107 頁。

物景等等；《補遺》一卷，著錄天一閣訪歸之書及新入藏之書。《鄞范氏天一閣書目內編》雖是一部目錄，但寓作於述，細緻綿密，最見功夫。

此時，各種天一閣藏書目錄也相繼編纂而成：1847 年劉喜海編《天一閣見存書目》十二卷，1884 年薛福成編《天一閣見存書目》四卷，1914 年繆荃孫編《天一閣失竊書目》二冊，1928 年林集虛編《目睹天一閣書錄》四卷、《附編》一卷，1930 年楊鐵夫編《重編寧波范氏天一閣圖書目錄》一冊等。各目記載天一閣藏書數量變化，兼述天一閣史事，爲天一閣藏書研究提供了必要的參考材料。而黃家鼎《天一閣藏書顛末考》和繆荃孫《天一閣始末記》二文，則專文論述天一閣藏書史事，線索清晰，簡明扼要。

三、1949 年至今：「林泉雅潔多奇石，樓閣清朧類碩儒」〔註 8〕。

1949 年以後，天一閣成爲國家重點文物保護單位。1994 年，寧波市博物館併入天一閣文物保管所，更名爲天一閣博物館。1996 年的「天一閣及中國藏書文化研討會」和 2006 年的紀念范欽誕辰 500 週年、天一閣建閣 440 週年暨第三界中國藏書文化節的召開，以及《天一文化叢書》、《天一閣論叢》、《天一閣文叢》等學術刊物的編集出版，促成天一閣成爲學界研究的熱點之一，天一閣藏書研究逐漸走向深入。

這一時期研究天一閣藏書首屈一指者當爲駱兆平（1934～）。他守閣五十年，具有得天獨厚的優勢，成爲當下著名的天一閣研究專家。自八十年代起，駱兆平出版了一系列有關天一閣藏書研究的專著：《天一閣藏明代地方志考錄》、《天一閣叢談》、《新編天一閣書目》、《書城瑣記》、《天一閣藏書史志》和《天一閣碑帖目錄彙編》。《天一閣藏明代地方志考錄》著錄天一閣原藏省府州縣志 435 種，詳其書名、卷數、纂修者、修志情況、卷目、版本、存佚、流傳等，還訂正補充了舊目的不足，因此反映了天一閣明代方志的收藏全貌，也爲利用、整理和研究明代方志提供了詳明的線索。《天一閣叢談》在充分吸取前人研究成果的基礎之上又有所創新，分天一閣史話、天一閣史事索考、天一閣藏書的管理、天一閣藏書目錄、天一閣刻書考、天一閣藏書傳抄遺聞、天一閣藏乾隆頒賞書畫記、天一閣藏明代地方志述略、天一閣藏明代科舉錄述略、天一閣藏家譜概述和天一閣藏碑帖概述等十二個專題，全面系統，深入淺出。《新編天一閣書目》分天一閣遺存書目、天一閣訪歸書目、

〔註 8〕1962 年郭沫若題天一閣詩，駱兆平：《天一閣藏書史志》，第 312 頁。

天一閣進呈書校錄和天一閣明抄本聞見錄四個部分，從各個不同角度反映天一閣藏書的現狀和歷史，金濤序稱「謹嚴精到，信實可靠」。《書城瑣記》是作者有關寧波及浙東藏書家和藏書樓的論文合集，而《海內長存天一閣》等文佔有較多篇幅，可知作者力圖闡明的是天一閣在浙東藏書文化發展過程中承前啓後的地位和作用。《天一閣藏書史志》錄存有關天一閣的原始文獻，以此記述天一閣藏書樓和藏書活動的歷史，分書樓志、藏書志、碑帖志、書畫志、人物志和藝文志，記事時間自明嘉靖四十年（1561）范欽歸里後著手建造天一閣起，至 2000 年 12 月，唯碑帖分志延至定稿時止，分類科學，選材精當，述中有作。2012 年又與謝典勳編著《天一閣碑帖目錄彙編》，是書爲天一閣各個時期收藏的碑帖的目錄彙編，按碑帖來源和存留情況不同，分天一閣碑目、天一閣見存碑目、天一閣見存帖石目、鄞縣通志館移贈碑帖目錄、清防閣贈碑帖目錄、別宥齋贈碑帖目錄、天一閣新增碑帖目錄等七個部分，較全面地反映了天一閣收藏碑帖的歷史和現狀。此外，駱兆平還有一些論文，如《天一閣藏書文化的歷史軌跡和發展前景》〔註 9〕、《范欽著作的三種天一閣刻本》〔註 10〕、《范欽著作考略》、《范欽與〈煙霞小說〉》〔註 11〕和《天一閣范氏族譜綜述》〔註 12〕等。

　　臺灣蔡佩玲的《范氏天一閣研究》則是大陸之外研究天一閣之卓可稱述者。是書分五章，對范欽的家世傳略、天一閣閣藏流衍、閣藏內容、天一閣歷來舊目以及天一閣的建築與管理各方面，加以研討，力圖完全展現天一閣的沿革、價值與內涵。作者未曾登閣，但用力甚勤，能將大量散見於諸書中的相關材料排比鉤稽出來，進行翔實的考證。尤其是「天一閣書目考」一章，將歷來編纂的天一閣藏書目錄，無論存佚，一一細緻考察，並評其得失。

　　現任天一閣博物館館長虞浩旭也有數部天一閣研究專著：《歷代名人與天一閣》、《風雨天一閣》、《嫏嬛福地：天一閣》和《智者之香：寧波藏書家與藏書樓》等。

　　鄭州大學碩士研究生王敏 2006 年所撰學位論文《天一閣藏書研究》，分四章：一、天一閣藏書的來源、管理與利用；二、天一閣藏書的特徵、散聚

〔註 9〕 載虞浩旭主編：《天一閣論叢》，寧波：寧波出版社，2006 年。
〔註 10〕 載徐良雄主編：《中國藏書文化研究》，寧波：寧波出版社，2003 年。
〔註 11〕 載天一閣博物館編：《天一閣文叢》第一輯，寧波：寧波出版社，2004 年。
〔註 12〕 載《寧波經濟：三江論壇》第 4 期，2004 年。

及書目評介；三、天一閣在圖書館史上的地位及貢獻；四、研究天一閣藏書的幾點思考。

當代以來，除了以上研究者的綜合研究成果之外，以天一閣的特色藏書爲對象的專題研究也取得了一定的成就。

天一閣的藏書，以明代的地方志和科舉文獻最爲著名，二者可稱是天一閣藏書的「雙璧」，最爲學界所矚目。上世紀六十年代和九十年代，《天一閣藏明代地方志選刊》和《天一閣藏明代地方志選刊續編》相繼出版，二部叢書共影印閣藏明代方志 216 種，這是天一閣藏書出版史上的盛舉。駱兆平《天一閣藏明代地方志考錄》便是其間最主要的研究成果。

天一閣藏明代科舉文獻在 2006 年以前一直鎖在深閨，鮮有問津者，僅有數篇論文論及天一閣藏明代進士登科錄〔註 13〕。從 2006 年起，寧波出版社陸續出版《天一閣藏明代科舉錄選刊》：2006 年出版的《登科錄》，影印明代進士登科錄 41 種、進士同年錄 1 種、進士履歷便覽 10 種和其他進士名錄 4 種；2007 年出版的《會試錄》，影印明代會試錄 38 種；2010 年出版的《鄉試錄》，影印明代各省鄉試錄 274 種。2010 年 9 月「科舉與科舉文獻國際學術研討會」在寧波舉行，2011 年 10 月《科舉與科舉文獻國際學術研討會論文集》由上海書店出版。天一閣藏明代會試錄、鄉試錄和武舉錄還是一片尚未充分開發的處女地，相信閣藏這些珍貴科舉文獻的大量影印出版，必將繼續推進天一閣藏書研究、明史研究、科舉文獻與科舉學的研究。總的來看，如劉海峰和沈登苗所說〔註 14〕，科舉文獻的研究有兩個方面：一方面是系統整理和研究科舉文獻本身，包括文獻種類、結構體例、基本內容等的介紹和與其他版本的比較，以及進士姓名、籍貫、科年、甲第、名次等個案的考證，其成就屬於目錄學、版本學、校勘學等古籍整理範圍，以陳長文《明代科舉文獻研究》〔註 15〕爲代表；另一方面是充分利用科舉文獻進行社會史、政治史、

〔註 13〕李大東《明代進士題名校勘記》（虞浩旭主編：《天一閣論叢》）；沈登苗《也談天一閣藏明代登科錄——與駱兆平、李大東先生商榷》（《浙江學刊》第 2 期，1998 年，《人大複印資料·明清史》第 3 期轉載，1998 年）；錢茂偉《天一閣與明代的科舉名錄編纂》（天一閣博物館編：《天一閣文叢》第一輯）。

〔註 14〕劉海峰：《再論科舉文獻與科舉學》，《科舉與科舉文獻國際學術研討會論文集》（上冊），第 23 頁；沈登苗：《就明代進士祖上的生員身份與何炳棣再商榷——以天一閣藏明代進士登科錄爲中心》，《科舉與科舉文獻國際學術研討會論文集》（上冊），第 113 頁。

〔註 15〕山東大學出版社，2008 年。

教育史和文學史等方面的研究，充分挖掘天一閣藏明代科舉文獻的內涵和價值，如臺灣東吳大學歷史系廖英舜的論文《天一閣登科錄中的明代進士戶籍研究》、《明代官籍進士研究——以天一閣藏明代登科錄爲主》等。

2010 年《天一閣藏明代珍本政書叢刊》出版，天一閣藏 54 種明代政書首次系統對外公佈，這是「繼地方志、科舉錄之後又一重要文獻集成」（虞浩旭序），以萬明爲代表的中國社會科學院歷史研究所的明史專家爲每種書撰寫了提要，內容包括卷數、撰者或編纂（輯）者、版本、冊數、內容簡介、史料價值等，並稱「這批這本政書的出版必將推動明史政治、經濟、軍事、文化、社會諸多領域的研究走向一個新的發展階段」〔註16〕。

除以上三大文獻集成外，天一閣珍藏的其他善本古籍也進入學者考察研究的範圍。已故明史專家謝國楨（1901～1982）於 1979 年到江、浙、成都等地訪書，著成《江浙訪書記》一書，是書著錄天一閣文物保管所藏古籍 40 種，詳細介紹圖書作者、內容和價值。日本學者岡野誠《〈宋刑統〉考——以天一閣舊藏明抄本爲中心》一文考察了現藏於臺北故宮博物院的天一閣舊物——明抄本《宋刑統》的構成、編纂，和天一閣本的現狀、流傳，以及《宋刑統》諸版本和研究狀況。錢茂偉《天一閣藏〈通紀〉研究》〔註17〕一文則探討了天一閣藏《通紀》的版本、作者、書名、史料來源及價值等。杜澤遜《四庫存目標注》對著錄於《四庫存目》的進呈本包括天一閣進呈本在內的版本和存藏情況做了系統的考定。2007 年，中國社會科學院歷史研究所與天一閣博物館共同整理的《天一閣藏明抄本天聖令校正》出版，《天聖令》一時成爲法律學界研究的焦點〔註18〕。2008 年，天一閣藏萬斯同《明史稿》影印

〔註16〕參萬明：《天一閣藏明代政書及其學術價值》，《中國史研究動態》第 3 期，2008 年。

〔註17〕載天一閣博物館編：《天一閣文叢》第四輯，寧波：寧波出版社，2006 年。

〔註18〕相關論文有：戴建國《天一閣藏明抄本〈官品令〉考》、《唐〈開元二十五年令·田令〉研究》，宋家鈺《明抄本天聖〈田令〉及後附開元〈田令〉的校錄與復原》、《〈天聖令〉：中國古代法典的「世紀性發現」——寫在〈天一閣藏明抄本天聖令校證〉出版之後》、《明抄本北宋〈天聖令〉（附唐〈開元令〉）的重要學術價值》，黃正建《佚失千年重見天日——北宋〈天聖令〉的發現整理及其重要價值》、《關於天一閣藏宋〈天聖令〉整理的若干問題》，虞浩旭《天一閣藏明抄本〈官品令〉與中日律令制度》，袁慧《天一閣藏明抄本〈官品令〉及其保護》，日本大津透《北宋天聖令的公佈出版及其意義——日唐律令比較研究的新階段》等。

出版，又掀起了學術界一股研究熱潮〔註19〕。

　　與天一閣藏書研究有關的課題還有：天一閣藏書目錄的研究，相關論文如：朱家濂《〈天一閣書目〉校讀記》〔註20〕，吳平《〈天一閣書目〉初探》〔註21〕，沙嘉孫《劉喜海和他的〈天一閣見存書目〉》，魯海《〈天一閣書目〉——劉喜海與張錚夫》〔註22〕，李世愉《清代編錄〈天一閣書目〉考》〔註23〕，劉尚恒《明萬曆范大沖編〈天一閣書目〉考》〔註24〕、《明萬曆范大沖編〈天一閣書目〉續考》〔註25〕和《新見明萬曆〈天一閣書目〉考述》〔註26〕等。天一閣與四庫全書的關係研究，相關論文如：西嵨《天一閣與〈四庫全書〉》〔註27〕、朱賽虹《天一閣及其藏書的歷史作用與影響——以〈四庫全書〉與「四庫七閣」爲例》、袁逸《欽點天下第一樓——乾隆與天一閣獨特關係探析》、武世俊《恭呈家珍藏頒賜增殊榮——天一閣等四大藏書樓貢獻瑣談》〔註28〕和崔富章師《天一閣與〈四庫全書〉——論天一閣進呈本之文獻價值》。天一閣史的研究，如邱嗣斌、汪衛興《天一閣史話》〔註29〕和德國學者烏爾里希‧施塔克曼（Ulrich Stackmann）《中國圖書館天一閣的歷史》〔註30〕兩部專著。天一閣創建者范欽的研究，天一閣博物館的研究員袁慧，2003 年撰成第一部范欽研究專著——《范欽評傳》，2006 年又整理了范欽遺著《天一閣集》。同年，戴光中著成《天一閣主——范欽傳》。

〔註19〕相關論文如：谷敏《天一閣藏萬斯同〈明史稿〉考論》，黃愛平《天一閣藏萬斯同〈明史稿〉的性質和地位》，萬明《天一閣藏〈明史稿〉的整理及其史料價值》，萬明、解揚《天一閣藏〈明史稿〉略考》，康敏《天一閣藏〈明史稿〉之〈郝傑傳〉研究》，張金奎《天一閣藏〈明史稿〉之〈忠義傳〉兩題》，陳時龍《天一閣藏〈明史稿〉之〈羅汝芳傳〉初探》，張兆裕《天一閣藏〈明史稿〉之〈趙佑傳〉的整理及相關問題》等。
〔註20〕載《圖書館學通訊》第 4 期，1985 年。
〔註21〕載《廣東圖書館學刊》第 3 期，1989 年。
〔註22〕以上二文載虞浩旭主編：《天一閣論叢》。
〔註23〕載《清史研究》第 3 期，1999 年；《天一閣文叢》第二輯（寧波出版社，2005 年）轉載。
〔註24〕載《圖書館學研究》第 2 期，1992 年。
〔註25〕載《圖書館研究與工作》第 1 期，1995 年。
〔註26〕載虞浩旭主編：《天一閣論叢》。
〔註27〕載虞浩旭主編：《天一閣論叢》。
〔註28〕以上三文見徐良雄主編：《中國藏書文化研究》。
〔註29〕文化藝術出版社，1992 年。
〔註30〕參張樹聲、鄭繼豐：《西方學者論天一閣》，《中國圖書館學報》第 2 期，1995 年。

　　如今的天一閣已非昔日面貌，天一閣是作爲寧波的旅遊景點向外界開放的。天一閣性質的變化，導致有關天一閣的論著趨向多元化。如天一閣管理工作人員主要關注的是天一閣藏書的保護與利用、天一閣的現實地位及今後的發展前景等問題；文物鑒賞者的興趣在於編集與賞評天一閣所藏書畫、碑帖等珍稀文物；建築專業人士關注的則是天一閣集古籍管理、公共文化活動、休閒旅遊、陳列展示等多功能於一體的建築藝術；旅遊觀光者則即景抒情，撰寫以天一閣爲題的散文雜記。這些實際上已不屬於天一閣藏書研究的範圍。

　　綜觀四百年來的天一閣及其藏書研究，成果是主要的，但也存在不足，那就是資料性的著述較多，而研究性的文章較少。研究中有許多問題並沒有解決或者說徹底解決，如范欽的生平、交遊和藏書理念等問題，全面系統地整理天一閣藏書問題，天一閣散出書的具體去向問題，天一閣藏書的版本問題，天一閣藏書與學術發展之間的關係問題。筆者以爲，研究天一閣藏書必需以文獻作爲基石，只有這樣才能構築藏書研究的牢固大廈，獲得豐碩的成果。可喜的是，近年來，天一閣珍本藏書陸續出版，天一閣古籍數字化工程又使天一閣秘籍化身千百，再加上明史研究專家的介入，這些都使天一閣藏書研究正在走上正軌。

第二節　天一閣藏明代文獻的背景和條件

　　本書之所以選定天一閣藏明代文獻爲研究對象，是因爲天一閣藏書的主體及特色就是明代文獻。天一閣之所以能藏有如此大量明代文獻，是由特定的背景和條件決定的。

（一）本書致力的論題

　　本書研究天一閣藏書，以天一閣藏明代文獻爲切入點。在此需要說明的是，本書所言的「明代文獻」，是指明人撰著或編輯的明刻本和明抄本，換言之，即明朝當代人的著述，而不包括明代以前人撰著或編輯的明刻本和明抄本。筆者之意，若是將二者均作爲研究對象，固然對說明文獻學有某些價值，但這樣一來，範圍更寬，便無重心，而明朝當代人的著述凝聚著更多當時人的創造性成果，更能體現天一閣藏書的價值與意義。

　　據筆者初步的統計，天一閣進呈書 640 種，其中明代文獻 413 種；阮元

《天一閣書目》著錄天一閣藏書 3658 種，其中明代文獻 2351 種；劉喜海《天一閣見存書目》著錄天一閣藏書 2288 種，其中明代文獻 1425 種；薛福成《天一閣見存書目》著錄天一閣藏書 2209 種，其中明代文獻 1544 種。總的來看，明代文獻占天一閣藏書的六七成，是天一閣藏書的主體。再綜合康熙間抄本《天一閣書目》、《玉簡齋叢書》本《四明天一閣藏書目錄》、阮目、劉目、薛目、駱兆平《新編天一閣書目》和其他相關諸目，天一閣藏明代文獻的總數大約是 3313 種，再與《明史・藝文志》相對照，發現其中僅 556 種被《明志》著錄，《明志》失收的占一大半。又從四部分類的標準來看，在天一閣藏明代文獻中，史部文獻最多，明代地方志和科舉文獻佔了絕大多數，共計 963 種；集部次之，也有 897 種；經部最少，僅 95 種。史部中，以詔令奏議類、地理類（包括地方志）、傳記類（包括科舉文獻）、政書類文獻居多，集部的別集類和總集類文獻數量龐大，子部的醫家類、雜家類、小說家類、道家類文獻也有不少。天一閣藏明代文獻爲後人留下了相當豐富的有關明代歷史的著作和文獻資料，是明史研究的直接史料，也是中國傳統文化的寶貴財富。

　　研究天一閣藏明代文獻，涉及的問題很多，如所藏明代文獻的數量、類型、種類、內容、作者、版本、學派、論爭等等，而且目前隨著天一閣藏明代文獻逐步大量面世，學界對之予以了一定程度的關注。筆者針對上述天一閣藏書研究中的薄弱環節和空白點，將實地考察與史料鈎稽相結合，力爭在以下問題的研究上有所突破和創新：一、從天一閣創建者范欽的生平和交遊出發，對范氏的藏書目的、藏書來源和建閣時間提出新的看法；二、集中闡述天一閣藏六大類明代文獻的主要內容，並爲其中百種明代文獻撰寫提要；三、總結天一閣藏明代文獻內容上的學術價值、版本上的特徵及其在版本學上的意義和天一閣藏書的文化意義；四、追蹤考察天一閣藏書散出的線索，初步探明其散出之明代文獻的庋藏情況。

（二）天一閣藏明代文獻的背景和條件

　　那麼，天一閣以明代文獻爲主的藏書特色，是在什麼背景下形成的？是什麼條件促成的呢？筆者以爲，天一閣建成於明代中後期，這是一個學術文化發達、文獻典籍繁榮、私家藏書興盛、江浙地區的文化得到充分發展的時代，天一閣形成以明代文獻爲主的藏書特色，大體也是由此。概而言之，主要有以下三點：

　　首先是明代學術文化的發達與文獻典籍的繁榮。明代史學、文化、宗教、醫學、文藝和圖書出版事業等都取得了很高的發展成就，這是天一閣得以藏有大量相關明代文獻的物質前提。

　　明代史學的發達，表現在：明代官修史書規模大，明初修《元史》，弘治、正德、嘉靖和萬曆四朝遞修《大明會典》，尤其是歷朝修《明實錄》，在在都是史學史上的大工程；私人修史更多，出現了各種雜史、野史、筆記等，體裁完備，內容豐富，且多直錄當時政事，敘述本朝歷史，反映當代歷史爲主的明人史著占絕大多數；方志學繁榮，永樂十六年（1418）詔纂修天下郡縣志書，並頒降《纂修志書凡例》，景泰七年（1456）修成的《寰宇通志》和天順五年（1461）修成的《大明一統志》爲各地方志的纂修提供了體例上的楷模，各地掀起修志熱潮，據巴兆祥統計，明代全國性的總志、各省通志、各府州縣志約有 2892 種〔註31〕。天一閣藏多種明代史書和志書，應該說正是當時此類文獻繁盛的結果。

　　明代的科舉制度更加發展。洪武四年（1371）開科取士，此後每三年在各省省城舉行的鄉試，次年在京城舉行的會試和殿試，幾乎成爲定例，試後由各省布政司和禮部分別刊刻該科《鄉試錄》、《會試錄》和《進士登科錄》。這些試錄在當時流通較爲普遍，且對士人生活有重要影響。明代武舉至正德時最終確立，亦如文試由各省布政司和兵部分別刊刻《武舉鄉試錄》和《武舉錄》。而不論是在當時，就是在現在，天一閣收藏的明代科舉文獻在公私藏書機構中最爲完備。

　　明代醫藥學的成就也很高，醫學著作數量繁多，有綜合性、專科性的醫療著作，也有針灸學、方劑學、本草方面的著作，還有有關養生、婦科、兒科、疾病預防、痘疹等方面的著作，醫學門類發展較爲齊全。天一閣藏有的明代醫書也頗爲豐富。

　　佛、道二教在明代都有很大的發展。尤其是道家與道教，由於明太祖和成祖的推重，加上世宗的篤信，勢力一度很大，隨之出現了各種類型的道書。天一閣所藏道書也不少。

　　明代文學有所創新，小說和戲曲取得了突破性的成就，詩文則在曲折中不斷革新，臺閣體、茶陵派、「前七子」、「後七子」、唐宋派、公安派、竟陵派等或前後相繼，或同時並行，詩壇出現異彩紛呈的局面，明人文集

〔註31〕黃葦等：《方志學》，上海：復旦大學出版社，1993 年，第 176 頁。

的數量大、品種多。天一閣所藏眾多的明人文集正是明代文學發展興盛的反映。

明代圖書出版事業特別繁榮。據周弘祖《古今書刻》，明代官刻、家刻和坊刻普遍興盛，各省布政司、按察司以及各府、州、縣等機構都刻了不少的書，還形成了蘇州、南京和建陽三個刻書中心。明代抄書也頗具特色，《永樂大典》是國家組織的大規模的抄書活動。天一閣藏明代版本既有多樣性，又具典型性，是明本的資料庫。

其次是明代私人藏書家的興盛與寧波文化傳統的悠久。應該說，此二者與天一閣藏如此豐富的明代文獻沒有直接的聯繫，但藏書風氣與文化傳統是個體藏書家存在的背景，對之有或多或少的影響。

明清時期是中國藏書史的鼎盛階段。私人藏書特別興盛，這是明代藏書史的一大特點。中國藏書史的開山之作——葉昌熾的《藏書紀事詩》，收錄五代至清末藏書家 1175 人，其中明代藏書家 427 人，超過以往任何朝代，僅次於清代。舉其中較著的藏書家、藏書樓來說，明代初期，浦江宋濂（1310～1381）的青蘿山房和崑山葉盛（1420～1474）的菉竹堂等較為特出；成化以降，長洲朱存理（1444～1513）、吳縣楊循吉（1456～1544）、都穆（1458～1524）、華亭何良俊（1506～1573）等人的藏書較為有名；嘉隆之際，藏書風氣大熾，如章丘李開先（1502～1568）的藏書樓、太倉王世貞（1526～1590）的小酉館、秀水項元汴（1525～1590）的天籟閣就是其中之傑出者，而鄞縣范欽的天一閣即是此時湧現出的佼佼者。萬曆以後，又有連江陳第（1541～1617）的世德堂、常熟趙琦美（1563～1624）的脈望館、山陰祁承爜（1562～1628）的澹生堂、閩縣徐𤊹（1570～1645）的紅雨樓、常熟毛晉（1599～1659）的汲古閣等等。綜觀有明一代，藏書風氣持久不衰，名家輩出，影響很大。

明代的這種藏書風氣又主要體現在江浙一代，明代江浙藏書家最多，而位於浙東的寧波便素有藏書文化傳統，有文獻之邦之稱。據駱兆平《書城瑣記》，寧波的藏書文化傳統可追溯自南齊時人虞和，此後的寧波藏書家，五代一人，宋代二十人，元代五十人，明代三十人，清代六十七人，民國三十人，其中鄞縣就有九十四人。在天一閣前後著名者，有宋代樓鑰（1137～1213）的東樓、史守之的碧沚，元代袁桷（1266～1324）的清容居，明代豐坊（1494～1566）的萬卷樓，清初鄭性的（1665～1743）二老閣、全祖望的雙韭山房

和盧址（1725～1794）的抱經樓等。天一閣在浙東藏書文化中具有承上啓下的地位和作用。

寧波不僅有著悠久的藏書文化傳統，還有著悠久的學術文化傳統。全祖望常說，「吾鄉自宋、元以來號爲鄒、魯」〔註32〕。寧波在南宋時有楊簡、袁燮、舒璘和沈煥等「明州四先生」、王應麟的深寧學派和黃震的東發學派等，元代有趙偕的寶峰學派，明初有朱學大家黃潤玉和楊守陳，清初又有全祖望和萬斯同。寧波是浙東學術的重地。經學外，寧波的其他學術也取得了相當的發展成就。二十世紀三十年代，鄞縣張壽鏞（1876～1945）積十餘年之力整理搜集鄉邦文獻，陸續刊佈成《四明叢書》，共分八集，收錄寧波歷代鄉賢遺著和地方文獻共 178 種，1177 卷，由此煌煌巨帙可見寧波的經學、史學和文學等均源遠流長。

清人章學誠（1738～1801）在《文史通義》卷五中專文論《浙東學術》，大致強調浙東學術的三點，一是史學，二是文獻，三是經世。另又言：「惟浙中自元明以來，藏書之家不乏。蓋元、明兩《史》，其初稿皆輯成於甬東人士，故浙東史學，歷有淵源，而乙部儲藏，亦甲他處，近俱散失盡矣。三十年前，京師鬻舊書者多從浙江舊家收販，近十許年不復顧也。聞海外番舶，如日本、琉球，頗用重價購書，江浙之間，有司不甚稽查，此恐所關非細。」〔註33〕此言學術研究的需要，必然會導致藏書之興盛。天一閣藏明代文獻的史學價值和實用精神與章氏所言有契合之處。

再次是范欽的藏書理念。范欽異於同時代其他藏書家的生平行事和思想觀念是天一閣藏豐富的明代文獻的直接原因。

明代私人藏書家的收藏各具特點，而且檢閱明代私家藏書目，不難發現許多藏書家並不排斥明代文獻，如高儒收藏明代小說和戲曲，祁承爜除收藏和研究戲曲外，還注意搜集明人史部。但在明代，多數藏書家還是佞宋的。其時，宋元版書已經不易得到，然如謝肇淛所言：「書所以貴宋板者，不惟點畫無訛，亦且箋刻精好，若法帖然。」〔註34〕王世貞就曾築「爾雅樓」專藏宋元舊版。然而購置如此珍本秘書，或者是世代累積的家藏的結果，或者需要雄厚的經濟實力來羅致。范欽的同鄉好友豐坊，其家藏書始於其祖北宋豐

〔註32〕 《全祖望集彙校集注》，第 1058 頁。
〔註33〕 〔清〕章學誠：《章氏遺書》卷二十九，浙江圖書館藏嘉業堂刻本。
〔註34〕 〔明〕謝肇淛：《五雜組》，北京：中華書局，1959 年，第 381 頁。

稷，自此以後，「代有聞人，其聚書之多，亦莫與比」〔註35〕，其藏書多爲宋元本書、法書、金石拓本。范欽的另一個好友周藩宗正朱睦㮮也曾在《萬卷堂家藏藝文自記》中言：「余垂髫時即喜收書，然無四方之緣，不能多見多致。大梁又自金元以來屢經兵燹，藏書之家甚少，即有亦皆近代之刻，求唐以前則希矣。間或假之中吳、兩浙、東郡、耀州、澶淵、應山諸處，或寫錄，或補綴，蓋亦有年，所得僅此，信積書之難也。」〔註36〕求宋本已經非常困難，求唐以前的寫本不亦難上之難？然朱睦㮮是典型的學者型藏書家，宋元本書多爲經史舊作，對於傳統學術的研究大有裨益，朱睦㮮的這種不畏難而求其眞的精神是值得推許的——其萬卷堂藏書後毀於崇禎十五年（1642）李自成攻開封府城之時。明末毛晉（1599～1659）不惜重金購求宋元本書，也是著名的例子。

藏書是范欽的終身愛好，正如其子范大沖所言，范欽「生平孜孜，惟書籍是嗜」〔註37〕。然而，范欽白手起家，沒有足夠的資財去購置稀珍的宋元舊本。范欽固然喜歡研讀經書，但他首先是一個做官的人，所以不像朱睦㮮等藏書家一樣舍近求遠，而是棄難從易，其藏書大體以實用、經世爲旨歸。自嘉靖十一年（1532）中進士以後，范欽浮沉宦海近三十年，交友無數，眼界開闊，他搜集這許多當代的奏議、政書、傳記、地方志、科舉文獻、文集等，既是他爲官交友過程中的必然結果，更是他爲好官、結良友的主觀需要和必要參考。在此過程中，范欽逐漸意識到，只有這些當代文獻才最具傳世價值。這樣便形成了范氏收藏的明代文獻數量多、質量高、價值大等迥異於同時代其他藏書家的特點。當然並不是所有藏書都包含著范欽的主觀目的性在內，因爲藏書是一種興趣，一種愛好，久而久之就會變成一種積習，如此成就天一閣藏書七萬卷的規模。

總之，天一閣之所以藏有如此豐富的明代文獻是明代學術文化、藏書風氣和范欽藏書理念主客觀三方面的原因共同促成的結果。

〔註35〕《全祖望集彙校集注》，第 1062 頁。
〔註36〕馮惠民、李萬健等編：《明代書目題跋叢刊》，北京：書目文獻出版社，1994年，第 1065 頁。
〔註37〕轉引自駱兆平：《書城瑣記》，上海：上海古籍出版社，2000 年，第 63 頁。

第一章　天一閣創建者范欽考論

　　天一閣藏書研究中有兩大疑案，一是范欽收藏這麼多的當代文獻，其深意何在？二是天一閣到底建於何時？傳統的研究方法講求知人論世，只有從范欽生平行實入手，其藏書目的、藏書來源和書樓建成等問題才能迎刃而解。

第一節　從政簡史

　　范欽（1506～1585），字堯卿，一字安卿，號東明，浙江省寧波府鄞縣人。嘉靖七年（1528）九月中舉人，名列浙江戊子科鄉試第七十名。嘉靖十一年（1532）三月成進士，名列壬辰科進士二甲第三十八名，觀政禮部。

　　嘉靖十一年冬，出為湖廣隨州知州。在任隨州知州的三年間，范欽勤於政事，撙節開支，辨明冤邪，端正習俗，並與州人顏木議修《隨志》。范欽離任時，隨州人為之立去思碑〔註1〕。

　　嘉靖十五年（1536）夏，陞工部營繕司員外郎，歷郎中。武定侯郭勛（1477～1541）〔註2〕利用提督奉先殿、顯陵等工程之便，冒領銀兩，侵為己用。范欽與同年屯田司員外郎俞咨伯等人據原先議定之額數加以刪削，郭勛竟誣之以尅減商價，阻誤大工。世宗大怒，命錦衣衛逮治范、俞，不久二人

〔註1〕詳參同治《隨州志》卷三十二《隨州范曹二使君去思碑記》，《中國地方志集成・湖北府縣志輯》第65冊，第453頁。

〔註2〕郭勛，明開國功臣郭英之孫，嘉靖二十年，因罪入獄身死，詳參《天一閣藏明代政書珍本叢刊》之《奏進郭勛案狀》。郭勛輯《三家世典》、編《雍熙樂府》、撰《皇明英烈傳》，天一閣均收藏。

被釋出獄。奉先殿修成，賞范欽等詣敕房辦事。

　　嘉靖十九年（1540），范欽出任江西袁州府知府。在袁六年間，重建城門，減民賦稅，修治公署，剔除盜賊，又命所部徵集故實，以增輯府志。嘉靖《袁州府志》記載了范欽的許多惠民業績〔註3〕。袁州是當時禮部尚書嚴嵩（1480～1565）的故鄉，嚴嵩之子嚴世蕃（1513～1565）仗勢欲奪宣化坊公宇，范欽不許，因此忤逆嚴世蕃。而嚴嵩雖受世詬屬，卻「爲德於鄉甚厚」〔註4〕，他道：「蹈之只高其名。」〔註5〕意思是跟這個知府作對，反而只會擡高他的名聲，對自己沒什麼好處，所以此事就作罷了〔註6〕。

〔註3〕 嘉靖《袁州府志》卷一：宜春縣呂公井「其右又有池，皆湮塞爲民居。近年城中頻火，袁人以井池不潔爲屬。知府范欽稽其址浚之」。孚惠泉「久於占爲民居，嘉靖二十二年知府范欽稽籍浚之」。卷二：吏舍廳前中道爲戒石亭，「嘉靖間知府范欽建爲高亭，升石於上，尤便仰觀」。譙樓、披樓、宣化樓「嘉靖二十二年燬于火，知府范欽、同知張澤、通判林日昭易石爲基重建」。察院行臺「舊爲廉訪分司治所」，「嘉靖二十一年知府范欽一新之，改爲察院行臺」。司獄「知府范欽買民居闢之」。嘉靖二十二年儒學「諸生以泮池堪輿家不利請，於是知府范欽覆土塞之」。「大明正德間盜起，始議築土城，周七百一十丈，高一丈五尺，基闊一丈四尺，面徑八尺，架木覆瓦，東南濱于河，旋決于水。知縣王旬脩爲石門三（東雙虹，西勝跡，南臨浦）。知縣盧東章脩爲石門七。嘉靖二十一年，知府范欽、知縣李參重修建四門（東通吳，西適楚，南朝陽，北拱辰，又有小水門）。」卷五：「嘉靖二十二年，知府范欽備稽弘治七年前後每糧一石則派銀四錢四分四毫零，正德十年以前每石加至四錢九分九釐九毫零，嘉靖年間漸至五錢五分七釐二毫零，而民力益罷，九年知縣謝載具申以請凡石僅減一分八釐四毫，比之弘治中尚多九分有餘，都御史胡岳查袁苛重，量減至五錢五毫有畸。於是知府欽通查申請，又得末減，凡米一石并夏稅共徵五錢二釐零，蓋數分之寬積而至萬，民力亦可稍康矣。」卷六：指揮使司「衛中爲正廳，後爲鎮靜堂，左爲經歷司，右爲鎮稍撫司。右前爲旗纛，嘉靖二十二年知府范欽檄指揮同知刁琛重脩。」又康熙《袁州府志》卷八：范欽「性豪舉蹈屬，有西門豹之風。詰奸惕蠹，群盜屏跡，屬境肅然。又禁妄扳，民無冤濫。且念袁民貧，賦重，力控於上，得少蠲減。」

〔註4〕 沈德符：《萬曆野獲編》，北京：中華書局，1959年，第214頁。

〔註5〕 轉引自駱兆平：《天一閣藏書史志》，上海：上海古籍出版社，2005年，第274頁。

〔註6〕 又范欽有手箚一篇：「待罪舊治生范欽頓首拜。昨幸獲把臺範聆緒論，深慰平生。恭聞召入內臺，光濟中興，海內元元，何幸何幸！不肖往年備員江西，致忤嚴氏，屢遭構陷，人皆知之。不意近以贓鑷何望山者，混諸權門，深用駭懼，謹具疏認罪陳情，良非得已。伏望門下特賜憐念心迹，倘明衰病餘生，皆老翁賜也，敢忘敢忘。干冒威嚴下懷，不任惶恐。欽生再頓首具。謹質。」（見清吳雲輯：《二百蘭亭齋鑒藏書畫錄》，其中錄存《勝國忠節諸賢手箚》之全部，轉引自沉津：《書城挹翠錄》，第87～88頁）

　　嘉靖二十五（1546）年，范欽轉爲江西按察司副使，備兵九江。九江多盜，九江兵備副使以治安爲其職責，范欽在任上驅散了盜賊，安撫了地方百姓。

　　嘉靖二十七年（1548），范欽陞任廣西布政司左參政〔註7〕。嘉靖二十八年（1547），范欽北上京師，嘉靖二十九年（1550）秋轉官東歸〔註8〕。不久，遷江西按察司按察使，旋調福建按察使，嘉靖三十一年（1552）擔任福建壬子科鄉試的監試官。嘉靖三十二年（1553）八月，陞任雲南布政司右布政使。嘉靖三十三年（1554）春，調陝西布政司左布政使。七月，父母相繼過世，不久回家丁憂。嘉靖三十七年（1558）初，服闋，起補河南布政司左布政使，平宗藩馬價，擔任河南戊午科鄉試的提調官。

　　嘉靖三十七年九月，任都察院右副都御史，巡撫南、贛、汀、漳等處，提督軍務。明代巡撫都御史是一省之中代表中央政府全面管理地方事務的最高軍政長官。范欽在任南贛巡撫期間議設參將一員，保衛地方；借袁、臨二府行食廣鹽收稅，資援軍餉；罷黜不合格官員，舉薦賢能之才；緝捕盜賊，生擒劇寇李文彪、大盜馮天爵；走報倭情，抵禦倭寇。《范司馬奏議》記載了其相關事迹〔註9〕。

　　嘉靖三十九年（1560）九月，范欽陞兵部右侍郎。十月，南京監察御史王宗徐彈劾他在巡撫南贛時「黷貨縱賊，貽患地方」，范欽得旨，「回籍聽勘」〔註10〕。

〔註7〕〔明〕丘雲霄：《恭題嘉靖新例後》：「維時御史臣蕭世延代巡西粵，乃謀諸按察使臣楊本仁、左參政范欽，類而集之，授梧州府知府臣翁世經刻而布之。」末署「嘉靖戊申秋七月朔」（《中國珍稀法律典籍集成・乙編》第二冊，第433頁），「戊申」爲嘉靖二十七年，可知至遲是年范欽爲廣西參政。

〔註8〕〔明〕范大澈：《碑帖記證》：「嘉靖己酉，余隨仲父入都，仲父轉官東歸，余送至良鄉。」（張壽鏞輯：《四明叢書》，廣陵書社，2006年影印版，第18559～18560頁。）范大澈（1525～1610）字子宣，號訥庵，范欽之兄范鏞之子，遊京師，補鴻臚寺序班，此後自嘉靖四十年（1561）起的四十年間，范大澈屢次出使外國，直至萬曆十九年（1591）致仕。

〔註9〕《范司馬奏議》四卷，天一閣藏嘉靖刻本，1937年馮貞群以閣中舊藏與殘版合併，得五十六葉，裝成一冊，中有缺葉。又〔明〕嚴從簡《殊域周咨錄》卷三：「三十八年二月，倭寇犯饒平，流入漳州等處，督閩范欽遣都指揮孫教會兩廣兵進勦，親率狼兵及千戶張春等二次斬級七十七顆，生擒九名，奪回被虜官民人口一百八十餘名，牛馬二百二十餘頭匹，陸續官兵又獲眞倭賊，一名林居鳳，奸細余超、張大、陳元愛，接賊犯人楊二及賊馬、吳絲、紬絹等件。」（中華書局，2000年，第98頁）

〔註10〕《明世宗實錄》卷四八九：「南京貴州等道御史王宗徐等劾奏新陞兵部侍郎

嘉靖四十年（1561）正月，兵部尚書楊博奏上《覆巡撫南贛都御史范欽報功行勘疏》：

> 題爲募兵猖亂事。職方清吏司案呈，奉本部送兵科抄出，巡撫南贛
> 汀漳等處地方提督軍務都察院右副都御史范欽題。奉聖旨：兵部知
> 道，欽此。欽遵抄出送司，案呈到部，看得巡撫南贛汀漳都御史范
> 欽題稱，募兵猖亂，始自劫掠福建閩清縣庫，并沿途鄉村肆行流劫，
> 又突入江西新城等縣敵殺官兵，虜掠人財，流毒地方。今已拿獲賊
> 首馮天爵、梁寬，各該淩遲處死；賊從馮勝等六十五名，各該強盜
> 得財斬罪，仍該照例梟示。及稱南詔兵備副使賀鏤勞宜嘉錄，詔州
> 知府張景遠、通判王授、推官陸經、南雄知府章接等功亦可尚各一
> 節。爲照前項劇賊起自福建，延及江西，彼時巡按御史鄭本立止參
> 福建巡撫劉燾、江西巡撫張元沖，並未言及南贛巡撫，不知地方與
> 南贛有無相干。若地方相干，則今日之功止當贖其罪；若地方無干，
> 則今日之功寔當懋其賞。且馮天爵、馮勝等均係重刑，賀鏤等事干
> 激勸，未經勘明，輒難輕爲議擬。合候命下，移咨都察院轉行彼處
> 巡按御史備查馮天爵、馮勝等是否眞正強賊，應否處決梟示，范欽
> 并賀鏤等或先罪後功，或有功無罪，即今該作何處分，文書到日，
> 限一月以裏從實具奏，以憑覆請定奪。嘉靖四十年正月二十八日
> 題。奉聖旨：是，欽此。〔註11〕

由此可知，福建流賊深入江西，福建巡撫劉燾和江西巡撫張元沖因此被參爲縱寇殃民，身爲南贛巡撫的范欽雖擒獲了馮天爵、馮勝等人，但也脫不了干係，是先罪後功，還是有功無罪，有待核實。另外，范欽還曾因「冒支邊餉，賂遺權姦」而被奏核〔註12〕。後來劉燾和張元沖均於嘉靖四十年七月戴罪平

范欽巡撫南贛時贓貨縱賊，貽患地方，而代之者爲楊伊志，亦非統御才，乞
并議處。章下吏部覆言：欽被劾罪，重當行勘，伊志履任方新，當責其後功。
得旨：伊志留用，欽回籍聽勘。」（第8146頁）按王宗徐，江西泰和人，
嘉靖二十九年（1550）舉人，任歸善教諭，南京監察御史，開封、安慶知府
等職。康熙《安慶府志》卷十二說他「端潔古直，守身居官如一律。所至政
績卓越，忤當道去官，敝廬蔬食，樂道安貧」。雍正《廣東通志》卷四十說他
「英年雅度，樂於訓誨」。

〔註11〕〔明〕楊博：《楊襄毅公本兵疏議》，萬曆十四年（1586）刻本，《續修四庫全
　　　　書》第477冊，第238頁。
〔註12〕《明穆宗實錄》卷三十六載，隆慶三年八月，「先是，福建巡按御史陳萬言劾

賊，而由於某種原因，范欽在「一月以裏」及以後十餘年內並未得到公正的審核，因此只得一直在籍「聽勘」〔註13〕。

此後，范欽未曾放棄爲自己洗刷罪名而做出努力。大概就在嘉靖四十年，范欽還給吏部尚書吳鵬（1500〜1579）寫過信，請求公論，但吳鵬無能爲力〔註14〕。隆慶四年（1570），范欽又給新任吏部尚書高拱（1512〜1578）寫了一封《賀高少師掌銓衡啓》，表面上是祝賀高拱陞遷，實際上是懇請高拱能秉持公道，重申自己十年前遭受的冤屈：「某早拜下風，獲叼殊施。十年唧謗，嗟無路之能明；萬年陳情，幸有冤之獲察。儻未忘於簪履，終可拔於泥塗。」〔註15〕但直至萬曆二年（1574）七月，范欽才被勘明無罪，准許致仕。

范欽歸里後，與同道之人詩文往來，參與地方的公益事業，讀書，撰述，並繼續藏書、刻書、抄書，惠人良多，成爲德高望重的鄉賢耆舊。萬曆十三年（1585）九月，范欽病故，享年八十歲。

范欽卒後，長子范大沖和鄉人沈一貫等人爲之申請卹典〔註16〕，爲此，巡撫浙江都御史溫純（1539〜1607）〔註17〕上《大臣病故疏》奏請定奪施行：

> 據浙江布政使司呈，據寧波府申，據鄞縣申，據援例光祿寺署丞范大沖呈，稱故父范欽由嘉靖十一年進士授湖廣隨州知州，歷陞工部

奏原任福建巡撫都御史阮鶚、王詢，南贛巡撫都御史范欽、楊伊志、陸穩、周滿各冒支邊餉，略遺權姦，事下御史勘覈。至是，巡按福建御史王宗載以狀聞，戶部請行宗載逮治詢等、鶚、伊志家屬，其周滿事行江西巡按御史勘報，從之。」（臺灣中央研究院歷史語言研究所，1962年校印本，第916頁）

〔註13〕〔明〕張時徹：《芝園定集》卷三十五《壽少司馬東明范公七十敍》：「晉少司馬，職貳夏卿，有請求而弗懕者構謗書中之，公論弗與也，而交口訟冤。」（《四庫全書存目叢書》集部第82冊，第213頁）

〔註14〕〔明〕吳鵬：《飛鴻亭集》卷十五《范東明》：「執事者才名德望，朝論具服，近不免於多口不容，然後見君子，於執事奚病焉？頃蒙翰，兼悉素懷，願稍安之，以俟論定，莫邪、干將之器終當得虎兕而剚之，未便委棄道左也。尺蠖之屈，正以求伸，惟有道者熟籌之。」（《四庫全書存目叢書》集部第84冊，第44頁）

〔註15〕范欽：《天一閣集》，萬曆刻本，《續修四庫全書》第1341冊，第639頁。

〔註16〕詳見沈一貫：《爲范司馬貽撫按書》，《喙鳴文集》卷二十一，《續修四庫全書》第1357冊，第503〜504頁。

〔註17〕溫純，陝西三原人，嘉靖四十四年（1565）進士，萬曆十二年（1584）至十五年（1587）以兵部右侍郎兼都察院右僉都御史巡撫浙江。

員外郎、郎中，江西袁州府知府，江西副使，整飭九江兵備，廣西叅政，江西按察使，調福建按察使，陞雲南右布政使，陝西左布政使，丁憂，起復補河南左布政使，陞都察院右副都御史，巡撫南贛汀漳等處地方提督軍務，嘉靖三十九年九月內陞兵部右侍郎，被論回籍聽勘，屢蒙撫按衙門先後勘明，至萬曆二年七月二十六日題奉聖旨「范欽既勘明無干，准致仕」，於萬曆十三年九月二十八日病故。沖思父任三品京堂，兼有南贛軍功，例有卹典，呈乞轉達等情到縣。據此，就經行准府、縣二學牒，據廩、增、附生員毛大坤、余暨等呈覆相同，又據該縣里老隣佑陸倫等結勘無異，申乞轉達等因到府。覆查得本官原任侍郎，實歷三品，被論勘明，奉旨致仕，素行況協清議，照例應得卹典等因到司。先該本司左布政使余一龍看得，已故原任侍郎范欽生平無故，出處甚明，歷藩臬俱有聲稱，任巡撫尤多勳績，行誼允孚於鄉曲，著述見重於士林，致仕奉有欽依，被論委經勘結，相應呈乞，照例題請，俯賜卹典等因到臣。

據此，案查先爲申飭恩例以杜濫冒事，該禮部題准今後兩京大臣致仕在家病故於例應得卹典者，本處有司限三箇月以裏即與具奏，奏內止許直陳履歷，聽候處分。又爲申定卹典條例以一法守事，該本部題，奉欽依，節開：被劾致仕，雖曾經指摘，然既奉有成命，則公論已明，生前人品自可覩見，死後卹恩，理應給與等因。俱經通行，欽遵在卷。今據前因，該臣會同巡按浙江監察御史王世揚議照，已故原任兵部右侍郎范欽，學博而宦履有聲，才練而公議無玷，自州郡屢任藩臬，惠愛宜民，歷督撫，晉貳夏卿，安攘樹績，雖經被論，旋已勘明，況奉特旨致仕，似與前例相合。既經該司查明，臣等輒敢遵例，具陳履歷所有，應得卹典。伏乞敕下禮部再加查議，照例覆請定奪施行。〔註18〕

范欽官至三品京堂，又有南贛軍功，惠愛民人，公論已明，卒後終於得到卹典，至此，范欽的一生才劃上了圓滿的句號。

總之，范欽是一位才達幹練、廉正勤敏的合格官員，爲官任上，屢樹政

〔註18〕〔明〕溫純：《溫恭毅公集》卷四，影印文淵閣《四庫全書》第 1288 冊，第 460～461 頁。

績，相當出色，但由於某些原因，其政治生涯沾上污點。范欽曾說：「夫君子應世而興，鼎峙三才，囊括萬彙，豈徒與俗浮沉，晻沒終年已哉？將必抗志人代，茂樹名行。進則佐人主，遵皇王之畧，起仆苴漏，康濟元元。否則，奉身而退，閉關却掃，舉聖人之道而闡明之，成一家言，以詔人人。斯能矯世振俗，列於儒者之林，前之千古，後之來今，何莫不由斯？」〔註 19〕臨終前又說：「爾負爾軀，爾率爾趨。骯髒宦海，隱約里閭。將為斷斷之屬，抑為嬻嬻之愚乎？古稱身不滿七尺而氣奪萬夫，陸沉人代而名與天壤俱，蓋有志焉而來之獲圖也。吁！」〔註 20〕浮沉宦海，當有所為；隱居里閭，亦當有所為，這是范欽的立身處世之原則。而范欽自己是做到了這一點的，他有抱負，他從政、讀書，生前以事功稱聞於時，死後以藏書著名於世，可稱是中國典型的傳統士大夫。

第二節　交遊考述

范欽朋友很多，其《天一閣集》中涉及的朋友近兩百個，相當一些人與其藏書有或多或少的關係。筆者大致將之分為五類，即同年、同官、同人、同鄉和寧波地方官，其中有的朋友既是同年又是同官，有的既是同年又是同鄉，有的既是同鄉又是同官，在此以主要的方面歸類。

一、同年

同年有同年舉人和同年進士之分。

嘉靖七年浙江鄉試，中試舉人有九十人名〔註 21〕。其中陳束（1508～1540）與范欽是同年兼同鄉又兼同官。陳束善為文，名列「嘉靖八才子」之一，著有《后岡詩集》、《后岡文集》等。嘉靖《寧波府志》稱其「初事諸生課藝，已嶄然不為猥瑣語。時取古人書，意所契會，即鉤纂精微，時時論撰，發抒淵懿，上下屈、宋、班、馬之間，向、褒以下弗論焉。作為文章，辭玄思深，葩藻橫發，駸駸乎上廁於西京，而天不永年，不竟所詣止，知者憾之。」〔註 22〕《明史》亦稱：「當嘉靖初，稱詩者多宗何、李，束與順之輩

〔註 19〕《天一閣集》，第 599 頁。
〔註 20〕《天一閣集》，第 651 頁。
〔註 21〕詳見《嘉靖七年浙江鄉試錄》，《天一閣藏明代科舉錄選刊・鄉試錄》。
〔註 22〕嘉靖《寧波府志》，《中國地方志叢書・華中地方・第 495 號》，臺灣：成文出

厭而矯之。」〔註23〕陳束任湖廣按察使時，范欽恰知隨州，寫詩《酬寄陳約之》：「昔年同綴金閨籍，此地相從楚地居。……珍重新詩遙慰藉，却慚瓊玖報難如。」〔註24〕范欽後爲官福建，當時陳束已亡，范欽在興田驛見到當年福建參議陳束的屏間題詩，睹物思人，作《興田驛見亡友陳約之屏間之作追悼二首》。又據全祖望：「鼓山有四明流人題名，不知爲誰某也，范侍郎東明審定之，以爲后岡。」〔註25〕可見范欽與陳束儘管相知未必深，但始終難忘同年之誼。

嘉靖十一年殿試，登科者有三百二十名〔註26〕。「是三百二十人者，同日對大廷，又同日賜甲第，其進同；皆業六經而宗周孔，其道同，茲所謂友也。」〔註27〕范欽與同年進士交遊之廣、相交之深超過了同年舉人。據筆者初步考證，范欽與俞咨伯、王廷幹、許應元、蔡汝楠、張謙、王槤、林應亮、朱衡、呂本、呂光洵、孔天胤、顧玉柱、傅頤、曹邦輔、吳嶽、樊深、王畿、周復俊、陳如綸、桑喬、史際、陳玒等 21 人都有文字之交。下面列舉數人。

嘉靖十六年，范欽與俞咨伯（1511～1546）、顧玉柱三人同爲工部郎中，范職營繕司，俞職屯田司，顧職都水司，三人「用同年爲同官，以意氣相砥厲」〔註28〕。武定侯郭勛事起，顧先以病去官，得免一劫，俞、范二人則一同下獄，冤情得白，又一起被貶，一貶泉州，一貶袁州，分別之際，范欽寫了《別俞泉州禮卿七首》的聯體長詩爲之送別。兩年後，郭勛死，范、俞又不約而同赴京，兩人重逢，范欽寫下《晚次都門禮卿過訪》、《出京宿永濟寺同禮卿得遊字》、《雪和禮卿》等詩。俞咨伯後任山西提學副使，養病致仕，早卒〔註29〕，范欽又有《追憶亡友俞禮卿學憲》一首，其中云：「含香早歲聯

版社有限公司，1983 年，第 2520～2521 頁。

〔註23〕 《明史》卷二百八十七，北京：中華書局，1974 年，第 7371 頁。

〔註24〕 《天一閣集》，第 483 頁。

〔註25〕 〔清〕全祖望：《陳后岡題名跋》，《全祖望集彙校集注》，第 746 頁。

〔註26〕 詳見《嘉靖十一年進士登科錄》，《天一閣藏明代科舉錄選刊·登科錄》。

〔註27〕 〔明〕郭維藩：《壬辰進士同年會錄齒次序》，見《天一閣藏明代科舉錄選刊·登科錄·嘉靖十一年壬辰進士同年錄》。

〔註28〕 《天一閣集》，第 619 頁。

〔註29〕 天啓《平湖縣志》卷十四：「俞咨伯，字禮卿，幼穎異。弱冠舉進士，歷官營繕、屯田。時貴戚武定侯專橫，伯執法不少狗。出守泉州，孜孜民隱，不憚繁劇。值歲大饑，疏請賑活數萬。累決疑獄，咸以爲神。尋以河南副使轉山西學憲，掄藝甄別，不爽毫髮。爲人沖雅溫潤，遇事氣節侃侃。年止三十六，人咸惜之。」（《天一閣藏明代地方志選刊續編》第 27 冊，第 817～818 頁）

華省，意氣如君薄九垓。忤貴一時同下獄，移官何地不憐才。」〔註30〕俞咨
伯是范欽初入仕途之時志氣相投又同病相憐的摯友。

　　同年許應元（1506～1565）是浙江錢塘人，官至廣西右布政使。他爲官
剛直不阿，詩文宏深淵肆，有《陔堂摘稿》。范欽曾與之詩酒相和，作有《十
三日夜集子春宅得星字》等詩，還曾追憶：「因思擊築長安侶，寥落于今罷酒
杯。」〔註31〕許應元也寫有《與范東明憲長》的信給他：

> 使者返，附上短啓幣儀，想徹記室矣。恭惟釋禪在茲，北上有日，
> 庶幾瞻奉，罄此離闊也。時方多難，汔望小康。自非命世之英，無
> 能戡定；剝床之災，不啻同室。兄宜遄出，以弘濟私人，似未可夷
> 猶鄉國、戀戀松梓也。虞君回草，率布悃惟，爲道崇攝，不宣。
>
> 〔註32〕

此信大約作於嘉靖二十九年，許應元勉勵范欽當有所作爲，而不應該眷戀鄉
梓。

　　蔡汝楠（1516～1565）是浙江德清人，官至南京工部侍郎。喜爲詩，中
年以後好理學，與鄒守益、羅洪先等爲友，著有《輿地略》、《自知堂集》和
《白石山人詩選》等。嘉靖二十八年至三十年間，蔡汝楠守衡州，范欽途經
湖廣漵口時遇到他，賦《漵口遇蔡衡州子木效其體》。大約在嘉靖四十年，蔡
汝楠又寫了《與范東明年丈》二封書信：

> 客歲山中，極想北上旌麾，或過雪溪。無何，棲溪人言公已取道檇
> 李，惆悵久之，除音遠聞。公任中州左轄，四方多難，中原旬宣，
> 以屬老成，亦甚盛事，慰不可言。三十年敭歷，數寄維藩，從此飛
> 昇，雖朝閶風、夕玄圃，維其時矣。今時數萬甲兵，非我范公，難
> 辦此哉。幸努力珍重。弟自陳情不遂，罹難以來，垂死幸甦，然青
> 山白閣之中，亦自分小休矣。乃者勉終哀制，而嗣事有萌，譬之草
> 木，稍振枯朽，然壠樹戀戀，去就尚未卜也。……
>
> 都下奉侍，別忽五週，在豫章時聞公憂居消息，方擬遣承，而不肖
> 亦遽遭不天之戚，至今空鬱夢思，水曲半苦，哀病纏繞，痛惟比年，
> 事與心違，既負供菽之私，仍忝求牧之寄，眞爲無所比數之人。自

〔註30〕《天一閣集》，第 506 頁。
〔註31〕《天一閣集》，第 509 頁。
〔註32〕〔明〕許應元：《陔堂摘稿》卷十六，《續修四庫全書》第 1342 冊，第 145 頁。

分從今遂戀丘隴，以償夙心。至於世道荏苒，老成如公，士林共祈，

即登三事，匡濟斯世，何爲履吉之後久留海壖？……〔註33〕

此時范欽已棄官歸里，而蔡汝楠因父母去世、疾病纏身鬱鬱不樂，在此盡情傾訴自己對范欽的傾慕之意，另外還感謝他爲寧波府同知种作（號方塘）揚譽。

王樵（1493～1564）是范欽的同年兼同鄉，曾任江西左參議，轉山東按察副使，備兵徐州，作詩文集《徐徐集》。嘉靖二十七年遷湖廣參政，以直忤巡按御史，被劾免歸。曾師事崔銑、呂柟，與鄒守益、羅洪先、唐順之爲友。嘉靖《寧波府志》稱其「慷慨負氣，家素清約，不以儻志意，即造次劬勤，未嘗暫輟問學。素善古詩文，晚更精詣，有漢唐風格。」〔註34〕嘉靖二十九年秋，范欽在寧波，與王樵等鄉人一起遊四明山〔註35〕，觸詠甚適。臨別時，范欽賦《留別王子長》詩：「明時同負謗，獨荷主恩優。……何日尋眞去，相將續舊遊。」〔註36〕王樵也有《柬范東明憲長》一首：「剡曲棲安道，山陰效子猷。田園存小范，禮樂在西周。遊水無今昔，浮雲自去留。相期各努力，終不媿前脩。」〔註37〕詩中「戴安道」借指江西參議戴綸，「王子猷」借指王樵自己，「小范」指江西按察使的范欽，「西周」指江西參政周相，此時四人均調官，王樵作此詩以共勉。

朱衡（1512～1584）是江西萬安人，與范欽既是同年又是同官。他官至工部尙書，是一位能幹傑出的官員，《史》稱其「性強直，遇事不撓」〔註38〕。嘉靖二十九年，朱衡任福建提學副使，刊發《學政錄》一書。此時范欽任福建按察使，二人同官福州。嘉靖三十二年，范欽調官雲南，次年便得到朱衡的書信，作《得朱鎭山同年書》：「故人昨歲別，春至一書來。夢裏音容見，愁邊懷抱開。雲深冀北路，春老越王臺。潦倒今如此，乾坤孰愛才？」〔註39〕又有《懷朱鎭山》：「朋舊知心今有幾，可將寂寞負昌辰。」〔註40〕嘉靖三十

〔註33〕〔明〕蔡汝楠：《自知堂集》卷二十一，《四庫全書存目叢書》集第97冊，第722～723頁。

〔註34〕嘉靖《寧波府志》，第2524頁。

〔註35〕《天一閣集》卷五有《秋日偕王子長袁宗正諸君遊明山由長春門歷北渡迤邐至江口忻然有作》。

〔註36〕《天一閣集》，第445頁。

〔註37〕《麗澤錄》，《北京圖書館古籍珍本叢刊》第115冊，第42頁。

〔註38〕《明史》卷二百二十三，第5867頁。

〔註39〕《天一閣集》，第442頁。

〔註40〕《天一閣集》，第487頁。

七年，范欽與朱衡同官河南，時任河南布政使的范欽與時任河南右參政的朱衡共同擔任該年河南省鄉試的提調官〔註41〕。嘉靖四十四年，朱衡被擢爲南京刑部尚書，當時黃河在淮徐一帶決水爲患，造成運道淤塞，於是改爲工部尚書兼右副都御史總理河道。第二年，朱衡主持開挖的運河新渠「南陽新河」工程竣工，晉太子少保，加一品秩，留經理漕河事宜。隆慶元年（1567）還掌部事，隆慶六年（1572）初，兼右副都御史，經理淮、邳等河，萬曆二年致仕。這期間，范欽寫有《贈朱惟平尚書赴召時治河濟上》《寄朱鎭山尚書》、《朱鎭山致政詔乘傳晉太子太保》和《答朱鎭山年丈》等詩，說：「黃梁客夢年來見，白首交情海內稀。」〔註42〕兩人的友誼始終不渝。

　　在明代，同年是士人最重要的人脈。范欽與同年互相勉勵，遙相祝願。范欽關注同年的動向，格外看重同年之誼。約在嘉靖三十九年，范欽寫下《九日登樓懷許子春林熙載朱惟平傅觀蒙諸同年》一詩，歎道：「同時霄漢侶，漂泊在何方？」〔註43〕隆慶初，范欽得知同年樊深去世的消息，馬上飛報時任尚書的曹邦輔、吳嶽和傅頤三位同年：「懷舊年來恨不醒，一時爾輩又凋零。」〔註44〕萬曆八年，范欽給同年張謙祝壽，卻道：「曲江宴後五十春，三百人中幾人在？」〔註45〕范欽至老不忘昔日同年之誼分。

二、同官

　　范欽歷仕近三十年，與之同地爲官者更不在少數。

　　嘉靖十一年，范欽考中進士，進入京城，認識了禮部尚書方獻夫和巡撫都御史韓邦奇：「嘉靖壬辰，余釋褐從朝紳後，獲睹方文襄公以太宰徵，至自嶺南，陛見稱辭琅琅，而中丞苑洛韓公亦在徵中。……二公以道學名，乃今應召並臻，宜茂有顯，樹邁前聞。」〔註46〕由於方、韓二人早有聞名，范欽對他們甚爲欽佩。《史》稱韓邦奇（1479～1555）「性嗜學。自諸經、子、史及天文、地理、樂律、術數、兵法之書，無不通究」〔註47〕。方獻夫（1464～1544）曾與王守仁論學，請爲弟子，讀書西樵山中十年。嘉靖元年（1522）

〔註41〕見《嘉靖三十七年河南鄉試錄》，《天一閣藏明代科舉錄選刊·鄉試錄》。
〔註42〕《天一閣集》，第 513 頁。
〔註43〕《天一閣集》，第 452 頁。
〔註44〕《天一閣集》，第 527 頁。
〔註45〕《天一閣集》，第 430 頁。
〔註46〕《天一閣集》，第 565 頁。
〔註47〕《明史》卷二百一，第 5318 頁。

還朝，官至禮部尚書，加太子太保。嘉靖十年兩疏病歸。嘉靖十一年五月召還至京，十月又引疾乞歸。范欽說：「余嘗考求文藝，稍獲公《禮儀》、《皇極》諸疏，心彌嚮往之。」方獻夫遺著《方文襄公遺稿》，乃其子所編輯，范欽應邀為此書作序。

范欽在隨州與通山人朱廷立（1492～1566）相識，有《訪朱侍御兩厓》一詩。朱廷立著有《鹽政志》和《兩厓詩集》，後來於嘉靖二十七年由禮部右侍郎罷歸。約在嘉靖三十五年，范欽給他寫過信，朱廷立《得范東明方伯書》說：「海國音書達楚丘，憶予曾共宦鄉遊。少陵實下沾裳淚，山甫還為補袞謀。萬里樓船無日定，九邊戎馬幾時休。知君總為蒼生出，肯乞滄洲伴彩鷗。」〔註48〕

范欽在工部時的同官有戶部尚書梁材，工部員外郎皇甫汸、陳應魁，詞臣黎民表工部和御史楊爵等。

梁材（1470～1540）嘉靖七年陞至戶部尚書。在職期間，廉能勤敏，力祛宿弊，因此「經費大省，國用亦充」〔註49〕。嘉靖十年丁憂歸，十三年起任，因屢忤權貴，令致仕，十五年復職，十七年疏劾郭勛不法事，落職閒住。梁材「敭歷中外，清節著聞，司國計前後十年。是時工作繁興，邊費無藝，材謹守莞鑰，出入有度，一切濫請妄費，悉靳弗予。功臣侵占土田者斷給還民，增新庾房以便漕運，申明守令給由例，天下不加賦而用亦足。當嘉靖中，士大夫頗尚圓通，大臣或阿上取寵，而材獨屹然自守，中流砥柱，無愧古人焉」〔註50〕，「自材去，邊儲、國用大窘。世宗乃歎曰：『材在，當不至此。』」〔註51〕梁材在任戶部尚書時，著有《儉菴疏議》。范欽是梁宅的座上客，大概時常與諸官齊集梁宅，其《集梁大用宅》說：「綺席宵開共主賓，百年朋友最情親。」〔註52〕《席上懷梁大用》云：「不知同社客，憂疾故相尋。」〔註53〕嘉靖十八年（1539），梁材七十歲，范欽作《壽梁大用》、《中元日簡梁大用》；嘉靖十九年十月，梁材卒，范欽又作《挽梁大用二首》。

〔註48〕 〔明〕朱廷立：《兩厓詩集》，《四庫全書存目叢書》集第84冊，第249頁。
〔註49〕 《明史》卷一百九十四，第5149頁。
〔註50〕 《明世宗實錄》卷二百四十二，第4885頁。
〔註51〕 《明史》卷一百九十四，第5151頁。
〔註52〕 《天一閣集》，第489頁。
〔註53〕 《天一閣集》，第448頁。

　　長洲人皇甫汸與其兄沖、涍及其弟濂並稱「皇甫四傑」，加上其父皇甫錄，均好學工詩，其家族著述頗豐，范欽均精心收藏。皇甫涍與范欽是同年進士。而皇甫汸（1498～1583）為「四傑」之最，與范欽交遊更深。皇甫汸舉嘉靖八年（1529）進士，授工部主事〔註54〕，正直不阿，但仕途多舛。嘉靖十七年六月，時任工部虞衡司員外郎的皇甫汸因揭發郭勛私吞億計銀兩，又毀壞民居以擴充自己的宅第等情事，被郭勛誣以山林運石墊道稽遲，貶為湖廣黃州府推官。范欽作《昌平道中懷王子長皇甫子循員外》。嘉靖二十四年，皇甫汸任南京吏部稽勳司郎中時，與吏部尚書張潤在考覈官吏問題上意見相左，謫為開州府同知。皇甫汸可能寫信將此事告知范欽，范欽作《答皇甫百泉司勳》一首：「兩鄉阻絕悵離襟，杪歲驚傳海上音。自信臣心懸白日，誰知眾口爍黃金。獄成梁吏書堪上，賦擬湘累怨豈深。解道聲華俱是幻，詎防時態有升沉。」〔註55〕深為皇甫汸打抱不平。由於繼任吏部尚書李默的緣故，皇甫汸被量移為處州府同知。後官雲南按察僉事。范、皇甫二人歸里後，范欽又有《寄皇甫子循》表達相思之情：「憶我停輈日，當君解榻年。風波一相失，世事轉堪憐。望入吳門練，名高洛下編。將因消夜候，飛入泝江煙。」〔註56〕

　　范欽離開京城之後，從袁州知府到九江兵備副使，在江西呆的時間最長，先後有九年之久，結交的各種朋友也最多。同官中有如嚴嵩、夏言和尹臺等一些位尊勢重的江西籍朝廷要員及蔡克廉、馬森和沈愷等江西地方官。

　　范欽與嚴嵩（1480～1567）的關係很微妙。范欽雖然得罪了嚴嵩之子嚴世蕃，但嚴嵩也許是攝於范欽在郭勛事件中的正直表現，對故鄉的知府似乎還是比較禮遇的。范欽由袁州赴任九江時，時任禮部尚書的嚴嵩賦《袁守范君擢憲副九江贈以是詩》，說「別後相思何處所，煙消溢浦暮潮平」〔註57〕。嘉靖四十年，嚴嵩之妻歐陽氏卒，范欽寫了《祭歐陽氏夫人文》，或許是希望嚴嵩能為自己申冤，不得而知。嘉靖四十四年，嚴氏便敗亡了。全祖望曾說，其鄉人自「屠簡肅而下，如東沙，如東明，皆不能無濡足於嚴氏，以

〔註54〕《明史》卷二百八十八有傳。
〔註55〕《天一閣集》，第516頁。
〔註56〕《天一閣集》，第472頁。
〔註57〕〔明〕嚴嵩：《鈐山堂集》，嘉靖二十四年（1545）刻本，《四庫全書存目叢書》集第56冊，第157頁。

君子守身之義言之，均當引咎無辭」〔註58〕，認爲范欽等人與嚴嵩走得較近，有失守身之義。嚴嵩撰著很多，有奏議、方志、文集等多種，天一閣均收藏。

夏言（1482～1548）與嚴嵩都是江西人，但是嚴嵩的政敵，性格強直傲慢，與嚴嵩明爭暗鬥，但終究不是柔佞奸深的嚴嵩的對手，不僅仕途偃蹇，而且最終死於嚴嵩之手。《史》稱夏言「性警敏，善屬文。及居言路，謇諤自負」〔註59〕。夏言嘉靖十八年正月陞爲內閣首輔，五月以尙書銜致仕。當時范欽出爲袁州守，過吉安縣，望玉笥山，賦《曉行望玉笥次夏桂洲少師韻》。夏言也有《次范明府》一首〔註60〕。嘉靖二十五年，陝西三邊總督曾銑議復河套，內閣首輔夏言極力支持。嚴嵩借劍殺人，反誣他挑起邊釁，又加以其他罪名。世宗由信而疑。嘉靖二十七年正月，曾銑被逮，夏言罷官，歸家途中亦被逮。范欽聽此消息，作《聞夏閣老下吏作》：「中朝推絕席，垂老坐幽囚。謾上鄒陽疏，仍深賈傅憂。時人多落落，明主自休休。會見金雞赦，還君芳桂洲。」〔註61〕他希望夏言能像漢代鄒陽一樣上疏皇帝，嘉靖帝爲「明主」，夏言或可幸免。其時夏言並未被赦免，於是年十月二日被斬西市，人皆以爲冤。夏言的奏議和文集，天一閣均收藏。

江西僉事蔡克廉（1511～1560）是福建晉江人，他既有志理學，又有文名，還很有干才，他「在泉與梁懷仁、王愼中並以少年高第，以文行相砥，出與唐順之、羅洪先、鄒守益諸公往復討論，卓然有志於道。至爲人純明溫粹，當官穎識敏裁，處繁應卒，如揮遊刃，對賓客談語，拓舊爲新，推小至大，闡微極著，更出互生，世人莫不推其才」〔註62〕。范欽與蔡克廉一起上天池寺〔註63〕，聽蔡克廉論學〔註64〕，稱讚他「經術推劉向，風流羨長卿」

〔註58〕《全祖望集彙校集注》，第 1010 頁。按屠僑（1480～1555），字安卿，號東洲，鄞縣人，正德六年進士，授御史，官至刑部尚書、都察院左都御史，諡簡肅。

〔註59〕《明史》卷一百九十六，第 5191 頁。

〔註60〕〔明〕夏言：《夏桂洲詩集》，崇禎十一年（1638）刻本，《四庫全書存目叢書》集第 74 冊，第 277 頁。

〔註61〕《天一閣集》，第 437 頁。

〔註62〕〔明〕何喬遠：《閩書》，崇禎刻本，《四庫全書存目叢書》史第 204～207 冊，第八十四卷。

〔註63〕《天一閣集》卷五有《雨上天池偕蔡道卿學憲》。

〔註64〕《天一閣集》卷二十一《贈段郡丞考績序》：「嘉靖甲辰，余備兵九江，會蔡學憲道卿論文」。（第 574 頁）

〔註65〕，「已羨聲光傾北斗，況聞詞賦擅長場」〔註66〕。蔡克廉由江西僉事調廣東提學副使，范欽作《送蔡道卿二首》。蔡克廉後官至南京戶部尚書，嘉靖三十九年三月因南京振武營兵變事被論罷歸。天一閣所藏《營規》即是此事發生後南京兵部制定的軍事文告。

馬森（1508～1580）是福建懷安人，嘉靖十四年進士，授戶部主事，出為太平府知府，陞江西按察司副使、按察使，布政司左布政使，擢右副都御史巡撫江西。馬森久在江西任上，又多惠政。范欽對福建籍的朋友言：「喜是閩南客，尋真偶見過。」〔註67〕並與馬森、嚴嵩等人都參加了江藩朱拱樋為首的「西江文會」（詳見本書第三章第三節）。隆慶時，馬森任戶部尚書，范欽還寫有《寄鍾陽馬尚書》的詩表達懷念之情。

沈愷在任江西臨江府知府前，於嘉靖十九年（1540）蒞任寧波知府，守寧期間曾建議嚴守關隘，禁止內地之民與倭奴通商貿易，其議不被採納。沈愷善書法，嘉靖二十二年撰《敘唐秘監賀公碑》、臨唐懷素草書《千字文》、仿唐張旭草書《題水月橋詩》，均立石刻碑，今此三塊碑刻均移置天一閣內。沈愷也能詩，有《守株子詩稿》、《環溪集》和《沈詩粹選》等。當時的寧波府同知胡杬說：「或謂讀公守明記，則政事遠逸龔、趙；讀公雜錄，則文章騑駕班、馬；讀公詩稿，又英偉俊特，凌跨盛唐。」〔註68〕沈愷後來做過湖廣按察司副使、布政司左參政等，嘉靖三十一年乞歸〔註69〕。約在嘉靖二十九年，范欽撰《寄沈鳳峰參伯》：「日日思故人，故人不可見。華亭一鶴來，疑似故人面。」〔註70〕可見范欽對之思念之深。也許范欽還請他出仕，沈愷《啓憲長東明范公》云：「屏居山中，曠焉嗣音，矯首甬江，盈盈一水。每念大江人物，未嘗不中夜耿耿。以公文章政事，一代數人，百年幾見。愷思欲執鞭，實夢寐焉。何期誨言，過於獎與？捧誦再三，感慨係之。愷自乞身以來，入山愈深，百念灰冷，自借書放鶴外，一毫不以槩於中，亦可以樂而忘世矣。

〔註65〕　《天一閣集》，第 435 頁。
〔註66〕　《天一閣集》，第 438 頁。
〔註67〕　《天一閣集》卷九《贈鄒子宣兼簡鄭環浦林少峰馬鍾陽》。
〔註68〕　章國慶編著：《天一閣明州碑林集錄》，上海：上海古籍出版社，2008 年，第 109 頁。
〔註69〕　《明世宗實錄》卷三百八十一：嘉靖三十一年一月，「湖廣布政左參政沈愷進表歸，病不能赴官。撫按官以聞，因稱其才尚用，可乞俟病瘥奏起。上以愷曠職日久，勒令致仕，仍詔令後有託疾避事者所司具以實奏。」（第 6751 頁）
〔註70〕　《天一閣集》，第 523 頁。

恃愛僭此草草。」〔註71〕沈愷已無意仕途。隆慶時曾起沈愷為太僕寺卿，亦不赴，惟放情山水，賦詩揮毫以自娛。後來寧波人還為沈愷立祠招寶山，祠成，范欽等十幾個鄉人造訪〔註72〕。

范欽任福建按察使時，與福建按察司副使萬虞愷、按察司僉事袁洪愈和福建都指揮僉事盧鏜等結下了友誼。

盧鏜（1505～1577）是河南汝寧人，嘉靖時被浙江巡按御史朱紈任命為福建都指揮僉事。嘉靖二十九年朱紈自殺，盧鏜也被論死，不久赦免，以故官備倭福建，遷都指揮。范欽聞其名，專程拜訪他，說：「予習聞前事，值承乏長臬，往會君，掀髯攘袂，論古今將帥、上下攻取成敗、南北制馭經畧諸機宜，斬斬咸中要會，如矢之應括、珠之走盤、駿馬之下長坂。余嘆曰：世有如盧君，而可使之竟晻抑耶？」〔註73〕盧鏜此後歷江浙副總兵、都督僉事、江浙總兵官、都督同知，與浙閩總督胡宗憲一起抗倭，嘉靖三十八年陞任浙江總兵官，以象山、奉化倭寇平，加俸一等。范欽撰《贈盧都督序》。嘉靖四十四年胡宗憲敗，盧鏜亦被逮治免歸，范欽賦《送盧總戎鏜解任二首》，說「可道聖明恩遇薄，玉門老將幾生還」〔註74〕。萬曆二年，盧鏜七十歲，范欽作《壽盧總戎鏜》：「龍門高會西池並，麟閣芳名北斗懸。共羨伏波勤報主，攄鞍風度至今傳。」〔註75〕范欽對抗倭將帥的不幸遭遇表示憐惜，對其功成名就又表示羨慕、極力褒揚。

范欽任河南布政使時，曾任嘉靖三十七年河南鄉試的提調官，巡按河南監察御史楊惟平任監臨官。楊惟平，字均正，號右河，北直隸南宮人，嘉靖二十五年舉人。嘉靖二十九年楊惟平考中進士之時，范欽正在京師，讀到他的幾篇「窗稿」，覺得不錯。范欽在《楊右河侍御窗稿序》中說：「某需次京邑，獲讀今巡臺楊公右河先生窗稿數篇，譬則嘗鼎一臠，思睹全集未由。比承乏河藩，從棘闈之役，朝夕侍公。時百執事楚剡，左啟右白，口決手披無停宿。既而，某以程文請於公，遜辭不獲。已乃攄几濡毫，抽思鑄言，渾若天

〔註71〕〔明〕沈愷：《環溪集》，隆萬間刻本，《四庫全書存目叢書》集第92冊，第153頁。

〔註72〕參〔明〕張時徹：《招寶山重建寧波府知府鳳峰沈公愷祠碑》，見《國朝獻徵錄》卷八十五。

〔註73〕《天一閣集》，第547頁。

〔註74〕《天一閣集》，第492頁。

〔註75〕《天一閣集》，第492頁。

成。蓋經書之文凡十二篇，而不百刻間，蔚乎就已。某間請於公，奉全集謀諸二三大夫，文準是矣。豫，天下之中，五方具瞻，將不使學子挾一冊耶？於是刻諸藩司。」〔註76〕所謂「窗稿」，大約是名家八股文習作的一種範文選本，士子傳覽，以揣摩學習〔註77〕。《南宮縣志》稱，楊惟平「巡按河南，監戊午鄉試，所取多奇士，登甲科者三十餘人，皆至顯仕」〔註78〕，他大概是寫作八股文的高手，有點名氣，也能從科舉考試中鑒識人才。范欽與他同任河南戊午科鄉試的執事官，數次向之請教科舉程文，還將其窗稿彙爲一編，刊刻行世。今楊惟平窗稿未見流傳於世。

范欽坐鎮南贛時的同官有廣東巡按御史潘季馴、浙直總兵俞大猷等。

潘季馴（1521～1595）是浙江烏程人，於嘉靖三十八年六月始任廣東巡按御史，此後歷任都察院右僉都御史，總理河漕，前後二十七年，四次主持治理黃河和運河，著有《兩河經略》、《兩河管見》和《治河全書》等。他全新的治河思想和卓有成效的治河實踐使他成爲明代著名的治河專家〔註79〕。

俞大猷（1503～1579）是福建晉江人，著名的抗倭將領。他讀書知兵法，世襲百戶，嘉靖十四年武會試第五名，陞正千戶，守禦金門，擢廣東都司僉事，歷瓊崖右參將、浙江左參將、南直隸副總兵、浙直總兵、南贛參將、南贛汀漳惠潮總兵官、福建總兵官等。其《正氣堂集》有《與范東溟書》一首：

> 違教之後，公之事業日新，猷之智力日困甚矣。人不可無朋友之
> 助。南贛之間，時頗多事，公之平生得大展布，私以爲喜。此方山
> 谷險惡，故人易生亂，安之使無亂志，惟當責之守令，練兵以威之
> 則在第二著。公以爲何如？汀州衛百戶張源，猷舊守備汀漳時所用
> 之官，警敏足稱任使，差候臺下，乞試用之。舟山賊已下船欲遁，

〔註76〕《天一閣集》，第536～537頁。
〔註77〕〔明〕李詡：《戒庵老人漫筆》卷八「時藝坊刻」條云：「余少時學舉子業，並無刊本窗稿。有書賈在利考，朋友家往來，鈔得鐙窗下課數十篇，每篇謄寫二三十紙，到余家塾，揀其幾篇，每篇酬錢或二文或三文。憶荊川（筆者案：指唐順之）中會元，其稿亦是無錫門人蔡瀛與一姻家同刻。方山（筆者案：指薛應旂）中會魁，其三試卷，余爲慫慂其常熟門人錢夢玉以東湖書院活字印行，未聞有坊間板。今滿目皆坊刻矣，亦世風華實之一驗也。」（中華書局，1982年版，第334頁）
〔註78〕康熙《南宮縣志》，康熙十二年（1673）刻本，《地方志人物傳記資料叢刊‧華北卷》第37冊，北京：北京圖書館出版社，2002年影印本，第589頁。
〔註79〕《明史》卷二百二十三有傳。並參賈徵：《潘季馴評傳》。

陸路責之參將劉顯等官，水路責之參將張四維等官，領兵邀擊，或

可得功，但不知能自贖否。餘容另布。不宣。〔註80〕

俞大猷時任浙直總兵，與南贛巡撫范欽交往的書信中，討論的是選用官吏，如何共同擊賊抗倭的問題。

　　范欽結交的同官很多是在政界、文界或軍界有一定影響或聲譽之人，范欽與他們交遊，對自己爲官更爲有利，也使之更加深刻地認識時事，眼界更爲開闊。

三、同人

　　所謂同人，是指除同年、同官和同鄉之外，范欽因志同道合而結成的朋友。范欽常常被人吸引，主動結交同道之人，後來由於才名聲望很高，自身也吸引了許多同人，也有人被范欽藏書吸引而主動與之交往。

　　范欽在隨州時與湖廣應山人顏木相交。顏木是正德十二年（1517）進士，知許昌，以薦調亳州知州，落職歸，退居馬坪二十年。顏木與黃岡王廷陳並爲楚地著名文人。范欽離隨赴京時，顏木對他高度讚揚：「子也臨我，律身如幹，持法如鐘，詞采如弼。祗嚴莊重，惠厚宣朗。憫旱賑貧，摘奸滌弊。民懷吏畏，盜賊屏迹。執此以往，雖天下可也。」〔註81〕顏木詩文集名《爐餘稿》、《淮漢爐餘稿》，天一閣收藏。其中《爐餘稿》六卷，爲明抄本，其序云：「鄙詩文凡一時應酬之作，隨出而隨毀之，未嘗存稿，前年甬東子屢使索之而無以應。」〔註82〕「甬東子」即范欽，可見范欽曾經索要顏木手稿。顏木集末有《范甬東議修州志書》，可見顏木所修《隨志》、《應山縣志》應該都曾與范欽討論過，此二志天一閣收藏。

　　范欽在江西時與建安簡定王孫朱拱樋、石城王朱拱梃和瑞昌王朱拱橣等皇明宗室都有來往，其中尤與朱拱橣過從甚密。瑞昌王、奉國將軍朱拱橣是當時江西學術圈德高望重的領軍人物。他好讀書講學，著有《豫章既白詩稿》，還刊刻《編苕集》、《移虔稿》和《詩家直說》等詩文集。嘉靖初上疏議

〔註80〕〔明〕俞大猷：《正氣堂集》卷十，《四庫未收書輯刊》第伍輯第 20 冊，第 220 頁。

〔註81〕轉引自戴光中：《天一閣主——范欽傳》，杭州：浙江人民出版社，2006 年，第 274 頁。

〔註82〕轉引自王雲五主持：《續修四庫全書提要》（十二），臺北：商務印書館，1972 年，第 94 頁。

郊祀之禮，得到世宗的褒譽。又曾請建宗學，並召宗室設壇墠行禮，捐田白鹿洞，以惠來學者。因爲德行出眾，地位尊貴，卻折節下士，又有文學上的才華，所以頗受當地人的景仰，當時江西地方官、江西籍人士以及流寓江西的文士慕名而來，紛紛將自己的詩文近作寄來，請他賜教，由此瑞昌形成了一個以朱拱㮲爲首的「西江文會」。范欽也不例外，他身在其中，也曾將自己的三十六首近作「呈既白有道殿下改教」〔註83〕，還經常給朱拱㮲寫信，這些詩作和書信均見於吳世良編、嘉靖三十六年江藩刻的《麗澤錄》之中。茲將范欽給朱拱㮲的五篇書信錄之如下：

> 侍生范欽頓首啓
>
> 大賢明既白殿下尊史：
>
> 昨出洪都，承眂厚下及，未緣走謝，復辱使教，感激不任。殿下賢聲久著，華藻彪播，士林增重。況折節下士，尤東平、河間所不能也。承某事謹繫以尊號，他知不能預也。使旋草草回復，希鑒察。不宣。
>
> 　　　　　　　　　　　　　　　　　　　欽頓首再拜
>
> 又
>
> 往來省署，顧奔走薄領是亟，不遑從容請教，心寔惶歉。囊擲册卷，亦坐是久稽尊念，蓋心跡煩擾，興致荒落，每欲舉筆，又以事阻。十月望后以來，復患目疾，閉戶謝人，無以應來使之勤，迺力疾搜篋中得友朋諸作草錄上覽，稍附短篇，深愧不怜，且于教嘉，亦無以仰答一二也。聊此具覆，容日專布。冬候不常，更無以慰瞻戀。
>
> 　　　　　　　　　　　　　　　　　　　欽再頓首
>
> 又
>
> 久別渴欲一拜，顧事在匆冗，偶一出門，便有牽滯，奈何奈何！承佳品祇領高作，深入玄妙，較前大別，敬服敬服！餘俟他日躬布，伏希鑒察。
>
> 　　　　　　　　　　　　　　　　　　　欽再拜
>
> 又

〔註83〕《麗澤錄》，《北京圖書館古籍珍本叢刊》，北京：書目文獻出版社，1992 年，第 115 册，第 33 頁。

　　昨擬走拜，時已將昏，領承遣問，惶悚可言，二卷一冊，留心請
　　教。余俟面布，不宣。

欽再拜〔註84〕

　侍教生范欽頓首拜

　　大藩望既翁老先生殿下：

　　去夏匆促一晤，嗣有臬司之轉，將期終教，不謂以奉職無狀，致
　　絓論刺，私心相慕，日復往來，遠辱使問。仰見故人眷眷之厚，
　　將何以爲報邪？恭諗道況休豫，著述日隆，更生、子建不得專美
　　于前，良足爲慶。何時把袂，載敍殷勤之懽？聊此附謝，風鴻儻
　　便，願寄德音。

四月二十日欽頓首〔註85〕

估計范欽經常登門拜訪朱拱櫓，向朱請教，並與朱切磋詩藝，二人同調同知，
互惠不少，因此朱也不忘存問他。朱拱櫓《豫章既白詩稿》卷二中有《承范
東明憲副過訪並惠詩扇贈謝二首》。明代江西的宗室大多素質較高，好學工詩
文，是有明宗室中較爲優秀的一支。范欽主動與之交往，提高了自己的政治
地位和文學水平。

　　范欽在江西時還與泰和人陳德文爲同調，交誼不錯。陳德文是嘉靖四年
舉人，嘉靖十七年任福建政和知縣，歷建州知州、工部員外郎，官至順天府
尹。范欽與陳德文交往中有三事值得注意：一是范欽幫助陳德文增輯《袁州
府志》，袁州舊志爲正德九年（1514）嚴嵩所修，嘉靖二十二年（1543），嚴
嵩又命陳德文增輯，范欽幫助陳德文徵求故實，以襄成此事〔註86〕；二是范
欽與陳德文共同校刻袁凱《海叟詩》三卷〔註87〕；三是嘉靖二十二年，陳德
文爲范欽校刊的《熊士選集》寫跋語，中稱：「近客范君侯東明先生間出抄本，

〔註84〕《麗澤錄》，第136～137頁。
〔註85〕《麗澤錄》，第165頁。
〔註86〕嘉靖《袁州府志》敍例：「少保介谿相公作《袁志》之三十年間，以命德文曰：
　　　　『嘻，小子其遂增輯之。』德文遜謝不敏。於時郡侯東明范公詔德文曰：『維
　　　　茲師命方違，殆不可。且也撫臺、監院、藩臬諸上卿大夫胥檄子以從事，吾
　　　　已博諮所部各徵故實以來。』迺繙紬簡籍，參襲典章，萃往今，準義例，推
　　　　疎略之素，發淺陋之愚，而受成于郡公，作增輯《袁州府志》。」（《天一閣藏
　　　　明代地方志選刊續編》第49冊，第587～588頁）
〔註87〕臺灣中央圖書館藏本《海叟詩》，題「雲間袁凱著　鄞范欽　吉陳德文校刻」。
　　　　見蔡佩玲：《范氏天一閣研究》，第27頁。

相與誦諷，而感歎御史者久之，曰：『是篇刻於豫章，比見其磨漶滋甚。夫崔顥、杜審言之詩即數十篇，乃百世傳。吾懼御史之志不章也。』君侯篤古尙友，精明而介亮，治稱神明，宜有羨於熊之風烈也，豈直以其文而已邪？故重刻《熊士選集》。」〔註88〕可見，二人對於讀書、編書、刻書之事有著共同的興趣和愛好。

范欽在福建時結識了著名詩人謝榛（1495～1575）。謝榛是山東臨清人，曾與李攀龍、王世貞等結爲詩社，名列「後七子」，後因與李、王二人意見不合，被排擠出「七子」之列。謝榛屢遊陝西、山西、河南等地，「游道日廣，秦、晉諸王爭延致，大河南、北皆稱謝榛先生」〔註89〕。嘉靖二十八年，范欽攜姪大澈遊京師，叔姪倆與謝榛的相識可能是在此時。約在嘉靖三十年冬，謝榛遊閩，與許應元等拜訪范欽，數次集范宅，三人作詩相和〔註90〕。范陞任雲南布政使之後，謝榛寫下《寄范方伯堯卿》、《寄懷范堯卿》等詩〔註91〕。嘉靖三十七年，謝榛遊開封，范欽適官河南布政使，兩人重逢。不久范欽即陞爲南贛巡撫，坐鎮贛州，兩人又分別，范欽賦《鄴上留別謝茂秦》。謝榛作《送范中丞堯卿鎮贛州四首》爲范送行，之後謝榛返回河南安陽。此後，謝榛居鄉，還寫有《寄范生訒庵兼憶乃叔東明侍郎》給當時在京師的范大澈，詩中仍不忘問候時陞兵部侍郎的其叔范欽：「竹林大阮尙愁無？」〔註92〕范欽被劾還鄉後，又有《寄謝茂秦》一首：「四溟山人耽遠遊，日日風塵使我愁。欲問移家依鄴邸，何如下榻在南州。雲迷少室三花樹，天斷黃河九曲流。雪水稽山曾有約，何時共爾駕扁舟。」〔註93〕謝榛是當時詩壇圭臬，但他與范欽之交並非泛泛。

范欽在河南時與皇明宗室中的著名學者兼藏書家朱睦㮮相交。朱睦㮮（1517～1586）經學造詣頗深，又性喜藏書，築有萬卷樓，曾訪購得江都葛

〔註88〕〔明〕熊卓：《熊士選集》附錄，嘉靖刻本，南京圖書館藏膠片。

〔註89〕《明史》卷二百八十七，第7375～7376頁。

〔註90〕范欽作《冬夜謝山人茂秦偕許憲副子春見過得春字》（《天一閣集》卷六），謝榛作《冬夜范憲伯堯卿宅同許憲副子春得天字》（《謝榛全集》卷十）。次年正月初七，三人又集，許應元作《人日同章大行人謝山人集范憲長館得寒字》（《陭堂摘稿》卷三），范欽有《人日章行人景南偕茂秦子春小集得明字》，以及《雪中茂秦過靈濟宮》、《柬茂秦》等。

〔註91〕分別見《謝榛全集》卷十三和卷十九，朱其鎧、王恒展、王少華點校，濟南：齊魯書社，2000年，第450、649頁。

〔註92〕《謝榛全集》，第477頁。

〔註93〕《天一閣集》，第494頁。

氏、章丘李氏書萬卷。為人修潔，禮賢下士，曾被推為周藩宗正，領宗學。范欽與朱睦㮮的交往當是非常投機的。范欽歸里後，朱睦㮮可能給他寫過信詢問他的近況，范欽《酬西亭中尉》道：「越雪嵩雲歲屢除，王孫懷抱欲何如。時從絕代瞻靈鳥，忽睹長河寄鯉魚。月滿兔園紛授簡，山盤石室好藏書。問予出處今何意，鹿豕深山已結廬。」〔註94〕馮貞群云：「西亭撰有《春秋諸傳辨疑》、《革除逸史》、《南陵王奏議》、《鎮平世系記》、《奉國公年表》、《敕賜崇孝祠錄》、《中州人物志》、《皇朝中州人物傳》、《二忠傳》、《純孝編》、《儷德偕壽錄》、《河南通志》、《謚苑》、《漁樵閒話》，選有《蘇文忠公表啓》，刻有《易傳集解》，諸作咸列范氏插架。天一閣所蓄《宋史筆斷》有『朱氏萬卷家藏』印記，為西亭物。考西亭之齒少侍郎十二年，蓋與侍郎曾通縞紵者。」〔註95〕此言不差。

范欽被劾歸里時所結交的同人也不少，有太倉王世貞、無錫顧起經、長洲王穉登等人。

王世貞（1526～1590）是南直隸太倉人，明代著名學者、文學家、藏書家。約在隆慶六年，范欽提出與王世貞各出藏書目，互補闕失，王世貞表示同意，其《答范司馬》云：

> 所喻欲彼此各出書目，互補其闕失，甚盛心也。家舊無藏書，自不佞之嗜之，頗有所儲蓄，二藏外，亦不下三萬卷。而戊辰後，薄宦南北，旋置旋失，未暇經理。今春構一書樓於弇山園度之，長夏小閒，當如命也。聞古碑及抄本毋恡於鄴架者，若家所有宋梓及書畫名蹟，庶足供游目耳。何翁健骨天宇，至欲得一二外，護遂成道，恐亦是江湖間語。

> 諸刻已再領貺，其《商子》却是新屬梓者。種種精好，每羨鄴侯架頭三萬卷，牙籤玉軸，思欲效服子慎共掃除之役而不可得。〔註96〕

「戊辰」即隆慶二年（1568），考王世貞於隆慶二年除夕得遷任浙江左參政之報，隆慶四年六月又赴山西按察使任，十月母喪歸家丁憂，萬曆元年二月起補湖廣按察使。因此「今春」、「長夏」當即隆慶六年丁憂期間的春夏，王世

〔註94〕《天一閣集》，第494頁。
〔註95〕馮貞群：《鄞范氏天一閣書目內編》附三，重修天一閣委員會，1940年。
〔註96〕〔明〕王世貞：《弇州續稿》，影印文淵閣《四庫全書》第1284冊，第519～520頁。

貞才有如此閒暇。其時范欽已插架「三萬卷」，王世貞非常羨慕。他對范欽所
藏碑刻和抄本感興趣，范欽則主要得到王世貞所藏的一些宋刻本及書畫名
蹟。大概在萬曆三年（1575），范欽作《酬王鳳洲中丞》：「交臂論文上國穠，
別來夢想滿滄洲。遠書繾綣高懷見，往事侵尋短髮愁。肯向乾坤論瓠落，直
驚詞賦擅風流。平原舊約依然在，安得乘槎十日留。」〔註97〕范、王互通有
無，留下了藏書史上的一段佳話。王世貞與其弟王世懋的所有著作，天一閣
均收藏。

　　顧起經（1521～1575）字玄緯，南直隸無錫人，七試不第，讀書作文，
放遊山水。王世貞曾為顧起經作傳，說他「居恒鮮他好，益好書，出必五車
自隨。而范欽司馬、姚咨逸人、秦柱太學故多藏書，悉出所有以貽。君校編
識不倦，一切身外悉置之矣」〔註98〕。要說范欽把藏書無條件地贈給他，似
乎不太可能，估計雙方也是互贈圖籍。清人王士禛嘗得《蜀鑑》十卷抄本，
謂是書「又有姚咨嘉靖丙寅（1566）跋云：『是編予得之羅浮外史顧玄緯氏，
玄緯得之兵侍鄞范東明翁，翁又得之章丘李中麓吏部（筆者案：指李開先），
輾轉假錄，越二十餘年，予始得手鈔，凡六踰月乃畢。夙興夜寐，無論寒暑，
蓋不知老之將至。』」〔註99〕可見范欽與顧起經、李開先、姚咨和秦柱等藏書
家都有交往，經常互相交換所藏圖書。大約在隆慶二年，顧起經又寫了《報
范司馬》和《再報范司馬》二封書信，中說：

> 公東甫耆英，兩朝碩望。明天子側席在上，旁招遺耇，臺省首都，
> 捨公其誰？晉人言「安石不起，如蒼生何？」竊於公亦云。昨令任
> 鴻臚君來蒙盼園扉，劇論旬時，聞公端居林墅，幽絕人寰，究意篇
> 籍，無倦昏旦，則天壤間又何事可易此樂也。安得縮地聽役公門，
> 少酬執鞭之願邪？前視《元和郡縣志》致之秦汝立所，俱已繕寫，
> 謹護固上納劉氏《春秋》二疏鈔，必俟秋杪時課完，便當繳之典紀
> 者，不敢後也。

> 不奉臺顏，倏逾旬載，縱地隔吳會，而依依鄙私，時形寤寐。某自
> 去秋忽中風瘻，僵臥床蓐，閉關屏芬，復判歲矣。日事求藥，猶自
> 蹣跚，扶竪而行，百念俱灰，無一嘉況。囊秋使者至，猥荷球剞，

〔註97〕《天一閣集》，第 514 頁。
〔註98〕〔明〕王世貞：《弇州續稿》，影印文淵閣《四庫全書》第 1284 冊，第 638 頁。
〔註99〕〔明〕王士禛：《池北偶談》，北京：中華書局，1982 年，第 395 頁。

> 垂問衡茅，兼拜佳箋，對揚仁風，感戢無已。嗣此，崔丈兩臨敝
> 境，更辱遠教，獎譽彌深，足慰空谷。承假《詩傳》，隨授之皇山
> 所。又《荃錄》，其家故有之，不敢混留，謹歸藏史。所懇《朓
> 記》，意是別編，幸卒教之。滇刻《檀弓叢訓》，倘秘室有兼本，能
> 傳惠否。〔註100〕

顧起經患病在床，仍與范欽討論抄書、藏書等問題，請求互惠。從其中涉及
的《元和郡縣志》、《春秋》疏抄、《詩傳》、《檀弓叢訓》等書來看〔註101〕，他
們互相傳抄、傳閱的圖書多爲經史類典籍。而且從「兼本」二字可見，范欽
藏書注意收藏複本。顧起經的《九霞山人集》，爲萬曆元年其子顧祖美編刻，
天一閣收藏。〔註102〕

　　王穉登（1535～1612）鋒芒早露，名滿吳會，但屢試不第，功名失意。《史》
稱：「嘉、隆、萬曆間，布衣、山人以詩名者十數，俞允文、王叔承、沈明臣
輩尤爲世所稱，然聲華烜赫，穉登爲最。」〔註103〕著有《青雀集》、《燕市集》
和《客越志》等多種。王穉登曾於隆萬之際來到寧波，與張時徹、屠本畯、
范欽等甬人交游。范欽爲他的豪俠之氣所吸引，對他讚不絕口：「裘馬來過
地，王生膽氣豪。無能輸結機，空復羨揮毫」〔註104〕，「英英節俠起當年，邂
逅江門氣若僊」〔註105〕。王穉登有《范司馬堯卿齋中作》一詩和《與范司馬
堯卿》的數封短信〔註106〕，其中之一云：

> 不勝西州之感，白馬素車，而事遠游，乃爲諸君物色得之，大冠如
> 箕，以相請謁，緇塵染裾者半矣。東壁圖書之府不能一窺，重煩公
> 之供具酒肉相屬，無亦傖父我邪？愧謝愧謝。借觀察之鷁首，旦日

〔註100〕〔明〕顧起經：《九霞山人集》卷七，天一閣藏明萬曆刻本。
〔註101〕其中《荃錄》一書，天一閣藏明抄本，乾隆時進呈四庫館，《四庫提要》云：
　　　　「卷首題抄自袁陶齋，亦不知陶齋何人也。所載凡十一類，文房通用至養育
　　　　禽獸，皆載其名義與一切新法。大旨仿《多能鄙事》諸書爲之，而瑣屑彌
　　　　甚。」
〔註102〕又范欽與顧起經之從弟顧起綸亦有交，並收藏他的著作。詳見本書附錄二：
　　　　《范欽交遊表》。
〔註103〕《明史》卷二百八十八，第7389頁。
〔註104〕《天一閣集》，第473頁。
〔註105〕《天一閣集》，第512頁。
〔註106〕王穉登《竹箭編》卷下有《范司馬堯卿齋中作》詩、《與范堯卿司馬》二簡；
　　　　《謀野集》卷一有《答范堯卿司馬》一簡，卷二有《與范司馬堯卿》二簡。
　　　　均見《王百穀集》十九種三十九卷。

　　且西，以一詩題扇頭奉別，不足充懷袖耳。〔註107〕

其時范欽藏書頗豐，王穉登稱之爲「東壁圖書之府」，但無由得見，很是遺憾。

　　范欽的同人很多是在文學或經學方面頗有造詣的名家、大家，也有不少是藏書、愛書之人，范欽與之相交，互通有無，互利互惠。

四、同鄉

　　范欽重視鄉誼，篤於桑梓之情，與同鄉的交往更爲密切。

　　范欽與邑人豐坊（1494～1566）曾是摯友。豐坊博覽好奇，精通書法，喜作詩古文，家有萬卷樓，藏金石碑刻最多。〔註108〕他是嘉靖二年進士，任南京史部主事，因史議免官，晚年窮困潦倒，寄居寺廟，病逝。《明史》稱其性格「狂誕」〔註109〕，康熙《鄞縣志》也說他「性介僻而少容，寡諧於俗，以是積尤於人」〔註110〕。但范欽與豐坊的友誼似乎沒有因此受到影響。嘉靖二十三年，范欽由袁州知府陞任九江兵備副使，豐坊寫了《底柱行贈憲伯東明先生之江西》的長詩爲他送行〔註111〕。豐坊死後，范欽將此詩刻石，並跋：「先生研精書學，神詣力追，爲吳人所掩，迨歿而名迺大起。斷縑敝楮，被以重購，斯亦罕矣。」〔註112〕范欽在豐坊生前曾撰有《和豐南禺八月十六日夜坐》、《和南禺九月初四日遣興》、《對月懷豐南禺》等詩，說他「獨抱韋編希孔氏，共推詞賦薄揚雲。邇來高抱稱蕭瑟，莫遣鴻聲數到君」〔註113〕，對他的才華表示欣賞，對他的遭遇表示同情。鄞人沈一貫曾談及范欽等人與豐坊交往的一段往事：「豐存禮先生博極群籍，尤精法書，而性與俗忤，人避之，雖臧獲無復存，往往賴三司馬舉火，輒盡輒復，輸直爲三公臨池耳。已，庀其後事，綜遺文，付剞劂，始知囊盖爲豐先生聚不朽也，其憐才而篤於誼若此。」

〔註107〕〔明〕王穉登：《王百穀集》，明刻本，《四庫禁燬書叢刊》集部第175冊，第264～265頁。

〔註108〕袁良植有《書癡狂生惜豐坊——寫在明代著名書法家豐道生逝世440年之際》一文，載《天一閣文叢》第三輯。

〔註109〕《明史》卷一百九十一，第5072頁。

〔註110〕康熙《鄞縣志》，康熙二十五年（1686）刻本，《中國地方志集成·浙江府縣志輯》第18冊，第560頁。

〔註111〕〔明〕豐坊：《萬卷樓遺集》，萬曆四十五年（1617）刻本，《北京圖書館古籍珍本叢刊》第109冊，第76～77頁。

〔註112〕《天一閣集》，第650頁。

〔註113〕《天一閣集》，第504頁。

〔註114〕豐坊依靠范欽等人才得以生存，其遺稿依賴范、張等人才得以刊行於世，可見范欽對豐坊相當憐惜而且感情甚篤。至豐坊晚年，二人因故不相聞問。豐坊歿後，其藏書包括豐坊自己的著述甚至亭園多歸范氏所有。如全祖望所說：「而閣中之書不自嘉靖始，固城西豐氏萬卷樓舊物也。」〔註115〕又碧沚亭，據清徐兆昺《四明談助》，「正德間爲豐考功所有，後售之兵部侍郎范欽」，「當時出售據云：『碧沚園豐氏宅，今與范侍郎爲業。南禺筆。』」〔註116〕

范欽居家期間，與同鄉彼此以詩歌酬答唱和。清人朱彝尊認爲范欽之詩「格律自矜，第取材太近，時唱和者沈嘉則、呂中甫諸人，未免聲調似之」〔註117〕。范欽與同鄉之人吟詠唱和，他們三五一群，結成了若干詩社。筆者以爲，范欽大約參加了四個詩社。

第一個詩社爲「東山詩社」，社主是張時徹，參加者有范欽、屠大山、周相、全元立和梁某（待考），地點在張時徹茂嶼莊或屠宅或周宅或范宅，時間當在嘉隆萬之際〔註118〕。萬曆五年張時徹病故，此詩社亦隨之而散〔註119〕。數人中，范欽與張、屠交情最深，三人年齡相仿，經歷較似，相交最深，因此有「三司馬」之稱〔註120〕。

〔註114〕〔明〕沈一貫：《喙鳴文集》卷三，《續修四庫全書》第 1357 冊，第 152 頁。
〔註115〕《全祖望集彙校集注》，第 1062 頁。
〔註116〕〔清〕徐兆昺：《四明談助》，寧波：寧波出版社，2000 年，第 589 頁。
〔註117〕〔清〕朱彝尊：《靜志居詩話》，北京：人民文學出版社，1998 年，第 338 頁。
〔註118〕《天一閣集》卷六《次韻夏夜同竹墟東沙集莓厓宅四首》、《集東沙宅用前韻三首》、《集竹墟宅用前韻三首》，卷七《中秋後四日飲東沙宅和竹墟二首》、《和東沙元夕後二日燕竹墟園亭》、《次日燕東沙山亭即事》、《集竹墟宅限韻四首》、《八月十九日燕竹墟園亭不見月》、《三月晦集莓厓宅》，卷八《正月十三日集竹墟宅》、《碧沚園屠張二司馬宴集用韻三首》、卷十二《遊東沙茂嶼莊》、《次韻竹墟新第燕集》、《病中奉懷同社諸公五首》等等，可證。
〔註119〕范欽《祭司馬竹墟屠公文》：「嘅張司馬之馭僊，黃觀察之報病，社盟落莫，輟罸停詩。」（《天一閣集》卷二十八）
〔註120〕范欽云：「某自釋褐，履綦奉遊。情投御李，文羨從周。揚摧世務，咨討墳丘。有往必獲，如矢赴侯。睹茲林壑，結軫移周。披風攬月，詩章酒籌。芻狗萬物，糠粃王侯。梁周全屠，鬱爲同儔。」（《天一閣集》卷二十八《祭大司馬東沙張公文》）張時徹稱：「不佞自解兵政東歸海上也，蓋與少司馬竹墟屠先生、東明范先生驩甚，時時過從屠先生逵初堂、范先生天乙閣，而兩公亦時時過余月湖精舍，銜杯酒譚咲。蓋無月不會，無會不傾隱衷而賡賦詠。或約登四明，捫石牕，觀烟雲日月之去來；踞海門，瞰滄溟，見長波大風之回薄，將放情丘壑而洞視天壤，不復厝意人間事。達哉仲生乎，眞吾徒哉。」（《芝園定集》卷三十五《壽少司馬東明范公七十序》）沈一貫亦稱：「嘉隆間，吾

張時徹（1500～1577）受業於其族子、弘治十八年進士、官至南京兵部尚書的張邦奇（1484～1544），時徹是嘉靖二年進士，嘉靖三十三年任南京兵部尚書參贊機務，次年七月倭寇七十人自太平竄攻南京，張時徹閉門不出，三個月後倭寇退去，御史交章核之，張離職致仕。范欽《天一閣集》中與張時徹的唱和詩有 115 首之多。張時徹《芝園定集》中也有與范欽的唱和詩 8 首。在此需要指出的是范張二人交往的另一段細節。約在嘉靖三十四年和三十五年之間，丁憂在家的范欽爲張時徹因倭寇而被迫離職之事寫了三封信，見於張時徹所編的《交游書翰》之中：

> 去冬丘丞至，猥承教惠，小僕還，更厪華械登拜，不任惶感。時事艱大，亟藉者碩，明山鏡川，詎能久借巾車，諒當治裝以俟。且聞縱理郡乘，成一家言，以詔人人，斯誠昭代之文獻，不朽之洪業也，甚慶甚慶。……

> 小僕至，伏承台教，軫念世事，捧誦不覺慨然。比者臺省推引才賢，既而主上報罷，惜不以翁應命。然今事權旁出，寵賂滋行，即不滿意，禍機叵測，此山林之士長往不返，翁能無意乎？舟山逋寇，近且易巢據險，彼皆富商，倘傳聞其國子弟聚兵南下，且掠且守，即十萬之兵未可決勝負也，當事君子何以爲籌？鄉閭之憂，諒當同之。謹此申候。興居靜中，撰著必富，更希不惜賜教。……

> ……此地比年多警，始於有司制御失宜。今稍欲戰，猶當束兵以待。即不悛，分道夾攻，乘其懼而後撫，淺鮮之間，未適事機，良懼良懼。伏計新作更富，望不惜惠教，引領斗南，欽不盡區區。〔註121〕

張時徹對此回覆有《與范東明》：

> 景嚮高風，無間昕夕，忽枉惠音，感慰無任。生伏處海濱，自甘樵釣，以卒餘齡，而年迫衰頹，時興朝露之感，誦説《板》《蕩》，不免《葚楚》之嗟，未可一一道也。時事多艱，惟賴明公紓猷展采，

郡人稱三司馬，謂翁與東沙張公、竹墟屠公也。張公自留京罷樞芫歸，屠公龕定西南夷而以事廢，皆投閒嘯咏，不復與食肉者謀，逮翁而鼎足焉。其間上下宇宙，振揚風雅，意欲躋兩京六代而上之，而遠近士歸之如水。今三司馬詩文並行於世，張取弘富，不下數千篇；屠取專詣，寄興焉而止；而翁當兩公間瓜分之也。」（《喉鳴文集》卷三《少司馬范東明八十序》）

〔註121〕〔明〕張時徹：《交游書翰》，萬曆三年刻本，《北京圖書館古籍珍本叢刊》第120 冊，第 909 頁。

柱石皇家，光我桑梓，服艾盈要，改錯追曲，固有道者所不爲也。
第飲狂泉之國，其不狂者反爲眾詫，吾獨且奈之何哉？海上殘夷至
今未殄，初頗易視，以爲釜中之魚，而不虞挫損國威，耗公私之儲，
傷兵民之命，一至此極也。自茲以往，未知禍之所終耳。昨薦賢之
舉，大是可咲，猶謂國有人乎？主上報罷，蓋誠燭其謬也。使者返，
倉卒報謝，百惟終諒，不宣。〔註122〕

可見范欽一方面對沿海禦倭情況瞭如指掌，提出防禦之策，另一方面對張時
徹被迫致仕表示惋惜，同時又期盼他「撰著必富」、「新作更富」，因爲這是「昭
代之文獻，不朽之洪業也」。張時徹也的確是范欽同鄉中的一位「全才」，他
著述頗爲豐富，撰有詩文集《芝園定集》，修有《寧波府志》、《定海縣志》，
編有《善行錄》、《皇明文苑》，又精研醫學，收集良方，輯《急救良方》、《攝
生眾妙方》，還熱衷地方文獻，編纂《四明風雅》，刻有《陳后岡集》、《豐考
功集》等，天一閣均收藏。

屠大山（1500～1579）是嘉靖二年進士，他官至兵部右侍郎，亦於嘉靖
三十四年致仕歸里。范欽《天一閣集》中與大山的唱和詩有44首。范欽與屠
大山還是兒女親家，范欽長子大沖娶屠女爲妻。

周相（1497～1572）也是嘉靖二年進士，授臨川縣令，官終副都御史巡
撫江西。周相爲宦四方，范欽多次寫詩贈懷，《天一閣集》中范欽給周相寫的
詩也有近20首。周相於嘉靖四十四年致仕歸里時，范欽等人又多次在周宅聚
會，周宅成爲詩社同人活動場所。

全元立（1495～1565）是著名學者全祖望之祖輩，他是嘉靖十四年進
士，選翰林院庶吉士，官終南京工部右侍郎，嘉靖四十一年乞歸。全元立性
格耿直，頗負節概，後患肺病而死。范欽說他「籍芳聲振玉堂，談天詞賦擅
長揚。何期勁氣妨時貴，却使高車返故鄉」。〔註123〕

張時徹和屠大山均於嘉靖三十四年致仕，周相和全元立分別於嘉靖四十
一年和四十四年歸里，范欽則於嘉靖三十九年「回籍」，嘉靖四十四年之後，
「梁周全屠，鬱爲同儔」。

第二個詩社的社主爲范欽，參加者有沈明臣、李生寅、汪禮約、屠田仲、
余寅、葉太叔、沈九疇、戴仲德等〔註124〕，他們年齡均少於范欽，是范欽的

〔註122〕〔明〕張時徹：《芝園定集》，《四庫全書存目叢書》集第82冊，第94頁。
〔註123〕《天一閣集》卷十二《病中奉懷同社諸公五首・全司空》。
〔註124〕《天一閣集》卷八《夏日同諸彥遊溪隱莊》、《初夏理前約集沈嘉則余君房李

同里後輩。江西玉山人程應魁（字孟孺）有時也加入了他們的詩社。地點在范欽的十洲閣、溪隱莊，時間約在萬曆初年。

沈明臣（1518～1596）為「萬曆間三大布衣」之一，著有《用拙集》、《帆前集》、《越草》、《青溪集》、《蒯緱集》、《丁艾集》、《豐對樓詩選》、《沈嘉則詩選》等。沈明臣少負異才，性拓落不羈，補諸生，鄉試屢不中，遂以詩自豪。嘉靖三十三年與徐渭、余寅入胡宗憲幕府，參與抗倭戰鬥，多獻智策。胡宗憲敗後，走哭墓下，持誄遍告士大夫，為胡鳴冤。後淪落江海間，往來吳楚閩粵，所交多名士。在鄞縣，沈明臣與張時徹、屠大山和范欽相交甚歡，屠隆說他「以才受知於吾鄉三司馬，三司馬者，張大司馬惟靜、范少司馬堯卿、吾家司馬國望也。三司馬呼先生老友，歲時伏臘，非先生不歡，而先生顧亦岳岳諸公間」〔註125〕。范欽《天一閣集》有《送嘉則遊吳》、《懷沈嘉則》、《戲簡嘉則》、《送沈嘉則應聘遊楚》、《懷呂中甫沈嘉則》、《和沈嘉則五言絕二十首》、《和沈嘉則七言絕二十首》、《酬嘉則》、《題嘉則樓》等多首酬和沈明臣之詩。

沈明臣族子沈九疇、沈九疇族弟沈一中（1544～1616），二人年紀相仿，萬曆五年，范欽曾送二人參加科考〔註126〕，沈九疇中試，沈一中落弟後考中萬曆八年進士。沈一中的孫女還嫁給了范欽的孫子〔註127〕。沈一中的從弟沈一貫（1537～1616）是隆慶二年進士，選庶吉士，授檢討，官至大學士，自稱：「余少時謁司馬公，論文要以典則雅馴為旨。」〔註128〕沈氏族人當時都還是二三十歲的青年後生，范欽對他們多有鼓勵。一中、一貫之父為同胞兄弟，萬曆八年，二人均以其子得封號，范欽作詩贈之〔註129〕。范欽死後，沈一貫曾為之申請恤典。

賓甫沈箕仲屠田仲戴仲德會豫章稱孟孺亦至》；卷九《七日晦集諸彥於十洲閣得和字》，「諸彥」有沈明臣、李生寅、汪禮約、屠田仲、葉太叔。沈明臣《豐對樓詩選》卷十五《集范司馬山堂得遲字》、《七月晦夕集范司馬十洲閣分吾字》，卷二十九《詠范司馬宅綠牡丹》，卷三十一《燈夕范司馬安卿天一閣即事》；李生寅《李山人詩》卷上《范司馬錦樹洲》、《范司馬綠牡丹》，卷下《到范司馬溪隱》、《范司馬碧沚園夏燕》，可證。

〔註125〕〔明〕屠隆：《由拳集》，萬曆刻本，《四庫全書存目叢書》集第 187 冊，第615 頁。

〔註126〕《天一閣集》卷九《送諸春元赴試》。

〔註127〕《天一閣集》卷三十《聘沈水部大若女》。

〔註128〕《天一閣集序》。

〔註129〕《天一閣集》卷十四《贈沈影泉封君二首》、《贈諭德沈慕閒封君二首》。

　　甬上砌街李氏族人李生寅，不樂仕進，惟好爲詩，有《李山人詩》，其「爲詩歌力去雕飾，天然沖夷，語必與情冥，意必與境會，音必與格調，文必與質比，非獨其材過人，蓋根之性情者深哉，則其所得於丘壑之助不小也」（屠隆《李山人詩》序）〔註130〕。居去甬江十餘里，築室「讀騷軒」，營蕭皐別業，耕讀其中。范欽《天一閣集》中有酬答李生寅的詩十二首。其兄李生時，亦好爲詩，范欽亦與之交。

　　汪氏世居大雷山下。汪禮約的祖父汪玉，官至都察院僉都御史巡撫奉天。父汪坦，解官歸里後，以作詩自適。汪禮約承父祖之學，又受書法於豐坊，詩文則得沈明臣指授，聲名益重。范欽有《簡汪仲安》二首、《山中簡汪仲安》一首和《懷汪長文時居城寺》一首。汪坦曾將自己的詩文呈給范欽，請求批改，又讓兒子禮約拜訪范欽。范欽不吝賜教，對父子倆多所提攜，汪氏感激不盡，報書作答〔註131〕。

　　鄞縣屠氏多才多藝。屠大山之從子屠某（名待考），字田仲，曾任職刑部，就官兩月，即上疏請求歸養。范欽是屠田仲的父執輩，但與他關係很好，親密地稱之爲「忘年友」。屠大山之子屠本畯（1535～1602）字田叔，官終辰州知州，有文才，著述均爲天一閣收藏。范欽有《贈屠田叔》一首，稱他「世業韋賢後，詩名盧照前。古來英達士，努力自芳年」〔註132〕。屠氏族人屠隆（1542～1605）字長卿，一字緯眞，號赤水，萬曆五年進士，授潁上縣令，調青浦縣令，官至刑部主事。范欽《送屠長卿令潁上》詩云：「看君初得意，

〔註130〕〔明〕李生寅：《李山人詩》，萬曆刻本，《四庫全書存目叢書》集第187冊，第530頁。

〔註131〕〔明〕汪坦《東東明范公》：「倏居離明，伏惟台候，對時百福，坦衰病支離，無能趨候爲罪。去歲臘底，小兒走謁，蒙命坐賜茶，得瞻威儀，聆德音，雖少須臾，而鼴鼠飲河，已滿其腹矣。且稱頌老先生博聞洽識如古人，絢辭爛翰如古人，探玄抉賾如古人，虛懷廓度如古人，不幾於童子之知大隗者邪？坦向以蕪稿奉來，批抹折楊……」又《答司馬東明范公》：「……坦向喜作詩，近年一二名家謂去初唐遠甚，內敝精神，外災楮墨，遂禁不作。辱高章，譬之八珍之遺，野人芹獻，無容已者。董用嚴韻，強裁一章，并舊稿一冊、日知摘條一冊奉上，總乞批抹擲下，加夜光於魚目筐筥之上，藉以不墜者矣。……小兒好讀子史百家古今詩文，好臨古名帖，雖不知上達而恥於下流。嘗荷南禺、東沙二公與潔，每遇求瞻德容、聞德言，顧無爲之先。容倘許進謁，其一念向往之誠，未必不在所鑒者也。……」（汪坦：《石盂集》卷十五，《四庫全書存目叢書補編》第54冊，第173、179頁。）

〔註132〕《天一閣集》，第460頁。

莽蕩出塵埃。有舄空中下，何花縣裏栽。飲冰存浚節，迎刃妙清裁。他日徵奇績，還應似漢才。」〔註133〕於此可見范欽對後輩學子的期許。屠隆也有《訓范司馬公》、《范司馬公園》等詩〔註134〕。屠隆後來成爲文學上的多面手，詩文、戲曲、小說無不精通。

　　第三個詩社是范欽與其姑表兄弟黃氏結成的，地點在黃元恭宅，時間約在萬曆二年左右〔註135〕。范欽的姑父黃宗欽（1482～1553）〔註136〕生有三子：長子元肅，以太學生官鴻臚序班；仲子元恭，字資理，一作資禮，號省菴，嘉靖二十六年進士，授工部主事，謫漳州通判，稍遷南京兵部郎中，出爲河南按察僉事，備兵潁州，罷歸；季子元意，官武寧縣丞。其中范欽與黃元恭交情最好，有《答外弟黃資禮僉憲》、《黃資禮臥病有懷四首》、《和黃資禮六十一歲自賦》等詩。黃宗欽從子黃元忠——宗欽弟宗明之子，字資睦，號整菴，以明經通判岳州，著有《槐稿》。范欽有《立春日簡黃整菴》。《甬上耆舊詩》稱：「黃氏兄弟俱工詩，整菴更爲獨步。」〔註137〕

　　第四個詩社是范欽與張淵、袁大誠、張子瑫等人結成的，參加者還有寧波府知府王原相、通判段孟賢，時間約在萬曆七年（1579）至九年（1581）間，地點在月湖或張淵紫薇莊〔註138〕。張淵是嘉靖二十六年進士，授興化府推官，攝仙遊令，平遷南京工部主事，出知武昌府，以異等遷山西按察副使備兵紫荊關，陞江西參政，歷廣東、貴州布政使，以積忤時，遂投劾歸里。袁大誠是嘉靖十年舉人，二十五年後即嘉靖三十五年才中進士。范欽作《送袁宗正下第》詩安慰他：「失意向蒿萊，驅車且莫哀。青春堪作伴，盛世解憐

〔註133〕《天一閣集》，第472頁。
〔註134〕見〔明〕屠隆：《由拳集》卷九。
〔註135〕《天一閣集》卷七《秋日集資禮山樓》、《新春集資禮宅生辰》、《黃資禮燕會病不赴》、《十五夜集資禮山館二首》，卷十二《黃資禮莊居燕集二首》，卷十三《甲戌中秋黃資禮宅燕集》，「甲戌」爲萬曆二年。可證。
〔註136〕參《天一閣集》卷二十五《封工部主事黃公墓誌銘》、《壽黃公七十序》。
〔註137〕《甬上耆舊詩》，第307頁。
〔註138〕《天一閣集》卷九《中秋飲纓泉宅泛湖待月》、《初夏同袁池南載酒張纓泉紫薇莊值病初起》、《夏日期張纓泉袁池南張石里結社湖上》，卷十三《張纓泉宅同王鵬江段蒙岡袁池南諸公賞菊》，卷十四《己卯六月三日張纓泉袁池南張石里結社於月湖草堂四首》、《七月一日纓泉紫薇莊燕集》、《再次紫薇莊韻》。己卯爲萬曆七年。卷十七《庚戌秋偕王同野袁池南陳它石史西泉行遊至蕙江觴詠甚適迨壬午載過諸子化爲異物溯念往昔悵歎彌襟》，庚戌爲嘉靖二十九年，壬午爲萬曆十年。可證。

才。」〔註139〕袁大誠可能還做過福建巡按御史，因為范欽說他「觀風七閩使，臥雪四明家」〔註140〕。後官終僉事。張子瑤是張邦奇之子，嘉靖二十年進士，做過南京光祿寺卿、滁州知州等官。

此外，聞淵、呂時、吳鏜、包大中、包大炯、包大爟、柴淶、戴鰲兄弟、余有丁等同鄉邑人沒有參加這些詩社，但范欽亦與之有詩文往來。

范欽終其一生的朋友圈便是同鄉，對同鄉長輩尊敬緬懷，對同鄉平輩傾訴衷腸，對同鄉晚輩獎勵提攜。范欽曾在同鄉摯友王惟和（其名待考）的祭文中說：「吾二人交久彌堅，蓋生同里巷，學同簡編，雅稱推讓。」〔註141〕這種「交久彌堅」的友情非一般人所能達到。范欽還和同鄉屠氏、沈氏、黃氏等結為姻親關係。總之，范欽熱愛自己的家鄉，也致力於搜集各種鄉邦文獻，如鄉賢的經史舊作、同鄉的詩文別集和總集以及寧波的地方史志等等，這正是為保存家鄉的歷史文化。

五、寧波地方官

范欽被劾居家，久之，已成耆老宿望，頗受人尊重，而其宅第在縣西三里〔註142〕，距寧波府治、鄞縣治不過數里之遙，范欽又熱衷地方事務，關心地方安危，因此得與寧波府知府、同知、通判、推官、鄞縣令，乃至巡海、總兵、總督都有交往。

明制，知府掌一府之政，相當於古之太守，凡府內民政、財政、文教、司法、吏治等均由其負責，「臨之於上，揮霍之於左右」〔註143〕。同知、通判、推官則各有職司：同知掌戎與盜，相當於古之郡丞；通判掌賦斂，包括督糧、水利等，相當於古之別駕；推官掌訟獄，相當於古之司理之官。寧波府治下有鄞縣、象山、慈谿、定海、奉化諸縣，各縣令分管地方大小事務，是親民的父母官。明代官員有考滿和考察的制度。凡內外官，三年一考，六年再考，九年通考黜陟，府正官任滿由布、按二司考覈，送吏部考功司復考，府州佐貳官和首領官及所屬官，任滿先由本府州正官考覈，縣佐貳、首領及

〔註139〕《天一閣集》，第 436 頁。
〔註140〕《天一閣集》，第 476 頁。
〔註141〕《天一閣集》，第 624 頁。
〔註142〕嘉靖《寧波府志》卷十六：范都憲宅：「縣西三里副都御史范欽所居。」（第 1349 頁）
〔註143〕《天一閣集》，第 590 頁。

屬官任滿則先由本縣正官考覈，俱再經布、按二司考覈，送吏部考功司復考。考察又稱大計，有巡視考察和朝觀考察二種，朝觀考察是地方官每三年俸滿入京接受吏部和都察院的考覈，逢辰、戌、丑、未之年爲朝觀之期。嘉靖二十七年以後的歷任寧波府知府、同知、通判、推官以及縣令的考績、入觀和離任之時，范欽都會爲之撰文。那些盡職盡責，爲百姓作了好事、實事的官員，范欽大力表彰。下面略舉數人。

隆慶寧波知府王原相，隆慶三年（1569）出守寧波，爲防倭患，添設木城，嚴謹斥堠〔註144〕。范欽稱他「志行清澈」，「廉明公恕，用是豪右斂縮，善良樂業，有古循吏風」〔註145〕，因此似乎與他格外投緣。王入觀，范欽撰《送王郡侯入觀序》；王生日，范欽撰《贈王郡侯序》；王三載考績，范欽撰《贈王郡侯考績序》；王陞任四川按察副使，范欽撰《送王憲副之蜀序》。范欽還題詠寧波名勝，贈給王原相，如《分題候濤山贈王鵬江太守二首》、《分題它山贈王鵬江太守》、《分贈王鵬江太守》（四明山、天井山）、《分題玉几山贈王郡侯鵬江四首》。隆慶五年歲末，王原相爲范氏藏書樓題寫「寶書樓」的匾額〔註146〕。王原相後備兵蒼梧，官終江西按察使，以疾歸。

萬曆寧波知府游應乾，萬曆四年（1576）出守寧波。他的施政特點，用范欽的話說是「端亮宏厚，不設城府，惟以廉平爲本，隨宜展措，各適其則」〔註147〕。萬曆七年，游生日，范撰《贈一川游郡侯序》；是年，游考績，范欽撰《贈游郡侯考最序》；萬曆八年，游入觀，范撰《送郡侯游一川入觀序》；是年，游陞任兩浙鹽運使，范欽撰《贈游郡侯晉兩浙都運序》、《齾議贈游都運》。游應乾後官至總督倉場、戶部侍郎。

寧波府同知段孟賢，少以奇童著稱於吳楚，嘉靖二十三年，范欽備兵九江時就耳聞其名。段孟賢中嘉靖三十三年舉人，四十三年成進士，授刑部主事，精研法理，因忤權貴外遷，後轉溫州府通判。隆慶四年蒞寧，任寧波府同知。三載考績，范欽撰《贈段郡丞考績序》，稱「君所典固軍政，兼視篆屬邑，以身爲帥，刳蠹疏垢，諸凡張弛，協於倫要，往所稱狗偷之盜與虎視之

〔註144〕康熙《新修廣州府志》卷三十三有傳。
〔註145〕《天一閣集》，第 572 頁。
〔註146〕此匾署「寧郡前柱史東粵王原相於隆慶五年歲次辛未季冬末吉旦立」，今仍懸天一閣中。
〔註147〕《天一閣集》，第 584 頁。

胥相率歙遁，民乃大忻喜」〔註148〕。在任四年，陞貴州都匀知府，范欽撰《贈段都匀序》。

　　寧波府通判黃應麟，萬曆六年判寧。在任僅一年，由於政績突出，量移江西。范欽撰《贈黃別駕移江右序》、《送黃別駕序》二文，稱他「涖吾寧，監五屬縣及餘姚、上虞諸稅，因給軍人餉，搜爬倉廥積蠹，出納嚴平，官吏夫斗諸人靡敢斁法牟利，無弗人人意滿者。受檄掌吾鄞、奉化、定海諸邑事，敏而有則，廉而不劌，墜舉廢修，政平化理，觀風諸使，交襃異之」〔註149〕。

　　寧波府推官趙奮，隆慶二年任，平獄訟，積糧儲，杜絕奸利。兼攝鄞事，節省公費，興修水利，督勵諸生。隆慶四年三月，吏部選天下治行卓絕者十五人爲諫官，趙奮居首，於是遷戶科給事中離任，寧波父老遮留，爲之建去思碑。范欽撰《贈郡理趙侯應召序》、《寧波府推官趙君去思碑》，稱其「端厚肅給，而又嫻當世之務，邃於法理，要在修明教化，捐去煩苛，以寧民萌」〔註150〕。

　　鄞縣令楊芳，萬曆七年任，在任六年間，賑助貧士，懲治誣訏，嚴溺女之禁，訟清而民不擾。萬曆十二年，入覲考察，以治最徵拜戶科給事中。范欽撰《贈大尹楊君序》、《贈濟寰楊大尹上最序》、《贈濟寰楊明府應召序》以及《贈濟寰楊大尹入覲四首》，稱「非特其政善也，仁心爲質，順流不擾，未嘗有嚴聲厲色，以故人爭附之，聲望出海內諸邑上」〔註151〕。

　　范欽與知府、縣令的交往還表現在積極參與地方公益事業。嘉靖三十五年十一月，知府張正和主持重修歲久侵蝕的寧波府社稷壇，同知侯國治，通判段在、周儒，推官查光述襄贊，鄞縣令夏儒經度，縣丞丘某董理，至次年二月告成。范欽撰《寧波府重修社稷壇碑》。嘉靖三十九年，寧波府重修江東大石碶，此事由張時徹提議，知府周希哲、曾銑相繼主持，事成，水不爲害，田入倍增，范欽撰《寧波府重修江東大石碶碑》。嘉靖四十年，定海縣令何愈重修靈岩、太丘二鄉被海水吞齧的千丈塘和五個石碶，是年九月動工，十一月藏事，塘碶得到疏濬，引以灌溉，田地肥饒，范欽撰《定海縣重修江南塘碶碑》。萬曆二年冬，象山縣令陳思愛主持修築象山縣公署，次年春告成，范

〔註148〕《天一閣集》，第 575 頁。
〔註149〕《天一閣集》，第 598 頁。
〔註150〕《天一閣集》，第 606 頁。
〔註151〕《天一閣集》，第 597 頁。

欽撰《重修象山縣公署記》。萬曆四年，巡海劉翾、知府周良賓等鳩工庀事，將寧波府儒學修葺一新，范欽撰《寧波府重修儒學記》。萬曆八年，知府游應乾奉上級命令各縣令將水利情況具實以上，范欽撰《寧波府水利圖說序》。萬曆九年，寧波府學和鄞縣學奪回被彰聖寺侵奪的學山，此事由督學劉東星審理，巡海馮時雨、同知陳文查實，鄞縣令楊芳覆核，新任知府高自新董成，范欽撰《寧波府釐復學山碑》，此碑萬曆十年正月立，今置於天一閣明州碑林中。總之，范欽關注地方事業，凡是家鄉百姓受益、受到實惠的地方工程，范欽都筆之於書，將之載入史冊。

寧波瀕海，是倭寇入侵的衝要之地。嘉靖中倭難頻起，為適應海防之需，浙、閩除各設一巡撫外，又添設總督一員，寧波則特設鎮守總兵官和分巡海道。鎮守總兵以都督或左右都督或都督同知或都督僉事充任，駐紮定海；分巡海道以浙江按察使之貳或副使或僉事出巡諸郡，事完還本司，後專駐寧波。范欽還與許多抗倭將帥有交往，如浙江巡撫胡宗憲，鎮守總兵官黃應甲，巡海譚綸、王春澤、劉應箕、劉宗岱，參將艾升實，浙江布政使江一麟等。

浙江巡撫兼浙閩總督胡宗憲（1512～1565）嘉靖三十五年二月任，十一月平海寇徐海。三十六年二月，平定定海、舟山倭亂。三十八年，誘擒海寇王直。三十九年二月加太子太保，都察院左都御史兼兵部右侍郎，總督如故。四十年，以江西盜起，命兼制江西。九月，奏功，加少保，並錄參將戚繼光都指揮使，各賞銀二十兩。對這樣一位智勇雙全的將領，范欽撰《贈梅林胡公節制江西軍務序》，將自己治理江西的經驗和盤托出，並告誡他：「主上命公節制，畀以便宜之權，三省撫臣將拱手受成，欲食則食，欲兵則兵，欲戰則戰，欲攻則攻，投之所向，靡不如意，牽掣將何從生。」〔註152〕是年，胡宗憲五十歲生日，范欽又撰《贈少保梅林胡公序》，稱他「忠耿天植，表見中外，為縣令則子良而貞，為御史則方嚴而靖，為卿丞則博大而亮，官高而愈謙，勳崇而愈惕，期在鞠躬盡力，以荅上知」〔註153〕。胡宗憲忠貞良善，品行端正，抗倭平敵，功勳卓著，為保家衛國做出了卓越的貢獻。胡宗憲後被污以貪污受賄，交結嚴嵩父子等罪，於嘉靖四十一年被逮，四十三年解官歸里，四十四年復入獄，十一月三日死於獄中。直至隆慶六年

〔註152〕《天一閣集》，第542頁。
〔註153〕《天一閣集》，第541頁。

才平反昭雪。

鎮守總兵官黃應甲，是嘉靖四十一年武進士，曾任廣西都事。萬曆五年任浙江總兵官鎮守寧波，萬曆八年移鎮廣東。范欽撰《贈黃總戎移鎮廣東序》：「先時蒞吾浙者自俞（俞大猷）、朱（朱紈）二督府外鮮可人意」，黃應甲至，則「簡士伍，飭戰艦，謹烽堠，慎間諜，無問纖巨，井井更新，而服食交際，務簡澹如寒畯，不敢私士卒錢一物。時當防汛，躬涉大海，揚兵屬士，夷廼屏跡遠遁」〔註154〕。黃應甲建設浙江海防，卓有成效。

范欽與譚綸（1520～1577）的相識，則早在嘉靖三十四年范欽居家丁憂之時。那時譚綸任台州知府，范欽就非常讚賞他：「譚侯忠信毅敏，往司留曹，捍寇功與侯（筆者案：指象山縣令毛德京）埒。」〔註155〕嘉靖三十二年（1553），倭寇南京，時任南京兵部郎中的譚綸募五百壯士逐之，因此以知兵稱聞。嘉靖三十四年八月陞任台州知府。三十六年五月，倭犯柵蒲，譚綸率兵擊之，三戰三捷。嘉靖三十七年七月，譚綸陞任浙江按察司副使巡海，治兵寧波。三十八年三月連破倭寇於象山，五月援桃渚、海門，又與戚繼光乘勝追至太平，擒斬倭賊。譚綸在浙前後四五年，保衛浙江安寧，貢獻突出。郡人建祠招寶山，立碑記功。嘉靖四十年，譚綸丁憂回籍。十二月，起復原職，領浙兵在江西地方剿賊。後歷任福建、四川巡撫，兩廣總督，抗倭平賊，屢建奇功。《史》稱：「綸練兵事，朝廷倚以辦賊，遇警輒調，居官無淹歲。殆南寇略平，而邊患方未已。」〔註156〕隆慶元年（1567），北邊告急，譚綸被召還入京，陞兵部左侍郎兼都察院右僉都御史，總督薊、遼、保定軍務。譚綸布陣練兵，又議築敵臺三千，邊防得到整飭。隆慶六年，北虜大舉壓境，京師戒嚴，譚綸率兵捍弊，虜不敢入犯，不久遁去。是年八月，陞任兵部尚書。范欽《寄譚二華司馬》云：「薊門形勝拱神京，司馬今當大典兵。萬里山川迴氣色，一時魚鳥避威名。」〔註157〕盛讚其軍功。

王春澤（1515～1605）繼譚綸之後於嘉靖四十年遷浙江按察副使，分巡海道。一日，倭寇的船隻分道入奉化、象山、定海，王春澤「情神怡適，若無所事事。倭聞，不爲意，乃潛師從間道分兵薄其營。倭盛兵來博戰，我兵且戰且卻，左右伏起，無不一當百，倭跑而授首。已又戰諸方門，戰諸裘

〔註154〕《天一閣集》，第 589 頁。
〔註155〕《天一閣集》，第 533 頁。
〔註156〕《明史》卷二百二十二，第 5835 頁。
〔註157〕《天一閣集》，第 503 頁。

村，戰諸朱家店，戰諸戴嶴，兵數十合，斬級以千計，積屍成丘，溪澗爲赤」。范欽爲之撰《贈王憲副印東平倭序》，說：「浙兵素屢怯於野戰，倭奴往往蔑視無忌。今若茲，吾兵乘勝鼓憤，目中已無倭奴，倭奴亦且懲戒，不敢內犯。」〔註158〕

　　寧波地方官一要安民，二要攘寇，是抗倭衛國的將帥。范欽從未鎖在書齋之中，總是走出來與這些爲民爲國的官吏結交，由此對地方的政治、經濟和軍事等形勢有了更深刻的瞭解。

　　限於篇幅，本小節所舉范欽交遊之人只列舉大端，本書另附《范欽交遊表》，表中列范欽的同年、同官、同人、同鄉和寧波地方官共 164 個，這些人不僅對范欽的從政、性格、愛好，而且對范欽的藏書或多或少都有積極的影響。范欽與同年之間彼此勉勵；范欽與政界、軍界和文界的名流同官，開拓了眼界；范欽的同人有的是文學名家，有的是經學名家，還有的是著名藏書家，與范欽互通有無；范欽與同鄉有著特殊的感情；范欽積極參與地方事務，與寧波地方官的交往使他深刻瞭解地方的形勢。范欽說：「天子之治不難於才，而難於善用其才。」〔註159〕范欽過於常人之處正在於，他能善於利用他的朋友圈和他的人際關係，爲成就自己的治平之事、藏書之業創造有利的條件。

第三節　藏書目的、藏書來源和書樓建成

一、藏書目的

　　趙萬里嘗言：「我想范氏搜輯這許多當代的史料，必有深意在內。」〔註160〕筆者以爲，藏書是范欽終身的愛好，而其收藏的重點是當代文獻，他所謂「昭代之文獻，不朽之洪業也」，說明他正是意識到，只有這些當代的文獻才最具傳世價值。這一藏書理念的形成與他一生的主要經歷分不開，與他具體的特定的藏書目的分不開。

　　（一）范欽收藏當代文獻，最主要的目的，是交友、做官，交友其實也

〔註158〕《天一閣集》，第 540 頁。

〔註159〕《天一閣集》，第 600 頁。

〔註160〕趙萬里：《重整范氏天一閣藏書記略》，《國立北平圖書館館刊》第 8 卷第 1 號，1934 年，第 106 頁。

是為著做官，所以歸根到底，便是做官、做好官〔註161〕，以實用為旨歸。從以下幾方面來看：

1. 范欽任隨州知州時，與顏木議修《隨志》；任袁州知府時，又幫助陳德文增輯《府志》。范欽先後兩次參與修志活動，或議定志書體例，或為志書徵求故實，他在編纂地方志方面有實踐經驗，自然也非常注意同時代其他人纂修的地方志書。同時，范欽應該也認識到地方志是一地風俗、人情、政務等方面的百科全書性的價值，他宦遊各地，極力廣泛搜羅，也是將之作為自己施政的必要參考。

2. 明代科舉制度滲透到人們社會生活的各個方面，范欽一生的許多經歷也與科舉制息息相關。范欽重視與同年尤其是與同年進士的關係，並留意收藏他們的著作或資料。從天一閣書目中可見，除前述同年舉人、進士外，還有同年舉人兼同鄉余永麟，同年進士曾孔化、王梅、顧存仁、王瑛、王問、胡守中、周滿、張光祖、雷禮、錢薇等，他們的著述或相關文獻，范欽也有搜集。范欽還擔任過嘉靖三十一年福建鄉試的監試官和嘉靖三十七年河南鄉試的提調官，並對科舉考試的程文也有一定研究，還為嘉靖三十七年河南鄉試的監臨官楊惟平所寫的八股文範文「窗稿」作序。到晚年，范欽自編《貢舉錄》一卷，主要錄浙江省各府的解元和會元、狀元的人數、籍貫、姓名，兼及應天府和順天府的中式姓名，時間斷至萬曆八年，而以嘉靖時為主。在明代，科舉考試的成績是士人地位、身份的重要標識之一，一般來講，進士出身者比舉人出身者在社會上有更大的優勢，而且同年登第的進士之間往往情誼較深。歷年鄉試錄、會試錄和進士登科錄以及武舉錄等科舉文獻，提供了明人最基本的資料，可以說是士人在明代社會中的一幅幅坐標圖。寧波府對本府考中功名的士人也注意加以表彰，天順五年（1461）立《寧波府郡縣鄉貢進士題名碑記》；弘治四年（1491）立《寧波府儒學進士題名記》，以後每年中進士者逐年增刻於後。范欽致力於搜集各種試錄，是明代的文化環境使然，也是將之作為自己交友、從政之參考。

3. 范欽收藏明代各種律令、規章、案獄、判例等法律方面的文獻，與明朝對從政官員的要求有關。《大明律》規定：「凡國家律令，參酌事情輕重，定立罪名，頒行天下，永為遵守。百司官吏務要熟讀，講明律意，剖決事物。

〔註161〕范欽藏書目的是「做官」，此觀點受天一閣博物館的研究人員袁良植先生啟發。

每週年終，在內從察院，在外從分巡御史、提刑按察司官，按治去處考校。若有不能講解，不曉律意者，初犯罰俸錢一月，再犯笞四十附過，三犯於本衙門遞降敘用。其百工技藝，諸色人等，有能熟讀講解，通曉律意者，若犯過失及因人連累致罪，不問輕重，並免一次。」〔註162〕可以說，律令是明代官員的必修課。范欽曾彙編有其好友梁材嘉靖九年至十九年在任戶部尚書期間題準的經濟方面的法例《嘉靖事例》〔註163〕。嘉靖二十七年，范欽時任廣西左參政，又與廣西巡按御史蕭世延、按察使楊本仁一起編輯《嘉靖新例》，該書收入嘉靖元年至嘉靖二十四年的定例 202 條，多是以應時變而制定的新例〔註164〕。范欽一定是通曉律例的法律專家。

4. 范欽做過地方的知州、知府，一省的布政使、按察使，特區的巡撫都御史，還在京城的工部和兵部任過職，其間難免遇到許多現實的棘手問題，諸如財政問題、軍政問題、吏治問題、民生問題、官司職掌問題、邊疆的民族問題、沿海的倭寇問題、河漕水利問題，需要解決。范欽身邊正有許多朋友便是這方面的才幹卓絕之人。范欽也關心國計民生。早在做袁州知府時，他憐憫農民生活困苦，寫了《苦旱嘆》一詩。嘉靖二十九年，發生了震驚朝野的「庚戌之變」，范欽為此寫下《胡虜》、《諸將》、《燕京》等詩，認為國家當加強邊防、抵禦蒙古入犯，卻只歎自己「雄心無地抒籌畫，夜夜登臺矚斗躔」〔註165〕。嘉靖三十一年，寧波之北的重要哨所郭巨在與倭戰中失守，范欽聞知，扼腕長歎，賦《江上聞霩衢失守悵然有作》。約在萬曆初年，范欽聞北方邊警，作《虜警》一詩。另外，從《范司馬奏議》中也可見范欽之憂國憂民。而他收集的當代政書、奏議、職官類文獻，正是他瞭解國計民生和執政、施政的必要參考資料。

5. 在明代，詩文往來是士人之間最重要的交往方式之一。范欽在江西，躋身以藩王朱拱㭜為首的「西江文會」；在家鄉寧波，又與同鄉好友結成三四詩社。范欽擅長詩文，為與眾多的朋友自如交流，想必也對對方的詩文創作特點和當時的文壇發展走向下過工夫去瞭解，因此明人文集也成為他收藏的

〔註162〕懷效鋒點校：《大明律》，北京：法律出版社，1998 年，第 36 頁。
〔註163〕《嘉靖事例》，明抄本，今藏國家圖書館，輯入《北京圖書館古籍珍本叢刊》第 51 冊之中，《中國珍稀法律典籍集成續編》第三冊據以整理標點。
〔註164〕《嘉靖新例》，明抄本，《天一閣藏明代政書珍本叢刊》第 20 冊輯入。另有刻本《嘉靖新例》，《中國珍稀法律典籍集成·乙編》第二冊據以整理標點。
〔註165〕《天一閣集》，第 431 頁。

當代文獻的重點之一。

總之，范欽是做官之人，他不尚空虛，著眼的是當下，注重的是實用，他喜藏書，更好讀書。書本與實踐相結合，使他針砭時弊，對於時政問題能獨抒己見。他的《贈游郡侯晉兩浙都運序》、《獻議贈游都運》二文專論明代鹽政，《理財篇贈賈君》中分析明代的國家財政政策，《贈濟寰楊明府應召序》中對明代監察制度提出中肯的批評，《寧波府水利圖說》中獻出治水三策，《贈少保梅林胡公節制江西序》中根據自己的經驗總結出撫治江西之策，《贈段都勻序》、《送李高州序》中又對邊疆、沿海之地的戰略地位和治理政策做切中肯綮的分析。沈一貫曾這樣說范欽：「平生好古圖籍，所購書不讓鄴架，匭匱韜之，殆心藏之，博物君子，僉以為難。晚益習國家典章，嘗竊焉喟歎，以為近事多非祖宗舊。某等造請，洋洋灑灑，盈耳豁目，必屬靨而歸，真士林之翹楚，後學之領袖。居常剖厥最多，著述最富。即其藏稿，大都精核，非泛泛為名而已。」〔註166〕「心藏」一語甚好，乃范欽與其他藏書家之本質區別，范欽努力地「習國家典章」，學以致用，所以其藏書「大都精覈，非泛泛為名」。

（二）范欽收藏的當代文獻也含有其他目的在內的。

1. 為追求一時風尚而收藏道家類文獻和名人撰著。范欽主要生活於嘉靖時期，當時世宗為求長生而崇信道教，信用陶仲文等方士，以致朝臣如能寫得一首好青詞便可陞官，嚴嵩、徐階、李春芳、郭樸等便是這樣的「青詞宰相」。談道成為一時風尚。范欽多次登上有名的道教勝地龍虎山，還曾與道士結交〔註167〕，而且收藏有很多術數、道家類文獻，這些道書絕大多數都是抄本。范欽對各地方的名人尤為關注，他為官江西，對金溪名儒王草一定有所耳聞；他來到陝西，「前七子」之首李夢陽的名聲恐怕早已如雷貫耳；他遠官雲南，對謫居滇省大半生的楊慎定是欽服已久；他調官河南，對祥符的著名學者李濂甚為關注，因此將這些名人著作全部加以收藏。

2. 范欽收藏野史、佛書、醫書等則是其興趣愛好使然。范欽固然喜好經書，但也不排斥野史、小說、筆記等所謂「不經之書」，嘗自言：「余不佞，頗好讀書，宦游所至，輒購羣籍，而尤喜稗官小說。竊怪夫棄此而祗信正史者，譬如富子惟務玉食而未嘗山肴海錯可乎？同年周子籲（筆者案：周復俊）

〔註166〕《喙鳴文集》，《續修四庫全書》第1357冊，第503～504頁。
〔註167〕《天一閣集》卷十五有《送詹地師二首》可證。

曩爲余言，魏恭簡公（筆者案：魏校）於書無所不讀，雖小說亦多涉獵。愚謂公理學師也，猶兼好之，況吾輩乎？」〔註168〕嘉靖三十八年，吳中陸詒孫將范氏所藏十三種明代小說編成《煙霞小說》二十三卷刻板。范欽所藏的《讕言長語》書上還有他自己的親筆批點〔註169〕。范欽也佞佛，《天一閣集》中有多首題寫寺院之詩。范欽遊遍了寧波的大小寺院，也去過杭州的著名佛寺。他入寺時「眞詮無用覓，已覺遠人群」〔註170〕，在寺中「已瞑看搖落，無語共安禪」〔註171〕，出寺後「明朝又城市，惆悵碧山蹤」〔註172〕，似乎參透佛理。因此收藏許多佛教文獻。范欽還曾與醫生結交，《天一閣集》中就有《贈陶忠夫移居以善醫推步聞》、《贈吳醫生爽還京口》二詩，故天一閣收藏有大量的醫書。

3. 范欽與同鄉的交遊終其一生，他搜集鄉邦文獻是爲保存家鄉的歷史文化，這一點已如前述。

（三）還有一點需要注意的是，另外還有的藏書也許不帶有藏書家任何目的性，並不反映范欽有多少學術理念在內，不能說明其本質屬性的東西。

范欽也好古嗜奇，有意搜集碑帖。據其侄子范大澈《碑帖記證》中所載，《唐明州刺史裴公紀德頌》的碑石已亡，而范欽有舊搨；《歷代鍾鼎彝器款識》二十卷，范欽有三兩卷；《英光堂帖》今止一冊，歸於范欽；《宋高宗眞草孝經》，范欽有全帙。這大概是范欽受其朋友豐坊的影響刻意收求而得。日人鶴成久章認爲范欽收藏明代登科錄，是「爲了收集而收集，而對所收藏的書籍本身並無多大明確的目的」，在沒有發現更直接的文獻的證據的前提下，沒有必要也無法進一步落實范欽的收藏意圖〔註173〕。

二、藏書來源

駱兆平總結天一閣藏書來源有四：一是范欽足跡所到之處留心收集；二

〔註168〕《煙霞小說》，萬曆十八年（1590）刻本，《四庫全書存目叢書》子第125冊，第445頁。
〔註169〕此書今藏國家圖書館。
〔註170〕《天一閣集》，第454頁。
〔註171〕《天一閣集》，第434頁。
〔註172〕《天一閣集》，第454頁。
〔註173〕〔日〕鶴成久章：《天一閣〈明代登科錄〉大型藏書之謎——兼論傳入日本的〈明代登科錄〉》，《科舉與科舉文獻國際學術研討會論文集》（下冊），上海：上海書店出版社，2011年，第336頁。

是向藏書之家借抄；三是購入豐坊萬卷樓、袁忠徹靜思齋等故家散出之書；四是得自友朋所贈〔註174〕。筆者以爲，范欽藏書來源大體如此，但有主次之分，得自友朋者爲主要的來源，購買是最次要的來源，下面分別述之：

（一）朋友向范欽的贈書和范欽向朋友的索書

如前所述，范欽一生所與交者，既有文臣，亦有武將；既有宗室貴戚，也有山人布衣；既有文壇巨擘，亦不乏政壇風雲。天一閣藏當代文獻的編撰者不少都是范欽的朋友，詳見本書附錄二《范欽交遊表》；或是與范欽有某種因緣關係之人，如天一閣舊藏《明山書院私志》中涉及的張邦奇是張時徹的從父，汪玉是汪坦之父，張、汪都是范欽的同鄉好友；天一閣遺存的嘉靖三十一年刻本《憲綱事類》的編者曾佩是巡按福建監察御史，是嘉靖三十一年福建鄉試的監臨官，也是范欽的同僚。可以說，良好的人際關係、廣泛的交友圈恰爲范欽收聚當代書籍提供了相當便利的條件。他曾向顏木索書，據此推測，對方若不主動贈書，他也會去主動求取。范欽數次寫信詢問摯友張時徹的撰著情況，還與友人王世貞、朱睦㮮、顧起經、李開先等人互相交換圖書。天一閣藏書中有的鈐蓋的便是其他藏書家的印記。據阮元《天一閣書目》著錄，天一閣藏書上鈐有的其他藏家的印記有，「尚寶少卿袁氏忠徹」、「靜思齋」、「欽文之璽」、「廣運之寶」、「禮部官書」、「董丘萬卷堂」、「方山」、「吳岫」、「姑蘇方山」、「濂洛風雅」、「德輝」、「哦翠」、「三友堂」、「項氏子仲」、「少華」、「羲皇上人」、「涵養齋」、「清白傳家」等。馮貞群也說「閣中藏書有諸家印記者」〔註175〕，列出屬於其他藏書家的藏書印五十方之多。可見，與范欽互贈書籍的，當不止以上數家。

（二）利用職務之便所得

范欽做過地方的知州、知府，做過一省的布政使、按察使，特區的巡撫，還做過工部郎中和兵部侍郎，這使他獲得各種官私刻本相對較易。如范欽在江西，任袁州知府，主持刊刻《熊士選集》、《海叟集》、《阮嗣宗集》，任江西按察使，又擁有江西按察司刊刻的《桂洲奏議》、《忠烈編》、《江西通志》等，而九江府刊刻的《石鐘山志》、《天池寺志》等，南昌府刊刻的《徐蘇傳》、《大儒奏議》、《羣忠錄》等，弋陽王府刊刻的《三士錄》、《臞仙文

〔註174〕駱兆平：《天一閣叢談》，北京：中華書局，1993年，第21頁。
〔註175〕《鄞范氏天一閣書目內編》附二。

譜》、《臞仙詩譜》、《神奇祕譜》、《救命索》、《活人心法》等，均爲范欽所獲得。如范欽還收藏有雲南布政司刊刻的《經義模範》、《風雅逸篇》、《皇明詩抄》等，和陝西布政司刊刻的《張太微詩集》、《碧山樂府》、《康旻齋詩集》、《何仲默集》、《雍大記》、《陝西通志》等，這應該是因他得任雲南布政使和陝西布政使之便的緣故。又如，范欽在京城部門任職，獲取《皇明祖訓》、《孝慈錄》、《稽古定制》、《禮儀定式》、《教民榜文》、《大誥》、《存心錄》、《大明集禮》、《明倫大典》等制書的內府刻本，以及禮部、兵部、工部和都察院的一些刻本也較爲容易。

（三）抄書

范氏祖上既無積財，也無累世之藏書，范欽白手起家，財力有限，因此爲滿足所需，范氏抄了大量的書。嘉靖三十年（1551），范欽從揚州知府抄得《吹劍錄外集》〔註176〕。後來，范欽又與王世貞、顧起經、姚咨和秦柱等人互抄書籍。另外，天一閣舊藏明藍絲欄抄本《春秋五論》和《漫堂隨筆》是姚氏茶夢齋抄本〔註177〕，舊藏明藍絲欄抄本《竹嚴集》爲光澤堂抄本〔註178〕，這都是明證。

（四）購買

范欽曾購得邑人豐坊的大宗藏書。另外，日人鶴成久章通過分析指出：「要收集《登科錄》之最便利的手段還是購買」，「正是不惜錢財，范欽才能夠收集到如此規模的《明代登科錄》」〔註179〕。

〔註176〕范欽《吹劍錄外集跋》云：「是書，余借之揚州守芝山，冗病相纏，委致几閣，亦且數月，夏五下旬，乃抽閒錄之，四日而就。念予善忘，擲筆固不能一一憶也。辛亥（1551）歲，甬東范欽識。」（轉引自駱兆平：《天一閣叢談》，第21頁）「揚州守芝山」，考萬曆《揚州府志》卷八《秩官志》，嘉靖三十年（1551）任揚州知府者爲韓一右，韓是嘉靖十七年進士，山東青城人，嘉靖二十六年任。又考乾隆《青城縣志》卷八《人物志》，知韓於嘉靖三十一年遷四川按察副使離任。但其是否號芝山，無載，待考。

〔註177〕參張人鳳編：《張元濟古籍書目序跋彙編》，北京：商務印書館，2003年，第417、633頁。

〔註178〕參王雲五主編：《續修四庫全書提要》（十二），臺北：商務印書館，1972年，第56～57頁。

〔註179〕〔日〕鶴成久章：《天一閣〈明代登科錄〉大型藏書之謎——兼論傳入日本的〈明代登科錄〉》，《科舉與科舉文獻國際學術研討會論文集》（下冊），上海：上海書店出版社，2011年，第335頁。

　　天一閣范氏特定的藏書來源決定了其藏書特色的形成。在天一閣之後三百年，浙江吳興（今湖州）人陸心源（1834～1894）建起皕宋樓，藏書十萬餘卷，多收宋元版書，成爲晚清四大藏書樓之一。光緒八年（1882），陸氏同鄉李宗蓮爲《皕宋樓藏書志》作序，對皕宋樓的這一藏書特色大力褒揚，他將天一閣與皕宋樓作比較，甚至認爲天一閣不如皕宋樓：「天下藏書家爲人人推服無異辭者，莫如四明天一閣，然視先生所藏，其不如也有五：天一書目，卷只五萬，皕宋則兩倍之，一也；天一宋刊不過十數種，元刊僅百餘種，皕宋後三四百年，宋刊至二百餘種，元刊四百餘種，二也；天一所藏，丹經道籙，陰陽卜筮，不經之書，著錄甚多，皕宋則非聖之書，不敢濫儲，三也；范氏封局甚嚴，非子孫齊至不開鎖，皕宋則守先別儲，讀者不禁，私諸子孫，何如公諸士林，四也；范氏所藏，本之豐學士萬卷樓，承平時舉而有之猶易，若皕宋則掇拾於兵火幸存，搜羅於蟫斷炱朽，精粗既別，難易懸殊，五也。」〔註180〕范欽藏書以實用爲目的，所藏書又得自朋友、職務之便，所以成就其藏書以當代文獻爲主的特色，這與皕宋樓的藏書旨趣截然不同。藏書特色的形成與藏書目的、藏書來源相關，范氏天一閣與陸氏皕宋樓各有千秋，不可一概而論。

　　總之，范欽捨難從易，另開蹊徑，利用友朋關係、利用職務之便購藏圖書，還親自借書抄錄，加上不惜錢財，大量的購買，使其藏書獨具特色。

三、書樓建成

　　范欽聚書不知始於何時，但至遲到嘉靖二十九年（1550），其藏書已頗爲知名。當時俞憲編《皇明進士登科考》，缺洪武三科進士登科錄，正是借范欽藏書才得以補全〔註181〕。到嘉靖三十五年（1556），范欽的藏書量已經相當可觀了，他在《丙辰除夕》詩中自言「鄴架虛稱萬卷書」〔註182〕。藏書規模已

〔註180〕〔清〕陸心源：《皕宋樓藏書志・皕宋樓藏書續志》，北京：中華書局，1990年，第1～2頁。
〔註181〕俞憲《皇明進士登科考・敘》云：「是錄參考湖、閩諸本而成，至是三易梓矣。歲戊申（1548），予謫楚，梓於楚。己酉（1549），移越，梓於越。顧洪武所亡三科猶爲闕典，覽者有餘憾焉。今年秋，明人章貞叔（筆者案：章檗，字貞叔，鄞縣人）過予曰：『予有是本，而今逸矣。當爲君移箚范堯卿氏可得也。』已而果如約。予乃取校入梓，悉補闕亡，並續庚戌榜三百二十人，另起爲卷。於是錄始大備矣。於戲，二君拾遺之功，詎可掩哉。」
〔註182〕《天一閣集》，第489頁。

如此之大，因此有必要建一座藏書樓。范大沖回憶道：其父范欽「生平孜孜，惟書籍是嗜。遠構近集，且錄夕抄，積之歲月，僅盈篋笥，乃勉構天一閣以貯之，其用心良苦且久矣」〔註183〕。但天一閣建成時間到底在何時，莫衷一是〔註184〕。目前學界普遍認同駱兆平的結論，即天一閣建於嘉靖四十年（1561）至四十五年（1566）之間。筆者以爲，范氏藏書樓建成於隆慶五年（1571），但直到萬曆二年（1574）、三年（1575）之間，范欽得到平反之後才正式爲之取名爲「天一閣」。

　　理由是：隆慶時（1567～1572），王世貞、顧起經與范欽互抄書目，交換圖籍，而在雙方往來書信中並未有一言提及「天一閣」。當時，王穉登訪問范欽，也只是說他有「東壁圖書之府」而已。應該是在隆慶五年末，范欽建成一座藏書樓作爲其藏書之所，但並未命名，其時寧波知府王原相爲之題寫的匾額是「寶書樓」，亦非「天一閣」。全祖望說：「閣之初建也，鑿一池於其下，環植竹木，然尚未署名也，及搜碑版，忽得吳道士龍虎山天一池石刻，元揭文安公所書，而有記於其陰，大喜，以爲適與是閣鑿池之意相合，因即移以名閣，惜乎鼠傷蟲蝕，幾十之五。」〔註185〕此言大抵可信。但范欽正式將「寶書樓」命名爲「天一閣」的時間到底是哪一年呢？目前所見最早記載閣名的文獻是萬曆三年張時徹的《壽少司馬東明范公序》〔註186〕，其中稱「天乙閣」，蓋同音之轉，全祖望《滎陽外史題詞》中亦稱「天乙閣范氏」。而范欽《天一閣集》中「天一閣」僅出現兩次，其中之一即《天一閣集》卷十三《上元日諸彥集天一閣即事》詩，另外，沈明臣《豐對樓詩選》卷三十一有《燈夕范司馬安卿天一閣即事》，二詩未標年份，具體時間不可考，但如前所述范欽與同鄉的交遊一節，范欽與沈明臣等人結成詩社的時間約在萬曆初年，故此二詩之作應該不會早於萬曆二年。

　　戴光中《天一閣主——范欽傳》一書中提出「天一閣」初名「十洲閣」〔註187〕，理由是：范欽寫有《七月晦集諸彥於十洲閣分得何字》、《夏日集十洲閣》、《秋日集十洲閣》等詩，沈明臣寫有《爲范司馬題十洲閣二首》、屠

〔註183〕轉引自駱兆平：《書城瑣記》，上海：上海古籍出版社，2000年，第63頁。
〔註184〕見袁良植：《天一閣建閣時間疑》，天一閣博物館編：《天一閣文叢》第六輯，寧波：寧波出版社，2008年。
〔註185〕《全祖望集彙校集注》，第1069頁。
〔註186〕詳見本章註120。
〔註187〕戴光中：《天一閣主——范欽傳》第十二章「天一閣名有新說」，主此說。

本畯有《題范少司馬十洲閣》等詩，而古代月湖有「十洲」即十處名勝，北宋元祐年間月湖上有過一座十洲閣，早已湮沒，地址到明代仍在，范欽新閣建成，登樓東望，月湖盡收眼底，想必大發思古之幽情，命名為「十洲閣」也在情理之中，天一閣原不過是交遊宴樂之處。筆者認為，其實仔細分析以上諸詩描寫的「十洲閣」的景色，「十洲閣」與「天一閣」並非一處。沈明臣詩云：「高閣俯平流，居然舊十洲。西連天姥闊，東控大瀛浮」，屠本畯詩云：「畫棟雕甍絳闕浮，雙飛燕雀正清秋。望來月掛三株樹，坐見煙橫十二樓。」這裏描繪的「十洲閣」正是建立在月湖之上的一座高閣。因此，「十洲閣」當是范欽在北宋十洲閣舊址上所建的一處新的勝景，供當時詩社同人詩酒唱和之用，而非藏書之所。

總之，全祖望所云「是閣肇始於明嘉靖間」〔註188〕的說法不足為據，倒是徐兆昺《四明談助》中所言的「明隆萬間，范侍郎欽善聚書，於宅東起天一閣貯之」〔註189〕，才是最符合實際情況的。

〔註188〕《全祖望集彙校集注》，第1061頁。
〔註189〕〔清〕徐兆昺：《四明談助》，寧波：寧波出版社，2000年，第889頁。

第二章　天一閣藏明代文獻的主要
內容及舉要（上）

　　天一閣藏明代文獻的絕大多數是史部和集部類的文獻，這是天一閣藏明代文獻的主要內容，也是本書重點討論的對象。天一閣所藏此二部的明代文獻中，數量較多的又是詔令奏議類、政書類、傳記類、地理類、科舉文獻類、別集類和總集類。本書第二章和第三章分別概述上述各類明代文獻的內容和特點，並對其中的近百種明代文獻進行重點分析，包括明人奏議 14 種、明代政書 14 種〔註1〕、明代傳記 12 種、明代專志 6 種、明代武舉錄 8 種、明代邊疆域外史地文獻 15 種和明人文集 29 種，這些文獻多數都是《明史·藝文志》失載之書，且多為海內外孤本，本書為之撰寫提要，提要內容包括版本情況、作（編）者簡介、該書內容和學術價值等，以期具體而微地探討天一閣藏明代文獻的價值。

第一節　天一閣藏明人奏議

　　奏議類文獻是臣民上呈的奏疏、奏稿、題稿和疏稿等歷史文獻。從形制上看，明人奏議有奏本、題本和啓本之分。萬曆《大明會典》稱：「國初定制，

〔註 1〕作者的博士論文定稿於 2009 年 5 月，其中部分內容如《天一閣藏明代四種奏疏經眼錄》發表於《文獻》第 1 期，2009 年。2010 年 1 月《天一閣藏明代政書珍本叢刊》出版，將屬於四庫史部的政書類、職官類和奏議類天一閣藏 56 種明代文獻影印出版，並為每書撰寫了提要。2012 年，作者在修改時，為使文章結構一致，仍分奏議和政書兩類，並保留原先為明代政書和奏議所撰寫的 16 篇提要，以供讀者參考。

臣民具疏上於朝廷者爲奏本，東宮者爲啓本，皆細字。後以在京諸司奏本不便，凡公事用題本，其制比奏、啓本署小而字稍大，皆有格式。」〔註2〕葉盛《水東日記》亦載：「國朝之制，臣民奏事稱奏本，後以奏本用長紙，字畫必依《洪武正韻》，又用計字數，於後舍鄭重而從簡便，改用題本，則不然矣。然題本多在內衙門，公事若在外，并自陳己事，則仍用奏本，東駕則稱啓本。」〔註3〕大抵題本所呈之事多在朝廷之內，奏本所呈之事多在朝廷之外，啓本則是上奏給太子之疏的專稱。

然而，無論何種奏議，一般散藏於中央及地方各級政府衙門檔案庫中，有的進呈史館或由史館收得，作爲修史所用之依據。據沈德符《萬曆野獲編》記載：「嘉靖乙丑（1565）春，千步廊燬於火，先朝所貯疏稿底本，俱成煨燼。時上意恨惜，以問輔臣徐階：『他日修史，何所憑爲張本？』階跪對曰：『此皆積年堆棄殘帙，各衙門緊要章奏，及四夷番文，共十三萬二千餘本，俱貯六科廊內，況有成案可查，此等無用故紙，正合付一炬。』上始悅，意解。」作爲國史、實錄纂修之材料來源的奏議不愼被毀，實在令人惋惜，而徐階嗤之以「無用故紙」，因此沈德符歎息道：「此時去弘、正間未遠，若加蒐括，尚可緒存一二，乃迎意旨，曲說解嘲，眞所謂以順爲正也。今六科所貯本稿，往往被人借出不還，他日恐遂如文淵閣書矣。」〔註4〕可見就是在當時，明人奏議也極爲難得，常常因爲保藏失當，到後來成爲機密罕見的珍本。天一閣藏明人奏議歷經四百餘年，許多是海內外孤本，至今仍是不可多得的珍貴文獻，其價値不容忽視。

一、天一閣藏明人奏議的內容

天一閣原藏明人奏議 120 餘種，從上奏的主體來看，又可分爲兩類：一類是當代諸臣的奏議彙編，如天一閣進呈的明抄本《閣諭錄》是楊一清編輯的嘉靖五年至八年間閣臣會題諸疏，進呈的明刻本《皇明兩朝疏鈔》則是萬曆間顧爾行編輯的嘉靖和隆慶兩朝諸臣奏疏，遺存的明藍絲欄抄本《本朝奏疏》二種和《國朝奏疏》殘頁都是明人奏議的總集；二是明代個人奏議的專集，這類奏議有 111 種，是天一閣藏明代奏議的主體部分。而要瞭解這些豐富

〔註2〕萬曆《大明會典》卷七十六，《續修四庫全書》第 790 册，第 381 頁。

〔註3〕〔明〕葉盛撰，魏中平點校：《水東日記》卷十，中華書局，1980 年，第 114 頁。

〔註4〕〔明〕沈德符：《萬曆野獲編》卷十九，中華書局，1959 年，第 501 頁。

的明人奏議的內容，必需從瞭解上奏者的職掌入手，因爲明代各官員各司其職，各掌其權，上言奏事，言必有物，有的見諸實行，有的雖是議論，亦可見一代一時之政事。

在明代，上奏的臣民主要是三類人：一是御史（包括督撫），二是給事中，三是六部尚書和郎中等，三者各有職司。

明之都察院由元之御史臺而來，別稱「西臺」，南京都察院則別稱「南臺」。都察院都御史不僅負責處理院內及下屬十三道監察御史的行政事務，還職掌監察、彈劾的權力，是天子耳目風紀之官。給事中的辦事處六科廊有「諫垣」之稱，六科給事中「掌侍從、規諫、補闕拾遺、稽查六部百司之事」〔註5〕。天一閣藏都察院都御史的奏議有王廷相的《浚川奏議》等；給事中的奏議有：弘治時給事中吳世忠的《蠡測錄》、屈伸的《蠖菴疏稿》、戴銑的《狪峯奏議》，正德時給事中王萱的《青崖奏議》、石天柱的《秀峯石公奏議》、孫戀的《孫毅菴奏議》，嘉靖時給事中鄭一鵬的《館省書疏》、張逵的《青瑣疏略》、彭汝寔的《彭給事奏議》、樊深的《諫垣奏議》，隆慶時給事中管大勳的《焚餘集》，崑山朱栻、朱隆禧《祖孫臺諫奏疏》等等。《明史》云：「御史爲朝廷耳目，而給事中典章奏，得爭是非於廷陛間，皆號稱言路。」〔註6〕作爲中央的監察官，都察院御史與六科給事中大多侃侃凜凜，一些耿直之士即便以言得禍也在所不惜，他們的奏議多是對朝中大小事務的直言諫諍。

巡按御史、巡撫都御史和總督都御史等是由中央派往地方的官員。巡按別稱「觀風」，巡按御史是中央派出、到各省直定期巡迴考察、監察地方行政和地方官吏的督察官員，天一閣藏明代巡按御史的奏議有巡按江西監察御史唐龍的《江西奏議》、巡按直隸監察御史饒天民的《觀風輯略》和巡按陝西御史張光祖的《陝西奏議》等。巡撫都御史是掌管地方民政財政和軍政等的省級最高行政長官，天一閣藏明代巡撫都御史的奏議有巡撫山西都御史張敷華的《張簡肅公奏議》，巡撫南贛都御史范欽的《范司馬奏議》和吳百朋的《南贛督撫奏議》，巡撫浙江都御史趙炳然的《浙江海防兵糧疏》，巡撫江西都御史徐栻的《督撫江西奏議》、陳洪謨的《江西巡撫奏議》和周相的《督撫江西奏議》等，巡撫甘肅都御史唐澤的《督撫河西奏議》，巡撫陝西都御史劉天和的《督撫奏疏》，巡撫大同都御史樊繼祖的《雲中撫平奏疏稿》，巡撫鳳陽都

御史李邃的《李克齋督撫經略》等。總督因時、因地、因事而設，有總河、提督軍務、總督糧餉、總督鹽法等各種。天一閣藏明代總督的奏議有總河都御史潘季馴的《兩河經略》、《兩河管見》，總漕都御史王以旂的《漕河奏議》，湖廣川貴總督劉伯躍的《總督採辦疏草》等，劉堯誨的《督撫奏議》收錄了他在萬曆元年（1573）至九年（1581）間先後巡撫福建、江西和總督兩廣時的奏議。從上述督、撫、按官的奏議中又可瞭解有關明代各地方政府施政的詳細情形。

六部尚書和郎中也各有專責：吏部尚書為六部之首，「表率百僚，進退庶官，銓衡重地，其禮數殊異，無與並者」〔註7〕，主要負責官吏的任免、考覈等；戶部尚書負責國家財政、民政等；禮部尚書負責國家禮儀、祭祀、筵宴、貢舉等；兵部尚書負責全國武衛官軍的選授、簡練等；刑部尚書和郎中負責司法行政；工部尚書負責各種工程修建等工作。天一閣藏各部尚書和郎中的奏議有吏部尚書楊一清的《吏部獻納稿》，戶部尚書王瓊的《戶部奏議》，禮部尚書嚴嵩的《南宮奏議》《南宮疏略》，兵部尚書戴金的《戴兵部奏疏》，刑部郎中孫燧的《恤刑錄》、葛木的《恤刑疏草》、應檟的《審錄疏略》、夏道南的《審錄廣東案稿》、盧漸的《恤刑題稿》、孫宏軾的《審錄疏稿》、林大章的《審錄廣東書冊》，工部尚書章拯的《郊議錄》、曾省吾等的《允釐堂本奏議》等。從各部尚書和郎中的奏議又可瞭解中央各項政令出臺的具體過程。

另外，還有知府的奏議，如嘉靖三十一年（1552）蒞任揚州知府的吳桂芳的《守揚疏議》；監生的奏議，如《張賢田奏稿》，《阮目》云是「吏部聽選監生張爵撰，嘉靖二十三年（1544）癸卯樂天居易鸞跋」；宗室的奏議，如朱睦㮮的《南陵王奏議》；侍郎的奏議，如正德時任侍郎二十年的章綸的《章恭毅公進思錄》；有的明人奏議的專集收錄了撰者在各個不同任期內的奏疏，如趙瑊的《趙莊靖公奏議》、李承勛的《少保李康惠公奏草》、淩相的《芹溪議稿》、萬鏜的《治齋奏議》、顧應祥的《箬溪疏草》、潘塤的《撫臺奏議》、顧存仁的《顧太僕寺奏議》等，內容更加豐富。

總之，天一閣藏明人奏議作者職司不同，權力大小各異，但其內容都是瞭解和研究明代政治、經濟、軍事、法制等各方面的一手材料。

〔註7〕《明史》卷七十二，第1739頁。

二、天一閣藏十四種明人奏議提要

天一閣遺存明人奏議二十八種，約僅及原藏此類文獻的六分之一，且多殘破，散出的亦寥寥無幾。今擇閣藏七種、散出之三種和抄存在《四庫全書》中的三種並另一種共十四種提要如下。

1. 《蠹遺錄》（弘治時吳世忠任給事中九年間的奏議，內容涉及水利、邊備、用人等，蓋為《明史》採入之源。）

天一閣原藏之明刻本《蠹遺錄》，明弘治時給事中吳世忠撰。阮元《天一閣書目》卷二之一著錄，不著卷數，但錄嘉靖二十五年黃直後序，殆為嘉靖刻本。筆者所見此本今藏上海圖書館，乃萬曆間重刊本，四冊，前有缺頁，半葉十行，行二十一字，白口，雙黑尾，四周雙邊，版心鐫「蠹遺錄卷×」，前有弘治十六年吳世忠自序、嘉靖二十七年佚名序、嘉靖二十五年黃直《新刊西沱吳先生蠹遺錄序》、弘治十七年儲罐《題吳懋貞先生奏議跋》、江治《重刻西沱吳公蠹遺錄後序》、嘉靖二十六年《吳蕙刻季父西沱先生蠹遺錄引》和萬曆十九年（1591）吳天胤《重刻西沱吳公蠹遺錄後序》，似非天一閣原藏書。以內容相同，故在此一併述之。

吳世忠（1461～1533），字懋貞，號西沱，江西金溪人，弘治三年（1490）進士，歷任兵、刑、戶、吏四科給事中達九年之久，弘治十七年（1504）正月陞湖廣布政司左參議離任，官終巡撫延綏都御史。《明史》卷一百八十五有傳。

《蠹遺錄》收錄吳世忠奏疏二十道，其中為兵科疏者三，為刑科疏者十一，為戶科疏者四，為吏科疏者一，參議湖廣之疏一，附誥敕文十道，諭祭文一道以及西沱先生像贊、諸公祭文、行狀墓誌等。《蠹遺錄》中所載吳世忠之建言，如南北直隸、山東、河南、浙江、遼東等處發生水旱，吳世忠條上備荒之「治水利」、「復常平」二策；請恤建文朝殉難諸臣，以表彰忠義；壽寧侯張鶴齡求勘河間賜地，吳世忠上疏請止；請留用兵部尚書劉大夏、王恕，國子監祭酒謝鐸和刑部尚書何喬新、彭韶等人；劾罷不職之大同總兵官神英、趙昶，巡撫都御史劉瓛和真人張玄慶等人；蒙古未退，吳世忠條上壯聲實、明賞罰、專委任、飭邊備、寬邊民、出奇謀六策；為保衛京師，又條上護山脈、建外城、修街渠、修軍衛等四事。核之《明史》，大體不差，蓋為《明史》採入史料之源。

是書為吳世忠自輯。書名「蠹遺」，其自序云：「當其含毫蠹態輒作，或

議論生梗，不諧俗好，或時事倉卒，不暇修潤，或牴觸權要，知且賈禍。惟我聖主盡皆矜憐，而優容之意無一言之忤，一日之罪。孤危蠢臣，百拜感泣，不知何以遭遇此天地曠蕩之恩也。今九載矣，料不可再誤聖恩矣，因間錄其草，名之曰『蠢遇』焉。」吳世忠是弘治間有名的諫臣，知無不言，言無不盡，清風亮節，表出流輩，其建議也多被採納。

2. 《孫毅菴奏議》（正德時任給事中的孫懋，抗直敢言，此奏議彈劾權
　　貴，矛頭直指武宗，可與《明史》相參考。）

天一閣進呈之明刻本《孫毅菴奏議》二卷，為正德時給事中孫懋所撰。孫懋，號毅菴，浙江慈谿人，正德六年進士，授浦城知縣，擢南京吏科給事中，官終應天府尹。《明史》卷二百三有傳。《四庫提要》云，孫懋「官給事中時，武宗方狎暱小人，嬖倖用事，言官多所謫降，懋獨抗直不回。如劾奏太監于喜、史宣、張澤諸疏，俱能直陳無隱，頗著丰采。又所奏湖廣之管解綿花絨及嚴考察各條，皆足補《明史‧食貨》、《選舉》各志所未備。又懋是時扈從行在，其請急定平宸濠功賞，又請還京，屢陳邊警，直指天變，至千餘言，亦具見忠讜。其劾江彬也，史言人皆為懋危，而彬方日侍帝娛樂，亦不之見，懋以幸免。亦可謂彈劾權貴，奮不顧身者矣。集中諸疏，《史》但摘其大端，不能備載。今備錄存之，以與本傳相參考，猶可想見其遺直也。」〔註8〕此書全本抄入《四庫全書》。

3. 《焚餘集》〔註9〕（工科給事中管大勳於隆慶二年至六年所上的奏疏，
　　內容主要是進退人才、練兵防虜、監督財政等。）

《焚餘集》一冊，是隆慶時工科給事中管大勳所上的十二道奏疏，萬曆五年（1577）閩刻本，半葉七行，行十八字，白口，單黑魚尾，四周單邊，版心下有刻工姓名：「徐玄京」、「吳」、「王」、「余」、「二會」、「王二」、「能」、「徐」等。今藏天一閣，為海內孤本。

管大勳（1530～？），字世臣，號慕雲，浙江鄞縣人，嘉靖四十四年（1565）進士，選庶吉士，隆慶元年（1567）授禮科給事中，陞刑科右給事中，二年（1568）陞工科左給事中，三年（1569）出知江西臨江知府，後歷四川提學副使、福建延平知府、湖廣兵備副使、福建布政使等職，終南京光

〔註8〕《四庫全書總目》卷五十五，第499頁。
〔註9〕《焚餘集》，《天一閣藏明代政書珍本叢刊》第18冊輯入。

－68－

祿寺卿〔註10〕。

　　《焚餘集》收錄管大勳任工科給事中時的奏疏共十二道。其中內容，有對違法亂紀官員的糾舉，如《論道官叨竊常卿疏》彈劾太常寺少卿師宗記貪贓枉法，當奪冠罷職，追贓治罪，《諫請乞冒濫疏》揭發嘉靖間大臣許論受嚴世藩父子指使，殺戮忠良沈練，因此其死後不應復職並予祭葬恤典；有駁正章疏的違誤，如《諫中官恤典冒濫疏》力爭司禮監太監滕祥爲已故太監黃錦的族人黃浦等請職一事，於禮於情不合，請穆宗收回成命；有對時事的建言、諫諍，如《應詔陳言邊事疏》認爲邊事難議，其主要原因在於邊兵頹弱、邊餉匱乏，並將邊事條爲八事，《諫遣中官冊封朝鮮疏》中建議應當「慎選文臣操履廉正、氣度修偉、事理諳達者充爲正副使，或議將冊封、弔祭兩項恩禮並爲一差，以便朝鮮送迎，以節地方供應」，《論內官毆辱憲臣疏》和《請關防內臣出入疏》二疏，則因管大勳親見內臣李通、余忠和卞騰等在掖門外毆打御史李學道，故要求將主使者及其手下嚴行查究，擒拿問罪，並建議內官、內使必須經過嚴格檢查方許出入門禁；也有對國家財政的監督與策議，這反映在《焚餘集》所收的最後四道奏疏中。

　　工科給事中與工部對口，因此財政監督是工科給事中的主要職責。《明史‧職官志》云「工科，閱試軍器局，同御史巡視節愼庫，與各科稽查寶源局。」〔註11〕管大勳接管軍器局、巡視盔甲廠時，認識到軍器和弓矢「乃充敵制勝之具」，便於隆慶二年十二月上「爲議處戎器事宜以節虛靡以裨聖治事」疏，疏陳五事。《明穆宗實錄》節錄此疏，並附工部覆奏：「以上四事皆如議。惟軍器重務，一官難于兼攝，宜仍舊報可。」〔註12〕隆慶三年正月，管大勳查盤節愼庫自嘉靖四十四年正月至隆慶元年十二月收支銀兩，發現深奸積弊「不在實收已出之後，而在實收未出之先」，便奏上「爲傳奉事」疏，將釐革事宜開列上請。《明穆宗實錄》亦節錄此疏，並附言：「上從之。」〔註13〕與此同時，管大勳還奉命查盤順天府自嘉靖四十四年正月至隆慶元年十二月錢糧出納數目，發現中間經手官吏人等侵欺、乾沒、挪移、借貸等弊，便奏上「爲陳時政以裨聖化事」疏，請求將之依律處罰，並將拖欠銀兩追完還官。

〔註10〕傳見《掖垣人鑑》卷十五、康熙《鄞縣志》卷十六、雍正《寧波府志》卷二十。

〔註11〕《明史》卷七十四，第1806頁。

〔註12〕《明穆宗實錄》卷二十七，第730頁。

〔註13〕《明穆宗實錄》卷二十八，第746頁。

而順天府驛站弊端尤多，「該府錢糧在本府及宛、大二縣支銷者十之二三，在外州縣編解、各驛遞支領者十之七八，以故拖欠者皆州縣之站銀，侵冒者多驛遞之供應。」針對此種情況，管大勳又奏上「爲陳時政以裨聖化事」疏，提出救弊補偏事宜六條。

由《焚餘集》可見，管大勳在任工科給事中時對國家內外大小事務條陳疏議，亢直敢言，盡到了言官的職責。書名「焚餘」，萬曆五年楊叔京在該書序中這樣解釋：「迹所厝注於此，質所論議於彼，蓋一節云斯所稱不貳心之臣哉？然則大夫所餘者，要非窾言無當者矣，胡可弗傳也？」管大勳，《明史》無傳，《明實錄》僅摘其二疏，康熙《鄞縣志》、雍正《寧波府志》中管大勳的傳記也頗簡略。《焚餘集》不僅爲管大勳的行實補充了資料，也爲明代政事和明代財政也提供了難得的資料。

4. 《江西奏議》（江西巡按御史唐龍在正德「宸濠之變」後所上的奏議，內容有關賑災恤貧、表彰忠義、彈劾失職等，可補《明史》所未備。）

天一閣原藏之明刻本《江西奏議》二卷，二冊，明巡按江西監察御史唐龍撰。散出後，今藏國家圖書館，但惟存卷一。〔註14〕

此本爲嘉靖刻本，半葉十行，行二十字，白口，單黑尾，左右雙邊，版心鐫「奏議卷一」。前有嘉靖八年（1529）正月呂柟《序》，嘉靖元年（1522）前七十二日姜麟《奏議引》。由目錄可知，是書原本收錄正德時巡按江西監察御史唐龍的奏疏共三十五道，此本卷一載錄二十四道。首鈐「長樂鄭振鐸西諦藏書」印，蓋散出後曾爲鄭振鐸所藏。

唐龍（1477～1546）爲明代名臣，字虞佐，號漁石，浙江蘭谿人，正德三年（1508）進士，授郯城知縣，拜監察御史，巡按雲南、江西等地，累遷副都御史協管院事，擢吏部侍郎，陞兵部尚書兼右都御史總督三邊，改刑部尚書，以母老乞歸侍養。數年，薦起爲南京刑部尚書，改兵部，加太子太保，晉吏部尚書。三疏乞休，皇帝以爲他稱老忘君，奪職爲民。當時龍已有疾，出國門便卒。後數年，詔復原官，贈少保，諡文襄。《明史》卷二百二有傳。

正德十四年（1519），「宸濠之變」終於被平息，江西百姓在罹兵燹之後，又遭受水災，苦不堪言。唐龍於此時受命巡按江西，至正德十六年離任，在

〔註14〕《江西奏議》，國圖另藏一部，明刻本，二卷，附錄一卷，明陳金等撰，與此不同。

職三年，賑災恤貧，表彰忠義，彈劾失職，上疏三十五篇，篇篇都是切實有俾之言，江西得以安寧。

正德十四年十二月上《撤重兵以安內防外疏》，奏乞撤回駐守江西的京邊騎軍以備患；正德十五年一月奏《乞廣天恩急救兵燹窮民以安人心以固邦本疏》，請將南昌所屬南昌、新建二縣稅糧等項全免三年，其餘州縣全免二年；奏《乞表異忠義官員疏》，請將在「宸濠之變」中死節的都御史等官孫燧、許逵等各贈官蔭子、立廟秩祀；奏《乞正不忠官員罪名疏》，請將江西鎮守、巡按、三司等官王宏等各正以不忠之罪；二月上《舉忠昭勸疏》，請將按察使胡世寧等人擢用；四月奏《舉隱功究遺罪以正刑賞疏》，乞賞知縣劉源清等人之功，並將逆黨婁氏分等治罪；奏《查究有罪官員疏》和《查參地方失事官員疏》，請將左衛徒定等從重處治，失事副使曹雷等照例黜降；五月奏《非常水災自核不職伏乞益修聖德以保治安疏》，陳述江西水災重大及自身不職緣由，願賜罷黜；《計處地方疏》，奏抄沒變賣補納兌軍糧斛等項情形；此後又奏《查議功罪疏》，南康府建昌縣知縣方鐸以功贖罪，請免其究問；《慎擇儒官兼管書院疏》，推薦蔡宗兗為南康府儒學教授；正德十六年，奏《重遭非常水災懇乞天恩優免稅糧急救殘民疏》，請將江西各府所屬州縣正德十五年分應納稅糧軍需等項加以蠲免；《乞待開科之年倍取人才疏》，因正德十四年鄉試未能如期舉行，請待正德十七年開科之時先取本年分九十五名額，又倍取九十五名，以補正德十四年之數；《地方緊急缺官疏》，請將南昌左衛官軍舍餘等項併入前衛或總改為南昌衛，以填實軍伍、節省饋餉等等。

《明史》本傳關於唐龍在江西的政績，止云：「再按江西，疏趣張忠、許泰班師。三司官從宸濠叛者猶居位，龍召數之曰：『脅從罔治，謂凡民耳。若輩讀書食祿，何靦顏乃爾。』立收其印綬。」〔註15〕《江西奏議》以大量的材料詳細說明唐龍在江西的作為不止於此。

是書前呂柟《序》云：「夫江西罹宸濠之荼毒，切於肌骨。其亂之成也，微許公逵、孫公燧二公之死，王公守仁、伍公文定、楊公銳諸公之功，宸濠幾不能殄。其亂之後也，微茲三十五篇之疏，江西幾不能安。是故戡亂在義以忠，輯寧在仁以明，讀此《奏議》可知矣。」姜麟則云：「其開陳有道，設施有方，刺舉有據，而才識寓焉，力量寓焉，節槩寓焉，文章寓焉。因探其急民之憂、憂時之忠、苦心之慮、苦口之辭，僭為批點，附以品評。」唐龍

〔註15〕《明史》卷二百二，第5327頁。

在疏中亦自云：「臣識固迂疏，言亦愚淺，但前所奏者類皆治本人紀之所繫，天變民瘼之所關，正今日之急務也。」(《乞親政國治疏》)可見不僅時人而且就是撰者自己也認識到此疏之有效實用之價值。

5. 《張簡肅公奏議》〔註16〕（弘治時山西巡撫都御史張敷華的奏議，涉及山西民情、經濟、防禦和官員任免等邊疆大小事務，可補《明史》之不足。）

天一閣遺存之明藍絲欄抄本《張簡肅公奏議》三卷，三冊，為弘治時巡撫山西都御史張敷華所撰，其曾孫張秩寫錄，為海內孤本。

張敷華，字公實，江西安福人，天順八年（1464）進士，選庶吉士，授兵部主事，歷浙江參議、布政使，湖廣布政使，巡撫山西、陝西都御史，南京兵部右侍郎，總漕都御史，南京都察院都御史，刑部尚書等職，官終左都御史，諡簡肅。《明史》卷一百八十六有傳。其在山西的政績，《明史》但云：「部內賦輸大同，困於折價。敷華請太原以北可通車者仍輸米，民便之。」〔註17〕

《張簡肅公奏議》所收張敷華奏疏共二十道，內容涉及山西地區的民情、經濟、防禦和官員任免等邊疆大小事務，如奏請蓄積糧儲，以蘇解民困；奏請謹嚴武備，以鞏固邊圉；又多次在「題為地方事」的奏疏中將便於軍民之事條列上陳：禁邊耕以弭外患、處民壯以均勞逸、驗水患以蘇民困窮、更班輪流大同操備、正地畝以輕培納、禁販賣以存幼口、省夫解以恤小民，又重名器以興馬政、順土風以實邊備、嚴法令以正民風，又嚴考察以普勸懲、給俸鈔以勵功勤、反異端以弭患害、禁措置以禁奸貪。可見張敷華巡撫山西時是多方籌畫，此《奏議》正可補《明史》之簡略。

最末一道奏疏《南京兵部右侍郎張敷華謹奏為陳情乞恩事》，是瞭解張敷華生平的最好材料。

6. 《南贛督撫奏議》（嘉靖末至隆慶初巡撫南贛都御史吳百朋的奏議，內容涉及削平「流賊」、建城設官等，是研究明代中期社會歷史的難得史料。）

《南贛督撫奏議》（圖 41），隆慶元年（1572）李佑刻本，原本七卷，收

〔註16〕 《張簡肅公奏議》，《天一閣藏明代政書珍本叢刊》第 18 冊輯入。
〔註17〕 《明史》卷一百八十六，第 4918 頁。

錄巡撫南贛都御史吳百朋的奏疏共七十一道，現存六卷，闕卷二，且中有闕葉。此本半葉十行，行十八字，左右雙邊，白尾，白口。版心下記刻工：「雲」、「七」、「湛」、「照」、「惠」、「憲」、「目」、「升」、「以」、「葵」、「一」、「召」等。此本現藏天一閣，為海內外孤本。

吳百朋（1519～1578），字惟錫，號堯山，浙江義烏人，嘉靖二十六年（1547）進士，出任江西永豐縣知縣。歷山西道監察御史、大理寺丞、大理寺少卿、南贛巡撫、南京兵部侍郎、都察院右僉都御史等職，官終刑部尚書。崇禎十六年（1643），贈太子太保、兵部尚書，追諡「襄毅」。

《南贛督撫奏議》是嘉靖末至隆慶初百朋任巡撫南贛都御史時先後條上的奏疏。據是書可知，嘉靖四十二年（1563）五月，百朋陞任都察院右僉都御史巡撫鄖陽。六月，世宗以江廣多事，命改撫江西南安、贛州、福建汀州、漳州和廣東南雄、韶州、惠州、潮州等處。南贛等地方乃江、閩、廣三省之交，倭寇、山賊煽虐，嚴重威脅百姓財產和生命安全。百朋蒞任之後，勞心焦思，練兵備餉，先後督調官兵剿除香寮楊一、蘇阿普、范繼祖，始興李仕政、陳倫，長樂葉丹樓、梁國相，程鄉藍松山，大埔余大春，乳源何天統、馬五等賊巢，又調集水陸官兵擊敗漳潮海寇吳平。嘉靖四十四年（1565）八月，百朋陞都察院右副都御史，照舊巡撫南贛汀韶等處。於是督兵攻剿龍頭寨曾東田、馬元湘、李春文等賊巢，次年二月又剿除翁源、河源李亞元、官祖政等賊巢。此時惟江西龍南縣下歷、高砂和廣東和平縣岑岡三巢劇賊賴清規、謝允樟和李文彪據險負固，聚黨流劫，為害不淺。百朋毅然上疏，陳請討賊，遂於嘉靖四十五年（1566）夏六月冒暑興師，一舉攻破下歷巢穴，生擒賴清規等賊首。下歷既如破竹，高、岑勢若摧枯，紛紛懇求招撫。百朋又請建城設官，以圖善後。百年巢穴一舉蕩平，數省百姓得安袵席。隆慶元年（1567），百朋調任大理寺卿；四月，陞兵部右侍郎兼都察院右僉都御史，照舊巡撫地方。

隆慶元年，江西按察司分巡嶺北道副使李佑將吳百朋奏議刊刻成書。其中有「為題請者若干篇，為報功者若干篇，為議地方者若干篇」，是研究明代社會歷史尤其是明代中期「流賊」情況的難得史料。

又，百朋後於隆慶六年（1572）冬十月至萬曆元年（1573）五月，奉命兼都察院右僉都御史，閱視宣、大、山西三鎮。在此期間，百朋又條上奏議若干篇，後刻成《閱視三鎮奏議》一書，此書又是研究明代中後期邊疆

問題的一手材料。此書原藏天一閣，自 1914 年從天一閣散出後，爲原國立北平圖書館所得，抗戰期間被運至美國國會圖書館保存，二十世紀六十年代運回臺灣。今中國國家圖書館、南京圖書館和美國國會圖書館均有此本膠片。

吳百朋，《明史》卷二二〇有傳，其在南贛和宣大山西的事蹟《明史》亦有敘述，而天一閣藏此《南贛督撫奏議》和《閱視三鎮奏議》是吳百朋生平政績的一手資料，也是關於明代「流賊」和邊疆問題的不可多得的材料。

7. 《兩河經略》（萬曆初年總河都御史潘季馴治河的奏疏，可見施工之次第，有裨實用。）

天一閣進呈之明刻本《兩河經略》四卷，爲總河都御史潘季馴所撰，此書全本抄入《四庫全書》。潘季馴（1521～1595）是明代有名的治河專家，浙江烏程人，嘉靖二十九年（1550）進士，授九江府推官，官至工部尚書。他曾奉三朝簡命，先後於嘉靖四十四年（1565）、隆慶四年（1570）、萬曆六年（1578）、萬曆十六年（1588）四次出任總理河漕都御史，實際主持河務歷時十二年，爲明代的治河事業作出了傑出貢獻。《明史》稱其「凡四奉治河命，前後二十七年，習知地形險易。增築設防，置官建閘，下及木石椿埽，綜理纖悉，積勞成病」〔註18〕。

《兩河經略》收錄的是潘季馴第三次出任總河、治理河漕時的十三道奏疏。「兩河」指黃河和淮河。萬曆四年（1576），黃河在桃源崔鎮等處決口，黃水北流，清口淤澱；淮河在高家堰等處決口，全淮南徙，淮、揚、高郵、寶應之間都被湮沒。萬曆六年夏，潘季馴以右副都御史兼工部左侍郎總理河漕，負責兩河工程的興建工作。一年後，工程竣工。此後十餘年間，黃河沒有發生大的水患。《兩河經略》所收十三道奏疏記載了潘季馴全新的治河思想和此次工程的規劃、實施以至完工的全過程。《四庫提要》這樣評價：「此集所載諸疏，竝規度形勢，利弊分明，足以見一時施工之次第。與所作《河防一覽》，均爲有裨實用之言。不但補史志之疏略，備輿圖之考證已也。」〔註19〕以「實用」爲價值取向的四庫館臣高度重視此書，將之全本抄入《四庫全書》。

〔註18〕《明史》卷二百二十三，第 5871 頁。
〔註19〕《四庫全書總目》卷五十五，第 500 頁。

8. 《總督採辦疏草》〔註20〕（嘉靖時湖廣川貴總督劉伯躍負責採木的奏
　　疏、條約、公移的合集，是研究明代採木的難得史料。）

　　《總督採辦疏草》三卷，三冊，明湖廣川貴總督劉伯躍撰，嘉靖刻本，
半葉九行，行二十字，白口，單白尾，四周雙邊，每卷鈐「范氏天一閣藏書」
朱文方印。今藏天一閣，爲海內孤本。

　　是書卷一爲《疏草》，是工部右侍郎兼都察院左僉都御史劉伯躍奉旨於嘉
靖三十四年（1555）至三十七年（1558）間總督湖廣、川、貴採木時的十二
道奏疏，於此可見一時採木進展的實況。卷二爲《條約》，劉伯躍將採木過程
中出現的種種問題前後列爲十九條款目：酌量木價、廣求異材、禁分主客、
預備徒運、預立催限、嚴限比較、痛革奸弊、依期驗星、立賞示勸、議處起
運、編立字號、查處漂流、禁約驚擾、查豁罪犯、軍職免參、議免立調、比
例折納、免塡格箚、民壯輪役，這些款目「應議處者作速議處，應遵照者即
便舉行，有窒礙者不妨另請，與夫開載未盡事宜，亦須多方籌度，或遠稽往
牒，或博集眾思，或獨出己見，劑量停當，務各建議，及早開呈，以憑採酌，
庶得早濟大工」。卷三爲《行稿》，是劉伯躍箚行或案行湖廣川貴督木郎中、
司道等有司的一些具體事宜。

　　明代宮廷建設所需的木材，需遠赴四川、湖廣和貴州等處採購，謂之採
木。嘉靖時，大興土木，採木成爲一項繁重的勞役。《明史·食貨志》云：「採
造之事，累朝侈儉不同。……其事目繁瑣，徵索紛紜。最鉅且難者，曰採木。」
〔註21〕但篇幅有限，對採木事語焉不詳。《總督採辦疏草》正是明代中期一次
大型採木工程的紀錄，足以補其未備。

9. 《浙江海防兵糧疏》〔註22〕（嘉靖四十二年兵部和戶部對巡撫浙江都
　　御史趙炳然奏疏的覆議，與《明史》互有異同，是研究明代海防的重
　　要資料。）

　　《浙江海防兵糧疏》一卷，一冊，是嘉靖四十二年（1563）兵部和戶部
分別對浙江巡撫都御史趙炳然有關浙江海防事宜的兩道奏疏所作的覆議。明
嘉靖刻本，半葉九行，行二十字，白口，單黑尾，四周雙邊。今藏天一閣，
爲海內孤本。

〔註20〕《總督採辦疏草》，《天一閣藏明代政書珍本叢刊》第 21～22 冊輯入。
〔註21〕《明史》卷八十二，第 1989 頁。
〔註22〕《浙江海防兵糧疏》，《天一閣藏明代政書珍本叢刊》第 16 冊輯入。

趙炳然（1507～1569）字子晦，號劍門，四川劍州人，嘉靖十四年（1535）進士，官至兵部尚書，《明史》卷二百二有傳。嘉靖四十一年（1562），趙炳然繼浙閩總督胡宗憲之後以兵部右侍郎兼右僉都御史巡撫浙江，著力整頓軍隊，部署軍力。沿海倭患是困擾明朝的至要問題之一，而嘉靖時倭患最甚，防禦也最嚴。但至嘉靖末年，在戚繼光、譚綸和俞大猷等著名將領的指揮下，浙江、福建和廣東三省的禦倭戰爭取得了節節勝利，東南沿海倭亂依次得到基本平定。嘉靖四十年（1561）四月台州大捷，浙江倭患基本平息。趙炳然於此時巡撫浙江，並未放鬆警惕，仍是加強防禦。

趙炳然的第一道奏疏題「為陳末議以裨海防事」。在這道奏疏中，趙炳然針對浙江省官兵俱無體統，軍衛尺籍空存，兵備廢弛，總兵、參將等官臨事推委，正、副總兵勢難兼制，將領、哨探策應無法，賞罰失當等情況，將防海事宜條為八事：定兵額、振軍伍、練民兵、立保甲、明職掌、分統轄、嚴哨應、公賞罰。兵部覆議：趙炳然的建言無非「振飭軍紀」，「充實行伍」，「弭盜安民」，「申明職守」，「畫地專統，責成捍禦」，「明耳目以求知彼」，「鼓舞將兵」之意，可以向沿海遭受倭難地區推廣。

趙炳然的第二道奏疏題「為遵敕旨議兵糧以防倭患以蘇民困事」。趙疏稱：「兩浙自有倭患以來，其初事勢危突，兵多費廣。近年以來，海警頗靜，兵費當節。」因此朝廷下令裁減兵糧，「毋得仍前多派，以重民困」。趙認為，「守邊以兵，養兵以食」，「冗兵當減而有不可減者，衛民之兵也；冗費當省而有不可省者，養兵之費也。浙江近雖稍寧，而倭奴、內寇尚未悔過。若一旦驟將兵糧議減，則將來寇孰與禦？兵孰與養？萬一地方不支，悔將何及？故就事調停，因時撙節，以不失養兵安民之意」。他斟酌實際，提出將浙江沿海水陸官兵原額四萬七千七百餘名，減去六千八百八十餘名，水兵分為六總，陸兵分為八營，各折合官兵每年行月稟糧等項，通共用銀四十八萬五千一百二十六兩八錢，這些銀兩於田地、山蕩銀以及弓兵、皂吏、壩夫、鋪兵、曆日並民壯、商稅等項銀兩內扣除，以充一年支用。戶部覆議，可行。

趙炳然推行的這套精兵簡政的舉措，既有效地增強了軍事力量，抵禦了倭寇的進犯，鞏固了海防，又蘇解了民困，得到了百姓的擁護。《明史》云：「浙罹兵燹久，又當宗憲汰侈後，財匱力絀。炳然廉以率下，悉更諸政令不便者，仍奏減軍需之半。民皆尸祝之。」又云：「其年，繼光破賊，瀕海餘寇

流入浙江。官軍迎戰於連嶼、陡橋、石坪，斬首百餘級。新倭復犯石坪，將士乘勝殲之。」〔註23〕

又奏疏與《明史》所載互有異同。《明史》稱趙炳然「奏減軍需之半」，與奏疏不符。《明史》提及趙炳然「條上防海八事，中言：『蘇、松、浙江水師皆統於總兵，駐定海，陸師皆統於副總兵，駐金山衛，並受總督節制。今督府既革，則已判爲二鎮，彼此牽制，不得調發。請畫地分轄，各兼水陸兵務。』俱報可。」〔註24〕防海有八事，《明史》但只摘其中「分統轄」一事，不及奏疏之詳且備。《明世宗實錄》卷五二一節錄趙炳然「海防八事疏」，《明史》蓋轉錄之，故有此異同。

10. 《商文毅疏稿略》（景泰初至成化初尚書商輅的疏稿，深中明代之弊，足補《明史》之闕。）

天一閣進呈之明抄本《商文毅疏稿略》一卷，爲尚書商輅所撰，全本抄入《四庫全書》。

商輅（1414～1486），浙江淳安人，宣德十年（1435）浙江鄉試第一，正統十年（1445）會試、殿試均第一，《明史》稱：「終明之世，三試第一者，輅一人而已。」〔註25〕授翰林院修撰，遷展書官。土木之變時，商輅力主南遷，抗擊也先。入內閣，迎回太上皇，進學士。景帝病重，疏請復立宣宗之子爲皇太子。不久英宗復辟，商輅因此被削籍爲民，閒居十載。成化三年（1467）召入京，復任兵部左侍郎兼翰林院學士，召直內閣，參預機務，成化四年（1468）十月復起兵部尚書，九年（1473）五月改戶部尚書，十二年（1476）二月進吏部尚書，十三年（1477）六月致仕，諡文毅。《明史》卷一百七十六有傳。

《商文毅疏稿略》乃商輅之子商良臣編輯，收錄景泰元年（1450）至成化三年間商輅奏疏三十三道。《四庫提要》云：「《明史》所載景泰時請清理塞上軍田，招集開封、鳳陽諸處流民，成化時首陳八事及辯林誠之誣，請皇太子視紀妃疾，弭災八事，劾西廠太監汪直諸疏，今皆在集中。惟劾汪直一疏，《史》載列直十一罪，而不言其目，此集所載乃止十條，或爲傳寫佚脫一條，抑或史文誤衍一字歟。又邊務一疏，凡言二事，其一論養軍莫善於屯

〔註23〕《明史》卷二百二，第5348頁。
〔註24〕《明史》卷二百二，第5348～5349頁。
〔註25〕《明史》卷一百七十六，第4687頁。

—77—

田，若不屯田，雖傾府庫之財，竭軍民之力，不能使邊城充實，宜禁勢豪侵佔，令邊軍分二班耕種，非專言清理官田，《史》但稱毅還之軍，未盡其實；其一論守邊爲上，守關次之，若徒守京城，最爲下策，不宜全調保定等處精銳官軍備禦京城，而以紫荊、倒馬諸要隘委之輪撥京兵，致望風先潰，其言尤深中明代之弊。《史》削而不載，亦刪除過當。是集所載，乃其全文，尤足以補史闕也。」〔註26〕

11. 《郊議錄》（嘉靖九年章拯爲郊議事上的奏疏，有吏部覆議和皇帝批旨，是研究嘉靖朝政治的重要資料，也是研究章拯的一手材料。）

《郊議錄》一卷，一冊，明章拯撰，明章靅刻本，半葉十行，行二十字，白口，單黑尾，四周雙邊，版心上鐫「郊議附徵考上」。是書今藏國家圖書館，海內孤本。

是書收錄工部尚書章拯於嘉靖九年（1530）爲郊議之事所上的三道奏疏及吏部的覆議和皇帝的批旨。前有章拯之子章靅所撰《郊議錄引》，其中云：「靅舊刻三疏於先人《狀志》之後，今《狀志》改入《徵考錄》中，爰存疏版於左，以見先君子節用愛人之心、陳力就列之義也。」案《阮目》卷二之一有「《章樸菴狀誌銘傳》一冊」，卷二之二有「《郊議錄》一卷」，可知《郊議錄》原是《章樸菴狀誌銘傳》的附錄，後因《狀志》改入《徵考錄》中，《郊議錄》便單刻出來，而今《狀志》和《徵考錄》均已不存。

所謂「郊議」，是指世宗爲改革郊天之禮下旨群臣議論。世宗即位後，進行了一系列的禮制變革，除了鬧得沸沸揚揚的「大禮議」之外，他還想更定郊天之禮，也就是將洪武十年（1377）以後的合祀天地之禮改爲分祀四郊之禮，但響應者寥寥，除兵科給事中夏言等數人外，以前在「大禮議」中支持世宗的大學士張璁、翟鑾、禮部尚書李時和詹事霍韜等人此時都沒有表示支持。嘉靖九年二月，皇帝敕諭禮部，命禮部會集廷臣各陳所見，限十日內將結果上聞。時任工部尚書的章拯應詔上奏。

章拯（1477～1548）字以道，號樸菴，浙江蘭谿人，幼從其從父楓山先生章懋學習，弘治十五年（1502）登進士，授工部主事，改刑部，謫梧州府通判，擢南京兵部郎中，改北京兵部，歷廣東提學副使、參政、布政使等，調廣西，陞副都御史撫治鄖陽，改工部侍郎兼僉都御史治河，陞工部尚書。《明

〔註26〕《四庫全書總目》卷五十五，第 497 頁。

史》卷一百七十九附《章懋傳》後。《國朝獻徵錄》卷五十有傳。

在這次「郊議」中，章拯先是奏上「爲欽奉聖製事」一疏，認爲郊祀之禮，「分則煩，合則簡，禮煩則亂，事神則難，故從簡歟」，「古今異宜，大禮必簡」，「是禮也，陛下議而存之可也，舉而行之未可也」，原因在於，分祀必須分建壇墠，可是如今四方多災，三時不務，北虜大勢窺伺邊關，加上泗州石墜、鳳陽地震等天災，民困財乏。皇帝聖旨：章拯「不過官任司空，恐有所建造，爲避怨之計」，故意「造爲危言險詞」。於是章拯又擬奏「爲狂愚昧死再瀝血誠以濟天聽事」，再次申述己見，大祀之禮，「事體重大，工役浩繁，顧方民困財乏，詎可造次經營？」他指出，材木之難一也，銀兩之難二也，夫役之難三也。此疏因工部左侍郎蔣瑤勸止而未上。不久，章拯又奏上「爲自陳不職乞賜罷斥以勵羣工事」。疏中說，如今「大祀歸畫已定，大工次第當興」，自己的意見不被採納，沒有盡到職責，懇請皇帝將己除名，放歸田里。嘉靖帝卻不買賬，下聖旨：「這本既說死生以之，不足言報，卻乃沽名求去，豈非愛身之意，而何非人臣之道？」章拯戰慄惶恐，又上言「爲乞恩認罪事」：自知罪戾，惟冀寬恩，得賜罷黜。下吏部議。吏部尚書方獻夫等議「近者郊祀之議，本官不能虛心考究，以酌典禮之宜，卻乃私憂過計，惟以財用不足爲慮，輕重失倫，敷陳過激，紊瀆天聽，罪實難辭，但其歷歷日久，才稱練達，志在惜費，心本爲公」云云，對其去留卻不置可否。嘉靖九年四月，皇帝下旨：「章拯職司營造，郊壇大事，每多違慢。況燒造祭器，行移都不奏請，以致差繆誤事，好生有負委任。本當提問，姑從寬，著革了職，冠帶閒住。」

據《明史·禮志》，當時「郊議」中有主分祭者八十二人，有主分祭而以慎重成憲及時未可爲言者八十四人，有主分祭而以山川壇爲方丘者二十六人，有主合祭而不以分祭爲非者二百六人，無可否者一百九十八人。禮部最後折衷眾論：「分祀之義，合於古禮，但壇墠一建，工役浩繁。《禮》，屋祭曰帝，夫既稱昊天上帝，則當屋祭。宜仍於大祀殿專祀上帝，改山川壇爲地壇，以專祀皇地祇。既無創建之勞，行禮亦便。」〔註27〕可知章拯的主合祭之言並非沒有道理，但最終世宗還是堅持己見，實行了南北分郊之禮。嘉靖九年十月，興建圓丘工程完工。第二年，北郊、東郊和西郊的壇墠也相繼完工。

〔註27〕《明史》卷四十八，第 1249 頁。

「郊議」是嘉靖初年最重要的政治事件之一。嘉靖九年張璁將諸臣的奏議言論輯成《郊祀考議》一冊，萬曆三年張居正等又輯《郊祀新舊圖考》一書，但此二書今均未存。《明史》載錄的議論諸臣主要是張璁、霍韜、王汝梅、夏言——兵科給事中夏言便是因在「郊議」中迎合上意，扶搖直上，做到吏部尚書——等人，於章拯之言則僅「不可」二字，此《郊議錄》正可補其簡略。

「郊議」之事也是章拯政治生涯中的決定性事件，章拯因所言未合上意而從此罷職家居十餘年。其得禍之由，《明世宗實錄》卷一一二有簡要記載，《明史》亦寥寥一言，而《郊議錄》所載則原原本本，確是關於章拯的一手傳記資料。正如其子章矗《郊議錄引》所云：「《郊議錄》，錄先君應制議分郊之疏也。時居起部，若將順則向用，豈在他人後哉？乃獨守區區樸忠，以切直之言冀啓沃上心，卒以祭器罷之，棲遲林下一十八年，而《名臣續集》得與四十八人之列，可見公論之在天下，有終不能泯者。」按明徐咸的《皇明名臣言行錄》續集卷四中輯錄有章拯傳記資料，但零碎不全。

12.《戴兵部奏疏》〔註28〕（嘉靖二十三年兵部尚書戴金關於邊防的奏疏，可補史之闕。）

《戴兵部奏疏》一冊（圖12），是兵部尚書戴金撰於嘉靖二十三年（1544）十二月十三日所上的「題為及時修武攘夷安夏以先聖治事」的奏疏。嘉靖龍山書院刻本，半葉九行，行十八字，白口，單黑尾，四周雙邊。今仍藏天一閣，為海內孤本。

戴金（1484～1548）字純甫，號龍山，湖廣漢陽人，正德九年（1514）進士。曾督理兩淮鹽政、巡按川蜀，任浙江按察司副使、順天府右僉都御史等職。《國朝獻徵錄》卷三十九有傳。嘉靖二十三年十月，兵部缺尚書，廷推戴金，戴金疏辭始就。這時適逢蒙古韃靼部的俺答侵入聖川、懷來，攻據浮圖峪，兵峰直達完縣，京師再次戒嚴。戴金新官上任，「被命感激，誓竭忠貞，首陳安攘大計十二事」〔註29〕，即此《戴兵部奏疏》。

在這道奏疏中，戴金從軍隊建設、武器裝備、戰略戰術三方面著眼，將邊務所刻不容緩者分列為十二條：一、甄別武才以責成效；二、稽察分領以

〔註28〕《戴兵部奏疏》，《天一閣藏明代政書珍本叢刊》第 17 冊輯入。
〔註29〕〔明〕袁煒：《兵部尚書龍山戴公金行狀》，〔明〕焦竑：《國朝獻徵錄》卷三十九，《續修四庫全書》第 527 冊，第 99 頁。

警勤惰；三、充實缺伍以備攻守；四、選練民兵以裨行陣；五、修復戰車以禦勍敵；六、慎養馬匹以利騎戰；七、修理關隘以固藩屏；八、慎重墩臺以明烽火；九、嚴謹盤詰以杜奸細；十、優處還宗以收亡叛；十一、厚養死士以探虜情；十二、因地選兵以備調度。這十二條，在當時是有代表性的比較全面的防邊備禦之策。上疏者能夠進行實地考察，對邊防提出一番切中肯綮的意見，如「修理關隘以固藩屏」一條：

> 自西徂東，綿亙幾二千里，峰巒聯絡，如環如衛，偉哉天然不拔之險。但中間山溪間道，通行人馬，每關不下三四十處，此則地道不足而人力所當補裨者矣。查得各年撫鎮及巡關衙門，雖節報修理，訪之通道尚存。蓋工程瀕煩，未可以易舉也。及宣、大等鎮緊要關口，近該總督衙門督同各該撫鎮挑挖壕塹，修理邊牆，增修墩堡，亦節經奏報在部。及近日寇至，略無阻礙，通應查理舊功，以圖全績。其居庸、密雲、紫荊等關，合備行各該撫鎮督同兵備，及參守府縣等官，先行相度大小間道，或應斬削偏頭，或應填塞狹隘，或應挑挖壕塹，或應築立敵臺，增高守堡，仍計料工程，合用軍民人夫，並勘動錢糧，一面具奏。候閏正月十五日起天氣暖和，即便興工，約至五月十五日止。

詳細勘查邊地情形、熟悉敵我情勢，由此建言獻策。嘉靖皇帝對之予以了高度重視：「上覽其疏而嘉之，令斟酌舉行，屬各鎮者責成撫鎮官，并令查議關隘當葺者以聞。」〔註30〕

北部邊患是困擾明廷始終的又一棘手問題。「終明之世，邊防甚重。東起鴨綠，西抵嘉峪，綿亙萬里，分地守禦。」〔註31〕戴金能夠查理邊疆實情，建設邊防，故得到嘉靖皇帝的首肯。

今按戴金，《明史》無傳；此疏，《明世宗實錄》卷二九三有節錄，但不完，天一閣藏此疏，亦足補正史之闕。

13.《恤刑錄》〔註32〕和《恤刑疏草》（刑部郎中孫燧和葛木的奏疏，是明代法制史的直接材料。）

天一閣遺存之明刻本《恤刑錄》二卷和散出之明刻本《恤刑疏草》八卷，

〔註30〕《明世宗實錄》卷二百九十三，第5618頁。
〔註31〕《明史》卷九十，第2235頁。
〔註32〕《恤刑錄》，《天一閣藏明代政書珍本叢刊》第20冊輯入。

分別是刑部郎中孫燧和葛木恤刑江西時的疏稿。

明代有在外恤刑會審之制。自成化八年（1472）開始，逢丙、辛之年，每五年一恤刑，刑部命郎中，大理寺差寺正，各奉敕往省直、各布政司審錄重犯，審錄的對象是現監囚犯和累訴冤枉者，審錄者發現原判過重，或有懷疑者，奏請寬貸、減刑或者釋放。恤刑之官的權責很重，「恤刑之權重，而責亦匪輕」〔註33〕，「往年多選刑部年深正郎有聲者應其選。蓋出使時，得與各撫臺講敵禮，其所開釋者，讞時即剖長枷，以俟上命釋放。爰書一出，撫按不得撓其權。嘉隆間尚然。」〔註34〕這些負責審錄的刑部郎中和大理寺卿將審錄的結果奏報上呈，就是《恤刑錄》、《恤刑疏草》等文獻。而江西多盜，號稱難治。「太倉王世貞謂前後理江西獄者亡論百十人，其疏草傳至今惟孫忠烈與參政葛木（筆者案：孫燧諡忠烈，葛木官終山西參政）。其見重於世如此。」〔註35〕

孫燧，《明史》卷二百八十九有傳。他是浙江餘姚人，弘治六年（1493）進士，弘治十年（1497）授刑部主事，陞員外郎、郎中。正德元年（1506）奉命往江西會同巡按御史、三司、掌印、守巡等官將各府州縣衛所監問罪囚從公審錄，平反冤獄。《恤刑錄》二卷，即是其審錄的疏稿，今僅存三十六葉，共計疏稿五篇，半葉八行，行二十字，黑口，單黑尾，四周雙邊，版心鐫「疏稿」二字。雖不完，但為海內孤本，亦足珍貴。

葛木是浙江上虞人，正德十二年（1517）進士，歷刑部郎中，出知淮安府，遷山東按察副使、山西參政，卒於官，傳見《上虞縣志》。嘉靖五年，葛木以刑部郎中恤刑江西，也多有平反。所撰《恤刑疏草》八卷，便是其嘉靖五年（1526）至七年（1528）間的審錄疏稿。是書今藏上海圖書館，嘉靖九年（1530）刻本，四冊，半葉十行，行十八字，下黑口，雙魚尾，四周雙邊。前有嘉靖八年唐龍《序》，後有嘉靖九年李士允《後序》和嘉靖八年胡堯時《敘》。唐龍序云：「葛子木居刑曹凡八年，祥刑之理審矣，錄囚江右，多所平反。予愛其文務慈惠，而不以震曜為健，辯誣理枉，讞疑矜誤，得破觚斲雕之餘意，而法未嘗潰焉。乃命布諸官屬，人一帙焉，破鍛鍊之案，發忠厚之心，熄酷吏之風，活無辜之命，胥於是乎在，其與昔之鑄刑書者異指

〔註33〕《明史》卷九十四，第2311頁。
〔註34〕〔明〕沈德符：《萬曆野獲編》卷十八，第459頁。
〔註35〕光緒《上虞縣志》卷九，《中國方志叢書・華中地方・第63號》，第196頁。

矣。」

　　《恤刑錄》、《恤刑疏草》等彙集了各種原始案例，保留了相應的各種判罪結果，是研究明代司法的一手材料。

第二節　天一閣藏明代政書

一、天一閣藏明代政書的內容

　　古代書目中的「政書」一類最早見於明代目錄著作，清代《四庫全書總目》襲之，「以國政朝章六官所職者」〔註36〕入「政書」類。大體而言，政書類的文獻是有關典章制度、法律法規、公告文牘之類的歷史文獻。就其內容而言，政書最為廣泛，可以涉及政治、經濟、教育、法律、軍事、禮儀、職制等等社會各個方面。天一閣原藏明代政書共 170 餘種，其內容也十分廣泛：

　　經濟類的，有如《江西賦役紀》紀錄江西一省的賦役改革，《河南布政司議稿》是嘉靖三十七年編纂的河南省的賦役等情，《河南管河道事宜》是有關嘉靖二十四年河南省的河道問題，《漕運議單》是嘉靖二十一年戶部議定的漕運事宜，《船政》是嘉靖二十五年南京兵部刊佈的關於船業的法規，《催徵錢糧降罰事例》是萬曆五年福建布政司刊佈的關於官員政務考覈的法規，《戶部集議揭帖》是嘉靖間戶部的各項條陳及皇帝裁定的原始檔冊，《北京建殿堂修都城獻納事例》是嘉靖時工程籌款的原始文獻，《慈谿縣丈量過田地實總》是隆慶五年慈谿縣土地丈量的文冊，《應天府丈田畝清浮糧便覽過總冊》是萬曆九年清丈田畝、浮糧後刊佈的清丈結果，《河東鹽池錄》、《長蘆鹽法志》、《兩浙鹺志》等都是關於明代鹽政的，進呈的《新河初議》和《新河成疏》是有關開挖新河道的問題，《西樵彙草》是工部主事龔輝督木四川的圖說、箚子、詩文之類，《八閩政議》是嘉靖三十二年福建布政使及福寧道參政條議的有關鹽法、綱銀、運腳的申文，《海運詳考》和《海運圖說》都是海運的建議。

　　軍事類的，有如成化巡撫延綏都御史余子俊的《余肅敏公經略公牘》，嘉靖時巡撫兩廣都御史張岳刊發的《軍政》和《軍令》，巡撫鳳陽都御史李遂刊發的《禦倭軍事條款》，南京兵部刊佈的《營規》，巡撫福建都御史龐尚鵬刊

發的《軍政事宜》、《守城事宜》等，浙江總兵胡守仁刊佈的《浙江總兵肅紀維風冊》，都察院都御史胡錠編輯的《省愆錄》，寧波府通判吳允裕刊佈的《寧波府通判諭保甲條約》，孫聯泉編輯的《軍政條例續集》，霍冀等撰的《大閱錄》、《哨守條約》等等。

教育類的，《阮目》著錄有「《提學敕書》一冊」、「《提督條規》一卷」、「《申飭學政事宜》一卷」，《天一閣藏明代政書珍本叢刊》中輯入有《學政錄》，嘉靖三十年福建興化府刊佈；《國子監學規》，南京國子監生員背誦學規的教科書，等。

監察類的，如都御史王應鵬等人的《都察院奏明職掌肅紀維風冊》，曾佩編嘉靖三十一年刻本《憲綱事類》，王廷相等的《申明憲綱》。

法律類的，不僅有《大明律》、《大誥》和《問刑條例》等明代基本法律文獻，還有《重增釋義大明律》、《律解附例》、《律解辨疑》、《律條疏議》、《讀律瑣言》等釋律文獻，還有《條例全文》、《嘉靖新例》、《嘉靖各部新例》、《西都雜例》、《六部事例》、嘉靖《重修問刑條例》等成化、弘治、正德、嘉靖時具有法律效力的「律」之外的新「例」，又有《奏進郭勛案狀》、《劉東山招由》、《魯府招》、《靖江王招》、《張文博招》等這樣的專門案例的檔案，還有《比部招議類鈔》、《刑部纂集事例》、《刑部事宜》等刑部的題稿。

職制類的，如《長蘆運司志》、《福建運司志》是記載鹽運司制度的，《國子監通志》、《國子監續志》、《皇明太學志》是記載中央學校制度的，進呈的《虔臺志》、《虔臺續志》是記載江西贛州官制的，《郇臺志略》是記載湖廣郇陽官制的。

禮儀類的，如《洪武禮制》、《禮儀集要》、《存心錄》等是洪武時制定的禮儀制度，《禮儀定式》是正德二年禮部刻，《禮部奏議宗藩事宜》、《皇明藩府政令》、《景王之國事宜》是有關宗藩制度的，進呈的《聖駕臨雍錄》是記載孝宗釋奠禮的，《保和冠服圖說》是世宗時定制的冠服禮的圖解，《頖宮禮樂疏》是關於學宮禮儀、樂制之書。

總之，天一閣藏明代政書類文獻的內容涵蓋了明代社會的各個方面，由此可以全面瞭解明代社會機制。

二、天一閣藏十四種明代政書敘錄

天一閣遺存明代政書四十種，除殘本外，足本多紙墨燦然，保存完好，《天一閣藏政書珍本叢刊》多輯入其中。今擇閣藏九種並散出之五種敘錄。

1. **《河南管河道事宜》**（嘉靖二十四年、二十五年間河道商大節爲治河
事宜所擬的呈文公移，可補《明史‧河渠志》之闕。）

《河南管河道事宜》一卷，二冊，題「漢南商大節著」，明刻本，半葉八
行，行十八字，白口，單白尾，版心上鐫「治河事宜」。是書國家圖書館和北
京大學圖書館各藏一部，二者版本相同，北大藏本卷首鈐「李盛鐸」、「木犀
軒藏書」印，可知散出後爲李盛鐸所藏。

是書是嘉靖二十四年（1545）和二十五年（1546）間河道商大節爲治河
事宜所擬的呈文公移，末有嘉靖二十五年四月商大節所撰《治河事宜跋》。商
大節（？～1553）字孟堅，號少峰，湖廣鍾祥人，嘉靖二年（1523）進士，
授豐城知縣，官至右副都御史，經略京城內外，因劾仇鸞不法事，反坐誣獄
身死。隆慶元年平反。《國朝獻徵錄》卷五十五和《明史》卷二百四均有傳，
但關於其治河之事卻均未詳。

嘉靖二十四年，商大節陞任河南巡河副使，職專河道。河南省是黃河流
派經繞之地，該省每年修河之費都出於常賦之外，作弊百端，難以枚舉。從
是書中可知，大節在職期間，留心職務，洞見弊源，對修河之費、臨河工程、
修河夫役、徵收銀兩、臨河州縣修造船隻、設立草廠、分司、堤岸樹株、濟
渡、工食等等問題提出一系列建設性的意見和建議，多得到總河都御史、巡
撫河南都御史和巡按河南監察御史等官的認可和支持。如在「爲議處河道夫
料以袪宿弊事」中，商大節條陳徵銀、買料和部夫三事。總河右副都御史于
湛批：「三事俱究見弊原，稽防亦密，而買料、部夫尤爲簡切。即如擬施行，
務臻實效。其徵銀完解仍須立一簡便之法以管束之，使我易於查催，而彼不
得以延匿乃善。」

從是書中還可知悉河道衙門的內部大小事務。如「各處河患卷掃合用物
料，每年九月內，本道奉總理河道衙門明文會同守巡，該道行督開封等府、
州、縣掌印、管河等官，各照該管地方，親詣河所，逐一相度，踏勘應修工
程」，丈量計算明白，通呈本院並撫按衙門批發臨河州縣庫貯河道官銀，分給
出產州縣，趁冬閑之時收買，工完之日總類造冊查考。又如「每年九月終，
查取做過工程冊圖並畫工，送總理衙門奏繳，並撫按衙門知會」；「每年九月
終，行文開封府，動支河道銀三十兩，徑解山東濟寧州收庫，聽候總理衙門
委官造冊等項支用」；「每年十月內，行文臨河州縣管河等官，督夫採取沿河
長、月等堤柳蒿，運送各廠堆垜，聽候卷掃支用」；「每年十月，本道奉總理

河道明文會同守巡大梁道，督同開封等府、州、縣掌印、管河等官計議來春應修夫料各數目，通呈三察院照詳」。

水利是農業國家的經濟命脈，河漕問題是明代經濟生活中的重要問題之一。明代河患頻仍，出現了許多水利文獻，內容多是有關黃河水性及自古及今的治河方略，以期爲有明一代治河者之鑒戒，如車璽、陳銘所編之《治河總考》和劉隅、吳山所編之《治河通考》等均是如此，《明史·河渠志》亦然。此《河南管河道事宜》一書，則根據河南一省的實際情況，重在對如何節省修河之費、減輕河夫之役的問題進行切實細緻的分析和考察。可見，在實際治河過程中會出現許多問題，熟悉黃河性情、就治河而治河固然重要，但對於全面地治河來說是遠遠不夠的，治河者還需要瞭解、研究乃至解決其他方方面面的問題，這樣才能更好地全面地治河，這些正是《明史》忽略的問題。此書可補《明史·河渠志》之闕，也可補《明史·商大節傳》之闕。

2. 《北京建殿堂修都城獻納事例》〔註37〕（嘉靖時工部刊發的一部工程籌款的法規。）

原題《工部爲建殿堂修都城勸民捐款章程》，《天一閣藏政書珍本叢刊》改題，一冊，是嘉靖時工部刊發的一部工程籌款獻納制度，嘉靖刻本，半葉十行，行二十字，黑口，單黑尾，四周雙邊。是書今藏天一閣，爲海內孤本。

嘉靖三十八年（1559）底，工部題「爲預處財用以濟大工事」，北京爲興建殿堂、修理都城，工費浩大，財用不足，若是照例向各省派徵，恐虜患旱澇，民力爲艱，於是採用召令民間獻納的辦法，籌措工程款項，爲此，將嘉靖二十九年和三十六年原行獻助事規及推廣事例酌議增損，相應施行，各衙門張掛曉諭，令民間照款上納。工部尙書歐陽必進奉旨將此刊成書冊。此冊內容有兩部分，一是「申明獻助」，二是「申明開納事例」，其中開納事例共三十五條，分條列目，規定那些欲納銀買官、陞官、免罰或免役者的納銀數目，納銀者有監生、太醫院醫士、各館譯字生和通事、軍士、民間俊秀子弟、倉場吏、引禮舍人、戶兵二部及巡青科道衙門書算……各色人等。

〔註37〕《北京建殿堂修都城獻納事例》，《天一閣藏明代政書珍本叢刊》第 21 冊輯入。

　　明代爲營建兩京，興築不少土木工程，耗費了大量的國家財用。營建工程，一般「兵部撥軍，戶部支糧，工部止於辦料」〔註 38〕。明中葉以後，工費不敷，不得不千方百計籌措銀兩，以滿足工程營建的鉅額需求。當時主要有四種籌銀辦法：一是讓工部以外的其他部門出借或協濟，二是向各省加徵賦稅，三是請發內帑銀，四便是獻助與開納。〔註 39〕所謂獻助，是犯罪者交納銀兩免罰；所謂開納，是出賣監生、官員資格。這種獻納制度從本質上說就是賣官鬻爵，然而使民間資本流向國庫，幫助國家度過了財政危機，具有特定的歷史作用。

　　《明史・食貨志》云，嘉靖時，營繕工程頻繁，「經費不敷，乃令臣民獻助；獻助不已，復行開納。勞民耗財，視武宗過之。」〔註 40〕但未載具體情形。迄今有關明代獻納制度的史料也頗難尋覓。伍躍《明代捐納制度試探》〔註 41〕一文蒐輯排比成化、景泰、天啓、崇禎四朝的捐納制度，惜未見此天一閣藏書。此天一閣藏《獻納事例》詳細記載了嘉靖時的獻納制度，或可使其研究結論更爲充分。

　　3.《慈谿縣丈量過田地實總》（以詳細數據和圖示，反映隆慶二年慈谿縣均平田則（稅賦）之實況，可補《大明會典》、《明史》之缺。）

　　《慈谿縣丈量過田地實總》一卷，一冊，明隆慶五年（1571）閔明揚刻本，半葉九行，行二十七字，白口，單白尾，四周雙邊。此書今藏上海圖書館，海內孤本。

　　是書爲隆慶時慈谿縣典史閔明揚丈量田地的底冊。閔明揚將本縣官僧民田地分爲官重田、民僧田和官民地三則，分別量實縣總、坊隅總、三十都以及圖的田地畝數〔註 42〕，造冊報告。前有隆慶五年張謙序、隆慶二年（1568）五月慈谿縣申稿和隆慶四年（1570）七月慈谿縣申稿，末有隆慶五年徐一忠跋。

　　明代按田地等則徵收賦稅。《明史・食貨志》云：「明土田之制，凡二等：

〔註 38〕《明世宗實錄》卷二百三十八，第 4844 頁。

〔註 39〕參高壽仙：《明代北京營建事宜述略》，田澍、王玉祥、杜常順主編：《第十一屆明史國際學術討論會論文集》，天津：天津古籍出版社，2007 年。

〔註 40〕《明史》卷七十八，第 1907 頁。

〔註 41〕載朱誠如、王天有主編：《明清論叢》第七輯，北京：紫禁城出版社，2006年。

〔註 42〕坊隅、都、圖是明代縣級行政區劃，圖是里的別稱。

曰官田，曰民田。」〔註43〕浙、閩、粵等南方地區還有一種僧田。官、民、僧田的區別主要在於，稅糧科則高低不同，大體官田徵收之稅最重。而以官作民、以民作官者非常普遍，以致官田大都留於貧困，民田大都歸屬豪右，造成賦役制度和土地制度的混亂。故在嘉靖中期以後，興起「均田」之議，江南地區還興起「扒平田則」運動。萬曆《大明會典》記載，隆慶五年，「議准杭州府仁、錢二縣官民田地山蕩間架稅糧均爲五則，寧波府三則，處州府一則，湖州府照依原定四則」〔註44〕。

慈谿縣田地等則不一，派征稅糧時改重移輕，加上杜、白二湖數目不清，弊端實多，民害更甚。慈谿縣量田之議始於嘉靖三十八年（1559）知縣霍與瑕，嘉靖四十五年（1566）知縣熊煒繼之，但因二人均在任時間不長，所以前後六七年，事竟未成。隆慶二年，吳道邇（號一洲）任慈谿知縣，將量田之事屬典史閔明揚（號少峰）。閔明揚循其舊迹，親自校核，秉公竭慮，一年報成。他秉著「酌輕重之中，杜欺隱之弊」的原則，「將官民僧田地量爲袤益，輕重品搭，均爲三則」：各項官田並重田、塗田均爲一則，民僧田並新墾天漲白熟杜白二湖等田合爲一則，官民等地合爲一則。於是張圖列畝，條分臚析。又「慮歲久湮廢，豪家饕吏或得變易爲奸」，便將丈量結果編爲一冊，刊刻分佈邑人，即此丈量田畝底冊。此《慈谿縣丈量過田地實總》以詳細的數字材料反映了明代中後期寧波府慈谿縣均平田則的實況，可補《明史‧食貨志》之闕，可補《大明會典》之簡。

是書爲海內外孤本。阮元《天一閣書目》著錄有「慈谿量實田地文冊一卷，明隆慶五年刊，鄞原徐一忠後序」，當即此文本。又光緒《慈谿縣志》卷十六和卷二十三中兩次引據此慈谿縣丈量田地文冊，可見此田冊至清末尚不難得，而今惟存此孤本。

4.《催徵錢糧降罰事例》〔註45〕（萬曆五年福建布政司刊佈的關於官員催徵錢糧不力的處罰條例。）

《催徵錢糧降罰事例》一冊（圖15），是萬曆五年（1577）福建巡撫都御史龐尚鵬刊發的一部經濟行政性法規，萬曆五年福建布政司刻本，半葉九行，行十八字，白口，單黑尾，四周單邊。今仍藏天一閣，爲海內孤本。

〔註43〕《明史》卷七十七，第 1881 頁。
〔註44〕萬曆《大明會典》卷二十九，《續修四庫全書》第 789 冊，第 536 頁。
〔註45〕《催徵錢糧降罰事例》，《天一閣藏明代政書珍本叢刊》第 10 冊輯入。

　　錢糧，也稱稅糧、皇糧、賦稅、租稅，是明代國家財政收入的主要來源。明代中期以後，當年的錢糧往往不能徵收完畢，以致積年拖欠，使國家遭受虧損，於是追繳欠稅成為考覈各級政府官員的一項重要指標。

　　萬曆五年五月十五日，福建巡撫都御史龐尚鵬因為「照得閩省一應起、存錢糧逋負日多，近該戶部題，奉欽依刊佈《催徵降罰事例》，督責甚嚴，備咨到院，已經通行各屬欽遵外，但恐有司玩視因循，自於法典合行申飭，嚴切責成，為此案仰布政司即將發去《降罰事例》書冊一本，動支司庫無礙官銀，大字楷書，刊刻印刷，分發二司、各道及府州縣掌印管糧官，使省覽周知，不得視為具文。」所稱《催徵降罰事例》，乃萬曆四年（1576）七月戶部尚書殷正茂等奏准的。當時，據戶科給事中光懋和戶部主事段邦寵奏稱，朝覲考成之官員在戶部問及各地錢穀徵收情況時，往往虛報業績，推諉塞責，實無裨國稅，以河南、山東兩省錢糧拖欠尤為嚴重，「苟非有司怠玩催徵，奚致虧損國計以至此極耶？即此二省而天下省分槩可知矣」。殷正茂等人建議：

> 伏乞敕下戶部將朝覲官員據歲報冊籍，逐一查覈任內見徵、帶徵、起運各項錢糧，遵照原題《降罰事例》開列欠數，分別參究，比前更加嚴密。如有見年應徵錢糧但拖欠過於一分而完數不及九分者，不惟州縣掌印管糧官照例降罰，即布政司掌印督糧官一併住俸，及府掌印管糧官通行一例降罰，雖在陞任行取，亦不容分毫假貸。即使有水旱災傷，亦不得以見徵幸免。庶幾當年額費不至缺乏，而將來人心益知策勵矣。

布政司以至府、州、縣各級政府官員的主要職責就是催糧徵賦，若追繳欠稅不及 90%，他們都要受到處分。該事例還引錄嘉靖元年（1522）、隆慶二年（1568）和萬曆元年（1573）的事例，用以比附，作為參考。嘉靖元年的規定是，完至八分以上者，回任督催；不及八分以上者，降級別用，俱送吏部查任歷任年月淺深議處。隆慶二年不過是「行令各省府州縣置立格眼循環文簿並號紙，填寫各項已、未完錢糧，凡遇行取給由朝覲各執此投部查比」。萬曆元年則規定，將以前年份拖欠錢糧帶徵的 20%和當年見徵錢糧的全數，總計為十分，催徵不及二分以上，停俸督催；不及四分以上，降俸二級，戴罪督催；不及六分以上，降二級，起送吏部調用；不及八分以上，革職為民。其實，早議定的處罰制度還比較寬鬆，而且並不成文。可見對督繳欠稅不力官員的處罰的確是日益嚴厲。

萬曆初年，爲革除弊政，充實國庫，張居正等人實施了一系列的改革措施，其中之一就是用行政力量來督繳欠稅。作爲中央派出的省級最高行政長官，龐尙鵬推行中央的政策不遺餘力，《明史》稱其於萬曆四年冬以都察院右僉都御史巡撫福建，「奏蠲逋餉銀，推行一條鞭法」〔註46〕，催徵錢糧也當是其屬政之一。

又龐尙鵬是萬曆初年張居正改革的支持者和先驅。萬曆五年，龐尙鵬任巡撫福建僉都御史時，爲力行改革，編刊了一系列文告，如《催徵錢糧降罰事例》、《守城事宜》、《防禦火患事宜》和《軍政事宜》，均爲萬曆五年福建布政司刻本，且均爲天一閣原藏之書。《防禦火患事宜》今藏臺灣，《軍政事宜》今藏國家圖書館，《守城事宜》散出後由朱贊卿收得，後贈送歸閣。

5. 《軍令》和《軍政》〔註47〕（嘉靖二十六年巡撫兩廣都御史張岳領兵進剿賀縣、連山等地時刊發的關於軍中禁約和軍需糧賞的軍事文告。）

《軍令》和《軍政》是嘉靖二十六年（1547）巡撫兩廣都御史張岳領兵進剿廣西賀縣、連山等地時刊發的軍事文告，每一種爲一冊，均爲明嘉靖二十六年刻藍印本，大字楷書，半葉十行，行二十字，白口，雙白魚尾，四周單邊。今均藏天一閣，爲海內孤本。

嘉靖二十六年，兩廣賀縣、連山二縣桂嶺、永福等鄉地方少數民族流民爲患，時任兵部右侍郎兼都察院左僉都御史巡撫兩廣的張岳，會同鎮守兩廣總兵官陳圭調兵進剿。爲申嚴軍令、申明軍政，以便遵照施行，特刊發此二部文告。

《軍令》規定軍中禁約事宜有三十一條。如無論路途遠近，軍兵要肅隊始行；哨道有期限，務要依期並進；臨陣之際要聽從將領號令；晝夜嚴加防守；嚴禁偷盜軍資、器用、衣糧；嚴禁冒賞軍功；向導、間諜要密切收管；擒獲人口要送官，不得妄殺；不得脅取民人財物；不得妄傳賊情，私通賊寨；戰馬要用心看養；軍門發去器械在事完之後得照數收回，不得損失。違者均依軍法處治。同時規定，監統官調度軍前所有事務，「監統官爲各哨首領，務秉持公道，虛心協謀，以殄賊安民爲本。其軍前除臨機應變外，其禁令約束、賞罰功罪等悉準此令從事，毋得再立條款，惑人聽聞，違者參究」。

〔註46〕《明史》卷二百二十七，第 5952 頁。
〔註47〕《軍令》和《軍政》，《天一閣藏明代政書珍本叢刊》第 15 冊輯入。

　　《軍政》規定軍需糧賞事宜有十五條。分條臚列軍中支出各項銀兩的數目，包括漢官、達官每月的行糧，召募思恩、田州避難報效目兵每月的工食，各州縣調到的鄉兵、鄉夫的口糧，各哨召募到各府州縣的殺手、打手的工食，正調土官目兵的口糧，地方衙門官員的廩糧，土官目兵初到梧州軍門的犒賞則例，官兵進山犒賞則例，進山祭神時合用牛羊豬狗鵝雞酒則例，紙箚筆墨銀硃油臘等項費用的支出，軍功授賞則例，以及俘虜的費用等。同時規定，總理糧賞官管理軍前一應錢糧，其他官員都聽其選委分理。軍中各官兵人等的折支廩糧、口糧、行糧、工食以及犒賞等項錢糧，都應該折算明白，備造在冊，呈繳監統官，再經總理糧賞官覈實，收查長單，填注施行，然後支給，「務要收支清切，出納分明」。剩餘銀兩原係廣東布政司解發者解回該司，梧州解發者查解軍門轉發梧州府收庫備用。所有錢糧軍需等項數目造冊二本，繳報都察院，以憑查算施行。

　　此二部政令，一在強調軍隊紀律，一在強調物質資源，兩者結合，為軍隊勝算提供了保證。《明世宗實錄》記載，嘉靖二十六年張岳已陞任刑部右侍郎，以河南巡撫柯相代之，因巡按廣西御史徐南金奏：「岳在兩廣，御眾有恩，將士樂為之用。近奉命久任，剿里隆，下九寨，經畧機宜，方有次第，一旦遷去，恐棄垂成之功。矧古田、陽朔劇寇方張，宜乘勝設奇，亟圖撲滅。俟粵西大定，夷黨悉平，積功累勞，不次超擢，未晚也。」於是張岳、柯相供職如舊〔註48〕。是年十月，兵亂平息，張岳陞任兵部左侍郎，回部管事。

　　明代的民族政策有一個發展演變的過程，到嘉靖時期，其政策是以剿為主，以撫為輔，平定少數人的騷亂、穩定民族的團結是政府的亟切任務。此二部政令對於瞭解當時行軍用兵之法，具有一定的現實參考意義。

　　6.《營規》〔註49〕（嘉靖四十年八月南京兵部刊發的軍事文告，意在平定兵變，處理危機。）

　　《營規》一冊（圖27），是嘉靖四十年（1561）八月南京兵部刊發的一份軍事文告，半葉九行，行十九字，白口，無尾，四周雙邊。今仍藏天一閣，為海內孤本。

　　營制是明代京軍的備操編制。都督，坐營官、中軍官，把總、衛總，隊長、甲長、伍長，是營中從高到低的官職。北京有五軍營、三千營、神機營，

〔註48〕《明世宗實錄》卷三百一十八，第5923～5924頁。
〔註49〕《營規》，《天一閣藏明代政書珍本叢刊》第15冊輯入。

並稱京軍三大營；留都南京則有振武營和池河營。振武營是南京兵部尚書張鏊於嘉靖二十四年（1545）冬因爲海警而創設的，以各營精銳及淮揚矯健之人充之，但其中多游手無賴，實爲烏合之衆。嘉靖三十九年（1560）二月，督儲侍郎黃懋官剋扣營軍妻糧〔註50〕，又拖欠月糧，軍士鼓譟，殺死黃懋官，又脅迫張鏊。兵部侍郎李遂用計遣散亂軍。事後，首事者周山等二十五人或下獄，或戍邊。〔註51〕兵部尚書楊博在《覆南京兵部尚書張鏊等擒獲叛兵周山等疏》中稱：「以後不許諸人挾讐攀告，致生疑懼，南京兵部仍出給大字榜文，明白曉諭」〔註52〕。這就是《營規》刊發之由。

《營規》首先是對士卒嚴厲的申飭：

> 南京軍士世蒙優養，時際升平，既無征戍之勞，又免班操之累。昨歲脫巾之變，雖事緣有激，然荷蒙朝廷軫念本根，薄示懲戒，此誠天高地厚之恩。爾等自作不靖，而身蒙肆赦，苟有人心，能無悔悟？但中間自懷疑懼，轉相煽誘，乃致立百傑之會，投匿名之文，恐脅官府，毆辱本管，輒便己私，肆行無禮。汝等各自思惟，此豈長久之計？朝廷洞悉汝等罪狀，專敕本部前來，會同內外守備，便宜區處。念汝等原無背畔之情，然敢於白晝大都屢干犯之戒，只爲恃衆群呼，倉卒之際，便難根究。即有事後之懲，又出訪報之口，使無辜者惑致濫及，而首事者因而幸免，益生玩慢之心，遂成驕恣之習。若非設法整齊，消弭禍變，坐視爾等罪犯日積，過惡愈彰，浩蕩之恩豈可再得？一旦天威震動，淑慝不分，爾等身家之禍，悔將何及？

此番申諭之後，定立了南京兵部營規的總原則：都督－坐營官、中軍官－把總、衛總－隊長、甲長、伍長－兵衆，由上而下，層層鈐束，各官兵聽上節制，對下則即時監督和察舉。《營規》還將具體事宜列爲八條，以申述此原則。其中特別規定：軍中第一等兇犯爲「夜聚曉散、盟牲歃血、造作匿名文帖及聚衆呼噪、劫脅官府者」，「事發，聽各營都督官」，輕則捆打枷號，重則發邊，家小隨住，而其餘情犯細小悉從寬恤。爲便於管理，《營規》還規定，

〔註50〕所謂妻糧，南京各營官軍月米，有妻者一石，無妻者減十之四，春秋二仲月每石折色銀五錢。

〔註51〕參《明世宗實錄》卷四百八十一、卷四百九十六和《明史》卷二百五。

〔註52〕〔明〕楊博：《楊襄毅公本兵疏議》卷四，《續修四庫全書》第477冊，第205頁。

隊長、甲長、伍長要時常懸掛腰牌，「無牌及借用頂替者責十板」。所以此書末繪有營兵簿籍的冊式，坐營官、把衛總官的腰牌式，隊長、甲長和伍長的旗式。

明代中後期，由於深刻的經濟和政治原因，發生數次兵變。南京振武營兵變後不久，嘉靖四十年（1561）五月，池河營又兵變，兵士痛毆英武衛千戶吳欽。兵變發生後，如不即時整飭軍隊，就會釀成軍心渙散，政局動蕩。《營規》所制定的條款，便重在對兵士加強管理，嚴格監督，從而保證國家軍事力量的穩定。而這一管理文告卻不見於《明史》和《明實錄》記載。《明史·李遂傳》但云，李遂「申嚴什伍，書其名籍、年貌，繫牌腰間，軍乃戢」〔註 53〕。故此《營規》既可證史，更可補史之寥寥數語。後來在隆慶元年（1567），罷振武營，以其軍餘隸二場及神機營。

7.《浙江總兵官肅紀維風冊》〔註54〕（萬曆十一年浙江總兵官胡守仁刊發，為改革與整頓軍伍的一份軍事法規。）

《浙江總兵肅紀維風冊》一冊，是萬曆十一年（1583）浙江總兵官胡守仁刊發的一部軍事規定，萬曆十一年刻本，半葉八行，行二十字，白口，單白魚尾，四周雙邊。是書為天一閣遺存，海內孤本。

萬曆十年（1582）三月，杭州發生兵變和民變。起因是浙江巡撫都御史吳善言建議削減杭州東、西二大營兵每月給餉銀的三分之一，兵士有怨言，吳卻威脅道：「餉減已定，不願者聽其歸農。」兵士大噪，他們將吳綁縛起來並加以痛毆。巡按張文熙等多方戒諭，吳才得釋。於是兵部侍郎張佳胤代為巡撫，前往撫諭。剛入杭州境，適值杭州民眾在上虞流民丁士卿的號召下焚劫鄉官宅舍，且逼近巡按衙門。張將計就計，以叛兵鎮亂民，兵民兩亂才得以平息〔註 55〕。是年六月，浙江總兵官吳國因一籌未展被罷職，胡守仁代之充總兵官鎮守浙江。浙江總兵原因倭患駐紮定海，因為省城兵民兩變，遂移往杭州。

胡守仁上任伊始，因思浙江「往因承平日久，武備廢弛，倭夷侵犯，地方殘破，因而人情刁玩，法紀不張。且邇來省會復有兵民之變，若非重加振刷，一整頹風，將見邊備日弛，風俗日壞，安能保無他慮哉？但本鎮自愧才

〔註 53〕《明史》卷二百五十，第 5422 頁。
〔註 54〕《浙江總兵官肅紀維風冊》，《天一閣藏明代政書珍本叢刊》第 16 冊輯入。
〔註 55〕參《明神宗實錄》卷一百二十二、卷一百二十四和《明史》卷二百二十二。

力疏庸,不堪引負,蒞任以來,日久兢惕,每思肅紀維風,凡利可興、弊可革以圖萬全者,矢心力行,務求保全地方,庶無負朝廷委託至意」。胡守仁於是就如何加強浙江省軍事力量,革除軍中陋習,刊發了此肅紀維風冊。

《浙江總兵肅紀維風冊》正文共有二十三條。首四條規定的內容主要是,總兵官巡歷地方時,必須依法辦事,謝絕一切徇私舞弊行為。以下十九條,其中第一條「正名分以嚴體統」,要求各衛所掌印官、千百戶等官務必「上下職守嚴明,大小紀綱振肅,庶事一新」,是總綱性質的條款,「清理軍伍以備戰守」、「修理城池以固邊備」、「嚴斥堠以防警報」、「嚴訓練以肅行伍」、「查理器械以備應用」、「稽查險易以便哨守」、「公差役以蘇軍困」、「稽查賢否以備任使」、「作養應襲以儲將材」等九條主要是增強軍備、提高戰鬥力的禦倭之策,「嚴禁掯勒保襲以除奸弊」、「表揚節行以勵風化」、「嚴禁包糧以除軍蠹」、「查理新軍以絕刁訟」、「禁夤越以防奸弊」、「禁絕左道以正風俗」、「禁賭博以弭盜賊以靖地方」、「嚴禁行使假銀以除積害」、「查理未完以清公務」等九條則主要是為杜絕軍中惡俗、提高軍隊辦事效率的條款。

明代軍隊建設是關係國家安危的重要問題,而沿海地區的軍政至關重要。萬曆以後,沿海倭亂基本平息,從而導致軍備廢弛,綱紀不振,加上政府撫禦失策,兵民變亂,形勢堪憂。此肅紀維風冊是瞭解與研究明代中後期沿海衛所的軍事狀況、軍隊組織與建設以及軍事紀律的改革與整頓的重要一手材料,而其內容《明史》和《明實錄》均失載。

8.《寧波府通判諭保甲條約》〔註56〕(嘉靖三十四年寧波府刊行,針對倭寇騷擾的保甲條約,是研究明代保甲的珍貴史料。)

《寧波府通判諭保甲條約》一冊(圖 14),嘉靖三十四年四月十八日刊行,半葉七行,行十六字,白口,單白魚尾,四周雙邊。此為天一閣遺存之書,海內孤本。

嘉靖三十三年(1554)、三十四年(1555)間,倭寇蘇州、松江,攻嘉興、湖州,江浙沿海告急。明軍初戰失利,不久才轉敗為勝,屢屢擒斬倭賊。寧波瀕海,更應當加強防衛,抵禦倭寇。為此,浙江按察司副使、分巡寧波海道劉應箕照會寧波府通判吳允裕督同鄞縣知縣夏儒,到各鄉村審編保甲,並列條曉諭,「但流聞易舛,面戒難問,緣擬刊行,備呈本道,蒙批據揭,約法

〔註56〕《寧波府通判諭保甲條約》,《天一閣藏明代政書珍本叢刊》第 19 冊輯入。

易簡，防範周密，即如擬刊佈遵守施行，具行過緣由速繳，乘此人心忻動之初鼓舞振作可也。蒙此合就刊發施行須至冊者」，即此《寧波府通判論保甲條約》。

此《條約》共七葉，十二條，文字不長，錄之如下：

一、設立保甲，只要就近團結鄉民，同心合力，察奸禦盜，保護身家。一鄉止守一鄉，並不三丁抽一，撥守他處，及日後亦不據此僉點大戶，徭年增役，大造加丁。即今冊成，止呈海道衙門存照，絕無分發府縣，留名在官，即此可信。敢有妄言，搖惑人心者，重究。其一切勾攝詞訟、催辦錢糧等項，自有糧里公差，不許官司人等輒行著落及朔望勒取結狀，致生煩擾。

一、保長、保副、甲長、甲副皆經慎選，有行止為人信服者充之，各宜用心供事，不許規避及私相替代。果有事故，通甲呈明核實，更換其鄉夫，量地方險易，僉點名數。每戶止報戶首一名，戶丁自六十歲以下、十六歲以上，悉聽戶首率領，赴團訓練，務體上官不欲紛擾之意，爭先赴義，共成美俗。

一、每月初一、初二、十五、十六，保長同甲長、甲副、鄉夫各於原定團所演習武藝，諸藝隨便，射要兼通。如有恃頑，不肯如期赴操，呈來責治。其有自願常示演習及兼通諸藝者，不在定日分藝之限。

一、各甲俱照習定武藝，各兼弓弩，務演精通，期堪禦敵。聽本職間出不意，抽申較閱，果有成效，即行獎賞。其或虛應故事者責究，並罪長、副。

一、甲內若有諳曉兵法、察知寇情、深謀遠計、堪備攻守者，許各開陳，以憑採擇。如果堪用，老成者禮為上客，優免身役。少俊子弟武舉之年考送應試，但不許掇拾陳言，妄行干擾。

一、甲內各要時常互相覺舉，如有人戶無故出外、經久不回及停留、面生、可疑之人，往來通同圖為奸利，即便密報保長查實呈官究治，如知情故縱，一體治罪。

一、甲內遇有奸細潛來，假裝官吏、生儒、僧道、商旅、星命、醫卜並趕唱乞丐等項名目，在於寺觀及牙保娼優之家，探討事情，查訪得實，即便擒拿送官，照例給賞，但不許乘機打詐平

人，及索取一應買酒、販豬等人財物。事發，計贓坐罪。

一、各長不許指稱官府使用並各項、各色科斂銀物蠹害人戶，及不許受詞武斷，攬權生事。違者重治。

一、接濟通番，已有明例，罪在不赦。敢有怙惡不悛，在保長及甲內人戶指實呈首，照例給賞，若受財容縱，據法連坐。

一、本甲遇有警報，鳴鑼為號，各甲隨即傳報遠近，各統鄉兵策應捍禦，務期克敵保境。如有自分彼此，逗留觀望，致失事機者，法不輕貸。

一、甲內如有強盜並窩主、掏摸、賭博、放火、搶火、打鹽、賣鹽、起滅、教唆、扛幫詞訟、行使假銀、投託勢要、違禁下海等項，有顯迹者，各保長俱要會同隅頭里老諭令省改。如稔惡不悛，指實呈治。但不許假此報復私仇，起騙財物，誣陷平民，自招反坐。其積年應捕、一身十黨、夥結白役、縱賊分贓、主保私鹽，名曰話巡，為害不淺，省諭呈究。

一、即今兵事倥偬，創行保甲，固以守望相助為急務，仍需出入相友，疾病相扶持，有過相戒，有善相勸，有貧乏便與周濟，有爭忿便與調和。期於風移俗改，鄰里雍睦，乃為盡善。小民鮮知其義，在賢士大夫及邑中長者相與倡率贊成，二三有司與有光焉。

由此可見，寧波府施行的這個保甲法，根本目的在於地方防衛，有如下三點值得注意：一是保甲不同於里甲，它並沒有催徵錢糧、勾攝工事、戶籍攢造等原屬里甲的職責，保甲的職能是「團結鄉民，同心合力，察奸禦盜，保護身家」；二是保甲要求甲內人戶團結互助，同時又對甲內人戶進行嚴格的管束和監視，掌握其情況動向，嚴防裏通外應；三是保甲有一定的武裝自衛能力，要求甲內人員定期練習武藝，以便彈壓姦邪，捕盜緝賊，抵禦倭寇。

保甲法自古有之，明代則往往因地制宜、因時而異地施行，如王守仁在南贛，海瑞在淳安，都實行過保甲法，但因其具體規制不一，《明史》也語焉不詳。嘉靖三十四年寧波府頒諭的這個保甲法，以地方防衛為目的，對明代中期的地方防禦體制有著一定的研究價值。而且這個《保甲條約》在當時確實起到了加強海防的有效作用。嘉靖四十二年，浙江巡撫趙炳然奏「海防八事疏」，其中一事就是「立保甲」，他說：「臣惟浙江地方在邊海則有倭寇，在

內地則有盜賊，在河港則有鹽徒，在山僻則有礦徒，中間外作、向導、奸細內為接濟窩家往往有之，若非申嚴保甲之法，以謹譏察，以相救援，恐無弭盜而塞源耳。」（《浙江海防兵糧疏》）可見其效用。

9.《學政錄》〔註57〕（嘉靖三十年福建提學副使朱衡編，興化府刊發，有關歲考的文件，是明代學校史的一手資料。）

《學政錄》一冊，是福建提學副使朱衡於嘉靖二十九（1550）年十二月和嘉靖三十年（1551）正月刊發的兩道有關府州縣學生員的教規以及歲考制度的文件。嘉靖三十年福建興化府刻本，半葉八行，行二十字，白口，無尾，四周單邊。是書為天一閣遺存，海內孤本。

明代地方學校為府州縣學，在學受業者為生員；授業者為學官，有儒學教官、提調官和提學官。提學官正統元年（1436）始設，景泰元年（1450）罷，天順六年（1462）復設。提學官職專權重，掌一省的教化和士子進退，目的是為科舉考試選拔人才，「總理一方之學政，是即一方之表率也」（《學政錄》）。提學官任職三年間，要對在學生員進行兩種考試，一是歲考，一是科考。歲考是提學官每年巡視學校時舉行的考試，生員按考試成績分六等：一等補廩、膳生，二等補增、廣生，均加賞；三等如常；四等撻責；五等廩膳、增廣遞降一等，附生降為青衣，六等黜革。歲考中成績一、二等生員可參加科考，科考中成績一、二等可獲得鄉試資格〔註58〕。生員可以不參加提調官主持的季考、御史的觀風，但必須參加提學官主持的歲考、科考，因為它關係到生員的黜陟和進取。而歲考尤為重要，可以說，歲考是大多數明代士子參加的最基礎的考試之一，是決定其能否參加科舉考試的第一道重要關卡。

朱衡（1512～1584）是江西萬安人，嘉靖十一年（1532）進士，嘉靖二十九年出任福建按察司副使，提督學校。康熙《福建通志》說他「嘉靖間為提學副使，極意搜採名雋，故所拔多才譽」〔註59〕。

《學政錄》分兩部分，首為「為欽奉聖諭事」，刊載天順六年（1462）敕諭十八條和洪武十五年（1382）臥碑十二條，這是明初所制定的有關府州縣

〔註57〕《學政錄》，《天一閣藏政書珍本叢刊》第 13 冊輯入。
〔註58〕參《明史》卷六十九。
〔註59〕康熙《福建通志》卷三十一，《北京圖書館古籍珍本叢刊》第 34 冊，第 1818 頁。

學生員的基本教規，《明實錄》均有記載，興化府於嘉靖二十九年十二月初九日抄案；次為「為巡視學校事」，刊載的是朱衡所制定的福建省學政三十五條，內容包括歲考的考試程序、命題格式、作弊防範、考場布置、考場規則、閱卷評分、考場工作人員的安排、考試用書、提學官的秉公原則，以及其他一些與考試相關的事項，興化府於嘉靖三十年正月初五日抄案。

目前所見的明代考試制度文獻中，大量的是與鄉、會、殿試三級科舉考試相關的，而有關歲考制度的文獻則不多。《明史·選舉志》不過摘錄《臥碑》和《敕諭》中的兩條，今天的研究者又往往由明末清初的歲考制度的記載來推及有明一代，不免有所偏失。《學政錄》作為明代中期提學副使刊行的學規，真實可信，為瞭解與研究明代考試制度的詳細情形提供了珍貴史料。

10.《皇明藩府政令》（正德時禮部郎中皇甫錄編，內容為洪武至正德的宗藩政策一百條，是現存最早的以宗藩為主的單項法規條例的彙編。）

《皇明藩府政令》六卷，二冊，題「禮部尚書臣白鉞上，儀制清吏司郎中臣皇甫錄輯編」，明朱絲欄抄本，半葉十行，行二十字。前有皇甫沖、皇甫濂二《序》和禮部題疏一道，末有沈束《書藩府政令》。是書今藏臺灣，筆者所見為美國國會圖書館藏國立北平圖書館善本書膠片，此膠片藏南京圖書館。

是書彙編明代洪武至正德時的宗藩政策共一百條。其體例是：「一曰事宜，則因往酌今而為之詳定者也；一曰條章，則舉墜興壞而俾其貫行者也；一曰格例，則明章達軌而示以畫一者也。」（皇甫沖《序》）卷一有十條：奏報宗支、會議授封、請封爵職、襲封王爵、承襲先爵、請復本爵、請復先爵、請乞封號、暫理府事、代行禮儀；卷二有十八條：請立世子、請立長子、懇乞復職、請乞名封、改正宗支、乞恩繼嗣、親王朝覲、請乞侍養、請封生母、請封妾媵、乞理家事、保復封號、濫收妾媵、輔導官員、收買女子、分豁宗室、乞恩認罪、乞恩檢舉；卷三有八條：擅自成婚、乞賜選婚、保愛宗支、乞請明降、庶人選婚、病故庶人、慎選輔導、私收淨身人；卷四有十五條：乞恩嗣續、收買對象、傳奉進貢、賞賜使臣、請乞冠服、激勵風節、旌表孝行、奏乞明分、教養儀賓、請敕戒諭、鈐束宗支、禁防出府、差遣人員、請修齋醮、修建寺觀；卷五有二十條：請給封爵、違例進貢、王國慶賀、序坐禮制、欽定禮制、選娶繼室、候見禮儀、頒降禮儀、喪禮差官、僉撥廚役、

申明服色、請賜道號、敬遵令旨、官屬禮儀、乞恩比例、請書樓名、出城祭掃、官屬儀式、乞恩推封、進繳印冊；卷六有二十九條：儀賓品級、樂舞禮生、表文違式、屯軍子粒、修建齋醮、序立禮儀、儀賓迎養、選改府第、乞恩喪禮、乞恩殉葬、乞恩禮儀、不遵祖訓、進封王爵、乞恩加封、賀禮事、請乞冠服、乞恩養親、祈恩改配、進馬助邊、服闋成婚、病故祈恩、重選婚配、乞恩宥罪、撥賜禮生、乞恩比例、移居藩府、拜進表箋、愼選婚配、增修王牒。其中第六卷的二十九條爲見行條例。

　　朱元璋建立明朝以後，分封二十四個同姓諸侯王，以屛蔽王室。然而隨著宗藩政治勢力的強大，正德及其以前便發生四次外藩奪取皇位事件，正德時便有兩次：建文年間（1399～1402），燕王朱棣的「靖難之役」；宣德元年（1426），漢王朱高煦的「高煦之叛」；正德五年（1510），安化郡王朱寊鐇的「安化之變」；正德十四年（1501），寧王朱宸濠的「宸濠之亂」。除朱棣成功奪取政權外，其餘叛亂均告失敗，但餘波尙存。國家爲加強對宗藩在政治、經濟、軍事和司法等各方面的控制，先後頒佈了各項條例。此《皇明藩府政令》就是現存最早的以宗藩爲主體的單項法規條例的彙編。此後至嘉、萬之際，宗藩人口繁衍，成爲國家沉重的經濟包袱。嘉靖四十四年（1565）正月，禮部尙書李春芳奏上《宗藩條例》六十七條；隆慶元年，禮部郎中戚元佐奏上《禮部奏議宗藩事宜》——《天一閣藏明代政書珍本叢刊》輯入；萬曆十年，張居正等人又奏上《宗藩要例》。三書所載條例都根據新情況略有增刪。而天一閣所藏二書均爲海內孤本，其中《皇明藩府政令》還是最早即明代中期以前的宗藩法規，由此可以瞭解並研究明朝對宗藩政策的變化過程。

　　編者爲正德時任禮部郎中的皇甫錄。皇甫錄字世庸，號近峰，南直隸長洲人，弘治九年進士（1496），「明習國家典故、前代制度損益，一時秩宗倚以爲重」〔註60〕。據其子皇甫沖言其書編輯經過：「方我公爲儀部郎中，白公鉞爲宗伯，先朝典章火於弘治間，藩疏縱橫，無所採摭，以爲折衷。於是我公勵發憤之誠，而宗伯篤獎誠之志，鈎況搜逸，攟散聚叢，或互見他牘，或分緒別科，辛勤經歲，綜其要約，凡三百餘條，法有限列，而事有躔故也，號曰『藩府政令』。適有條陳睿旨，乃更加刪定，列事惟百。」（《序》）此書

〔註60〕乾隆《長洲縣志》卷二十四，《中國地方志集成・江蘇府縣志輯》第 13 冊，第 277 頁。

編成之後，「著爲甲令，副在家篋。二十餘年，子浡爲儀制，公始出諸篋中，讀而歎曰：『此吾所以裁抑權雄，節適宗藩者也。吾去儀制久，安知其不盡行乎，而何近多紛紛，至走京師爲也？新政異恩，要不出此耳。吾不爲之著論，吾之罪也，吾懼焉。』乃命沖鰲爲六卷，以示浡於京師，且曰：『汝明吾意。』」可見是編得以編輯並流傳於世實屬不易。

又沈束《書藩府政令》中云：「束入閩爲理山先生（筆者案：指皇甫濂號理山）屬吏，每從談理安討政幾甌賞識焉。暇日出我明《藩府政令》一編凡六卷，乃先大夫近峰公在儀部時所裒輯者。先生欲刊佈垂示久遠，以校讎之責委重諸束。」可知此書有刻本行世。南京圖書館另藏《皇明藩府政令》六卷，明刻本，有丁丙跋，惜不得一見。此本或爲未刻時清本，或從刻本抄出，未詳。

11. 《省愆錄》（嘉靖初年山西邊地奸細（率多隱於僧丐）的原始檔冊，含奏疏、呈據、供詞等。）

《省愆錄》一卷，一冊，明胡錠編，嘉靖三年（1524）刻本，半葉九行，行二十二字，白口，雙魚尾，四周單邊。首尾各有缺頁。是書今藏上海圖書館，海內孤本。

是書載錄案牘四件：一、兵部覆謹邊伐謀究詰歷驗久奸貽患地方事；一、題爲預防虜患大舉深入盤獲奸細事；一、題爲盤獲異言達賊事；一、附原勘奸細備悉供詞。前有嘉靖三年十一月南京都察院右副都御史胡錠序。

胡錠字希曾，弘治十二年（1499）進士，北直隸長垣縣人，授兵部郎中。正德初出爲黃州知府，有惠政。歷江西、浙江按察司副使。嘉靖初，任都察院右副都御史巡撫山西，改撫鳳陽，總督漕運，協管南京都察院事，陞至戶部右侍郎，嘉靖八年致仕。事蹟具咸豐《大名府志》卷十五。

是書第一件案牘是兵部議覆胡錠的奏疏。嘉靖二年（1523），時任山西巡撫都御史的胡錠上奏稱，近年不少邊地奸民逃入北虜做奸細，盡得我方之虛實，這些奸民被捕獲後卻又巧言求脫，實爲一大患害。胡錠將當時緝拿到的各犯送到都察院問理會審，並條上八事：一、清虜實以備查；二、嚴巡瞭以絕入；三、擬賞格以示勸；四、擬罰典以示懲；五、謹窩接以絕容；六、別投墩以明迹；七、開矜恤以召獲；八、禁虐害以安生。兵部議覆，從之。第二件和第三件是山西按察司兵備副使楊輔有關盤獲奸細的兩部呈據。第四件是奸細的供詞及其詳情。書名「省愆」，序云：

省惩錄，識異也，誕妄見原，昭鑒戒也。昔予筮仕南刑曹，誓判惟史。警云，吏筆符橋杌，儒冠陋幗巾。比者叨督雁門等關，訪求禦虜機要，在絕覘諜，歷有指驗，率多隱於僧丐。適捕獲若干人，留數閱月，勘據籍報，百試弗爽，乃不詭於軍門，曹俊遂疏下法司，會辯具上，並無被虜通夷實情。嗚呼，異昔所持不情至是哉，巨獄肆欺尚可臣哉！其軍門委官萬全都閫馬經，並山西兵備守巡之經勘迨遊戎守將之經捕各為依阿邀功者，果云貪狡，自予貽之哉。及錠如參服偏聽，辜荷蒙聖明洞原，謹邊而罷，餘各罰治有差。然省躬克戒，固知水東亦嘗記辯矣。夫激感圖報，寧愚三獻可也，忍智三緘不可也。況原牘議處虜諜，凡以伐謀謹邊耳，兵部擬復悉蒙俞旨。嗚呼，魏趙同心，漢疆靖矣。設各守邊司刑者乎，士君子先公家之急，必有不容泯泯者。故首錄事例以揭通遵，復附各僧丐原詞，而埃守邊固圉、正誼明道者考焉。《兵法》曰：「不戰而屈人之兵」，又曰：「上將伐謀」。萬一傳諸志士而有稽焉，庶區區一得之愚，亦效涓埃之外矣。故曰三獻可也，三緘不可也。

可知，北虜除了大規模的軍事行動之外，還派姦人細作往來邊境，為患亦不淺。對此，胡錠主張，修守為上，以計制之，即所謂「伐謀謹邊」，而關鍵在於「絕覘」，即設法捕獲這些通姦的僧丐，繩之於法，令之招供，並將這些奏疏、呈據和供詞等備案，以便俟後參考。《大名府志》稱胡錠「巡撫山西，練兵修備，終任，敵不敢犯」〔註61〕，可見胡錠確經略有方，使得虜患暫息。《明世宗實錄》卷三十四節錄有嘉靖二年十二月胡錠上疏內容，但不如《省惩錄》載錄全面。此《省惩錄》是嘉靖初年有關邊地奸細的原始檔冊，為瞭解明代邊疆內情的另一面提供了一手材料，頗為珍秘。

是書為海內外孤本，自天一閣佚出後，羅振常曾見之，其《天一閣藏書經見錄》云：「前有嘉靖甲申南京都察院右副都御史長垣胡錠序（即作者），所陳皆防北邊獲案細事，計案卷四事。嘉靖刊本，一冊。」〔註62〕後由沈頴收得，並略加改裝，封面題「乙丑（1925）元旦沈頴署檢」，卷內鈐「潭月山房書印」、「沈」二印。

〔註61〕咸豐《大名府志》，《中國地方志集成·河北府縣志輯》第57冊，上海：上海世紀出版股份有限公司、上海書店出版社，2006年影印本，第498頁。

〔註62〕羅振常著，周子美編：《嘉業堂鈔校本目錄·天一閣藏書經見錄》，上海：華東師範大學，1986年，第139頁。

12. 《都察院奏明職掌肅紀維風冊》〔註63〕（嘉靖十一年都御史王應鵬
　　　的奏疏，都察院刊發，作爲一項監察法規，是明代監察法的一手資
　　　料。）

　　《都察院奏明職掌肅紀維風冊》一冊，是嘉靖十一年（1532）刊發的一
部專項監察法規，嘉靖十一年刻本，半葉九行，行十七字，白口，雙白尾，
四周雙邊。此爲天一閣遺存之書，海內孤本。

　　都察院是明代中央最高監察機關，即所謂「風憲衙門」，都察院都御史
「職專糾核百司，辯明冤枉，提督各道，爲天子耳目風紀之司」，十三道監察
御史則「主察糾內外百司之官邪」〔註64〕。中央還派出巡撫都御史、巡按御
史到地方，巡撫常駐一地，逐漸成爲省級最高行政機關，巡按每年一換，是
省級最高監察機關，原先都司、布政司、按察司三司並立的省級行政機關逐
漸下降到次一級。

　　嘉靖十一年冬（1532），彗星三見，爲不祥之兆，皇帝下詔九卿衙門官直
言時政得失。都察院右副都御史王應鵬等人奏「題爲條陳時政以弭災變事」，
上陳四事，其中之一爲「專責任以明憲體」，主要內容是巡撫都御史和巡按
御史的職掌十一條以及撫、按官交接禮文四條。河南道監察御史認爲此事
「無非申明職掌以肅風紀」，奏請將之刊印成《都察院奏明職掌肅紀維風
冊》，命都察院撫、按官及公差都御史、御史遵照執行，並咨行南京都察院一
併施行。

　　《都察院奏明職掌肅紀維風冊》中指出，巡撫常駐一地，而巡按每歲一
更，導致「巡撫法已屢更，而巡按又或立有新法，往往文移未周而代者已至」，
造成「甲可乙否」、「朝令夕更」，又有「一等御史與巡撫官因接際之禮文遂相
侵而相訐，往往盈於奏牘，兩敗俱傷」，因此是書首先明確規定巡撫都御史和
巡按御史各有專職，指出巡撫都御史的職能範圍在行政，其基本職責是撫循
地方，凡有關地方民政、財政以及治安等項，均在其職掌之內；巡按御史的
職能範圍在監察，凡有關糾舉、法律、賞罰之事，均在其職掌之內，巡撫行
使職權時要受到巡按御史的約束和監督。此冊其他條款還有：如奏報災傷係
巡撫之事，但巡撫需先會同巡按督行各府州縣申報，巡按委官分投，核定分

〔註63〕《都察院奏明職掌肅紀維風冊》，《天一閣藏明代政書珍本叢刊》第 22 冊輯
　　　　入。
〔註64〕《明史》卷七十三，第 1768 頁。

數，行所司造報，再由巡撫具奏議免；賑濟之事專責巡撫，但賑濟失策，由巡按糾舉；遇有地方大事及批定守巡等道並進表等項，區處目前常事與批委府州縣等官署掌印信，撫、按官亦要會同而行；而公差都御史、御史職務各奉有專敕，撫、按官不得干預；提學御史進退人才，奉有專敕，撫、按官也不得干預，但師生廩饌及修理學校等項，提學御史只是督行，有司轉申撫、按施行；「今後各衙門凡奉到撫、按及公差都御史、御史一應批詞牌案內有充軍徒罪及口外爲民者，如一事而彼此相干，其定發以原行衙門在先者爲主。若事起於所司通行申呈合干上司者，俱候巡撫定發，無巡撫者，巡按定發。」這些條款的目的是讓御史有效地行使權力，從而使中央和地方的職能部門提高效率，運作得宜。

明代國家重視監察系統的立法，洪武時刊發了監察制度的專項法規——《憲綱》，此後宣德、正統和嘉靖時都續有修訂，而正統四年（1439）頒佈的《憲綱》是現存最早的單行監察法規，對監察官的選用、職責和權力的行使及行爲等做了明晰的規定。但由於執行不力，許多條例變成一紙具文。嘉靖初年，正當革故鼎新之際，更新舊《憲綱》、革新監察制度也是「嘉靖新政」的內容之一。萬曆《大明會典》卷二一一《都察院三》「撫按通例」條中節錄有此《都察院奏明職掌肅紀維風冊》中的九條，但《會典》是二手材料，且不全，而是書則爲一次文獻，更顯珍貴。

13. 《萬代公論》（關於高拱隆慶改革的原始檔冊，內容是對於嘉靖時建言得罪諸臣和進藥方士，高拱主張重新秉公處理。）

《萬代公論》一冊（圖 39），隆慶四年（1570）刻本，半葉九行，行十八字，白口，單黑尾，四周雙邊。是書爲天一閣遺存，海內孤本。

是書載錄隆慶四年九月和十月奏牘四件：一是隆慶四年九月，少傅兼太子太傅吏部尚書武英殿大學士掌吏部事高拱題爲正綱常定國是以仰裨聖政事；二是隆慶四年九月，吏部尚書高拱題爲辯大冤明大義以正國法事；三是十月，刑部等衙門尚書等官葛守禮等題爲辯大冤明大義以正國法事；四是十月，刑部等衙門尚書等官葛守禮等會同御史鄒應龍、大理寺卿王好問等會問得犯人王金狀招。

是書內容爲二事。一是：原刑部主事唐樞因嘉靖六年（1527）論「大獄」而奉旨爲民，吏科都給事中王俊民因議「大禮」得罪，隆慶元年（1567）撥亂反正，詔錄建言得罪諸臣，唐樞得復職，調王俊民贈官蔭子。至隆慶四

年，巡撫浙江都御史谷中虛請加陞唐樞卿寺官致仕，而此時王俊民之孫王秉禮正好到吏部承蔭。吏部尚書高拱反對，他認為嘉靖初年興起的「大禮」和「大獄」未可全盤否定：「夫『大禮』，先帝親定，所以立萬世君臣父子之極也。獻皇尊號已正，《明倫大典》頒示天下已久矣。而今於議禮得罪者悉從褒顯，將使獻皇在廟之靈何以為享？先帝在天之靈何以為心？皇上歲時祭獻何以對越二聖？則豈非欺誤皇上之甚者乎？至於『大獄』及建言得罪諸臣，豈無一人當其罪者？而乃不論其有罪無罪、賢與不肖，但係先帝所去悉褒顯之，則無乃以讐視先帝歟？則無乃以反商政待皇上歟？」因此他認為谷中虛等人的行為是明揚先帝之過，是大不敬，請求下閣臣重新議行。

二是：世宗晚年患病，卻仍玄修不已，服食金石之藥，最終喪命。隆慶元年，為消除因迷信玄修遺留的惡劣影響，將進藥方士王金、陶世恩、陶仿、申世文、劉文彬和高守中等逮捕入獄，比為子殺父律定罪。至隆慶四年，重新定罪判刑，吏部尚書高拱反對隆慶元年的定讞，他認為世宗乃重病而死，王金等人進藥並非其致死之由。他說：「先帝臨御四十五年，享年六十，壽考令終，蓋自古所罕有。末年抱病經歲，從容上賓，曾無暴遽，此亦天下所共聞也。今乃曰金等又妄進湯藥，內有大黃、芒硝等物，遂損聖體，乃擬王金等比依子殺父之律，謂先帝是王金等所害，皇天后土在上，然耶？否耶？先帝聖主也，何乃致於非命？」所以他請下法司會同多官將王金等會審明白，並將結果宣付史館，使明於後世。於是刑部尚書葛守禮會同御史鄒應龍、大理寺卿王好問等審問得，王金等人無進藥事實，而是另有他罪，故以從罪論處：王金、陶世恩、陶仿和劉文彬習陶仲文之術，著編至口外為民；申世文和高守中稱習兵書，著發回原籍。

此《萬代公論》是高拱主持隆慶改革時的重要文獻之一。高拱（1512～1578），河南新鄭人，嘉靖二十年（1541）進士，改庶吉士，授編修，滿九載，遷侍讀，又為裕王侍講九年，裕王即後來的明穆宗隆慶皇帝。嘉靖四十一年（1562）以後，歷禮部、吏部侍郎，詹事府詹事等職，進禮部尚書，召入直廬，嘉靖四十五年（1566）入閣。隆慶三年（1569）冬，高拱被召回內閣，代徐階以大學士兼掌吏部事，此後至隆慶六年，高拱主持了對經濟、軍事等領域以及人事制度等方面的一系列的改革，史稱「隆慶改革」，此次改革卓有成效，國家幾乎為之一新。對於當初隆慶即位時為彰明其父失德而施行的「新政」，如恤用建言得罪諸臣、逮治方士，高拱不以為然，他主張秉公論處有關

人員。他在《萬代公論》中一則言：「如此則父子之道正，而皇上之大孝足以永垂於萬代；君臣之道正，而皇上之大法足以永鎮於萬方，致理之原實在於此。」一則言：「不惟可以仰慰先帝在天之靈，而陛下為親昭雪，亦可以明父子之恩；臣等為君昭雪，亦可以盡君臣之義，萬代瞻仰，在此舉也。」即所謂「萬代公論」。

又此書內容，《明世宗實錄》卷四九有節錄，而《萬代公論》為原始檔冊，更為寶貴。

第三節　天一閣藏明代傳記

一、天一閣藏明代傳記的類型

天一閣原藏傳記類明代文獻約 180 種，若按照傳主的時代來分，有兩大類：

（一）傳主是明代以前人的傳記

如《徐蘇傳》和《三士錄》的傳主是春秋時的孔子弟子澹臺滅明、漢代的徐孺子和宋代的蘇雲卿，《紫陽文公先生年譜》（明李默編）是宋朱熹的年譜，《懷賢錄》（明沈愚編）的傳主是宋劉過，天一閣進呈本《張乖崖事文錄》（明顏端、徐瀚編）的傳主是宋張詠，進呈本《名相傳》（明尹直撰）採摭的是漢、唐、宋相業足稱者八十七人的事實。

（二）傳主為當代人的傳記

天一閣所藏明代傳記以此類為最多。這類傳記可進一步分為三類：

1. 地方人物總傳。此類傳記將某一地方的古今著名人物事蹟彙為一編，意在表彰地方鄉賢，但多雜採諸書而成，所載人物事迹較為簡略，如《開州正祀錄》、《皇朝中州人物志》、《國朝祥符鄉賢傳》、《潤州先賢事實錄》、《毗陵人品記》、《吳中往哲記》、《金華賢達傳》、《浦陽人物記》、《義烏人物志》、《四明文獻錄》、《廣州人物傳》和《建寧人物傳》等，分別記載河南、南直、浙江、廣東和福建等府州的人物事蹟。

2. 明代名臣總錄。此類傳記彙輯當代著名人物的傳記資料，以類相從，體現的是某種類型人物的群像，如《名臣列傳》，《阮目》云「始於陸參政容傳，程敏政撰；終於刑部尚書白昂傳，李東陽撰」；《明儒傳》，《阮目》云「其

諸儒之傳始於曹端，而終於金鉉，皆有明一代大儒也」；《群忠錄》、《雙忠錄》記在正德「宸濠之亂」時死節的諸臣；《三家世典》記明徐達、沐英、郭英的世系勳伐；進呈本《殿閣詞林記》記翰林院諸臣；進呈本《革朝遺忠錄》、《拾遺書》、《備遺錄》和《靖難功臣錄》均記建文時殉難諸臣；《掾曹名臣錄》記明初至正德時的戶部曹郎。

3. 明代人物專錄。此類傳記將凡是能反映傳主生平行實的各種傳記體裁，如列傳、年譜、墓誌銘、別傳、序、祭文、誄文、像贊、書信、奏疏、誥敕、日記等，編輯起來，專門記載某一人物，因此資料翔實，內容豐滿，天一閣藏明人傳記以此類爲最多。如《夏忠靖公遺事》是夏崇文編撰的乃祖夏原吉的事蹟，《章恭毅公年譜》是章玄應編輯的其父章綸的年譜，《楓山先生實紀》是章接編輯的其父章懋的傳記資料，《楊文敏公年譜》楊肇編撰的楊榮年譜，《吳瓊行狀墓誌》中的行狀是諸大綬所撰，墓誌是張居正所撰，《使西日記》爲都穆奉使寧夏的見聞日記，《武林世紀》記載的是長洲顧啓明及其妻的逸事，《長洲杜隱君事略》記長洲杜遵事略，《褒忠錄》記錢薇事蹟，《先公少司馬傳》是胡大慎記其父胡守中。

總之，天一閣藏明代傳記，尤其是那些傳主是明人的傳記，人物類型多樣，體裁豐富，從各個不同側面反映各種人物的生平。

需要特別指出的是，天一閣藏明代人物專錄，傳主很多是當代名人，史家對這些人物的生平頗有紀錄，而天一閣所藏其傳記是同時代人所作，所以比正史更加翔實，可與正史相參。如明初名臣蹇義（1364～1435），《明史》卷一百四十九有傳，而天一閣遺存之明刻本《蹇忠定公年譜》是蹇義的年譜；明代有名的「三元」（解元、會元、狀元）大學士商輅（1414～1486），《明史》卷一百七十六有傳，天一閣遺存之明刻本《商文毅公遺行集》是正德十年（1515）商輅之孫商汝頤編，包括王獻撰《行實》、尹直撰《墓誌銘》、謝遷撰《神道碑銘》和楊子器撰《神道碑》各一篇〔註65〕；成化間名臣陳選（1429～1468），《明史》卷一百六十一有傳，天一閣散出之明刻本《陳選傳》是田汝成寫的陳選傳記；在正德十四年（1519）「宸濠之變」中從容就義的巡撫江西都御史孫燧（1460～1519）和江西按察副使許逵（1484～1519），《明史》卷二百八十九有傳，而天一閣進呈之明刻本《忠烈編》是孫燧之子孫

〔註65〕天一閣進呈之《商文毅公行實》，內容與此相同，應爲同一版本，蓋四庫館臣據書首篇名而誤題書名。

堪、孫墀和孫陞編，包括制誥、卷牘、碑狀、志傳和誄祭之文等，天一閣遺存的嘉靖刻本《忠節錄》是楊旦編的有關許逵的「御製誥諭文凡若干通、名公士夫詩詞銘頌文凡若干首」〔註66〕，遺存的正德刻本《雙忠錄》是當時南昌官員和百姓爲孫燧和許逵寫的紀念文章〔註67〕。這些傳記較之《明史》，材料更爲直接，內容更爲豐富。又如趙璜是嘉靖革新的重要人物，雲南孝子范運吉曾作爲「孝」的典型加以表彰，《明史》均無傳，只在相關篇卷中略有提及。而天一閣進呈之明抄本《歸閒述夢》則是趙璜追述其平生居官事迹的自傳，天一閣散出之明刻本《范運吉傳》是雲南范運吉的傳記，這些傳記又是《明史》的補充。

　　天一閣藏相當多明人傳記的傳主是正史中不見記載的地方人物，這些傳記一方面可以補史之闕，體現明代士民生活，一方面由於體裁特殊，具有家譜的性質，成爲後來家譜編纂的史料來源。如鄞縣陸偁（1457～1540）和楊德政（1547～1604），二人均是進士出身，均官至福建按察司副使，正史不載，天一閣遺存之明刻本《福建按察司副使陸公暨妻楊氏行實》和《福建按察司楚亭楊君行實暨妻舒氏行述》分別記載陸偁夫婦和楊德政夫婦的事蹟，足以補史。又如《皇明恩命錄》〔註68〕、《四朝恩典錄》、《崇孝錄》、《恩命錄》、《幽光錄》，名之曰「錄」，實則是將傳主有關的敕書、誥命、碑文、墓誌銘、祭文、奏疏、壽序、跋、傳記文、詩詞等彙輯起來，集中體現傳主的生平事蹟，而這些傳主如鎮守雲南總兵官沐氏、宜春高氏、鄞縣錢氏、秀水吳氏、蜀江歐陽氏，實際上是該家族傳承中的重要人物，這些《錄》後來成爲家譜編纂的取材之源。而像《廬陵曾氏家乘》和《王氏家乘》，名爲「家乘」，其實便是家譜，是現存最早的家譜文獻。趙萬里在《從天一閣說到東方圖書館》中說《王氏家乘》「和《姚氏家乘》、《曾氏家乘》，都是天一閣的遺物。可稱是家譜中傳世之最早者，我都見過」〔註69〕。明代的家譜文獻流傳

〔註66〕楊旦：《跋忠節錄後》。《忠節錄》六卷，嘉靖十一年刻本，存卷五、六，海內孤本。

〔註67〕《雙忠錄》二卷，明正德建昌府刻本，前闕五葉，海內孤本。

〔註68〕《皇明恩命錄》，明刻本，存卷一、二、四，錄龍鳳七年（1361）至嘉靖八年（1529）皇帝敕諭沐氏若干道，海內孤本。自洪武十六年（1383）沐英奉命充總兵官留鎮雲南始，至永曆十五年（1661），沐氏家族世代鎮守雲南，爲雲南的和平穩定和發展做出了重要貢獻。

〔註69〕趙萬里：《重整范氏天一閣藏書記略》，《國立北平圖書館館刊》第 8 卷第 1 號，1934 年，第 110 頁。

至今者寥寥，從天一閣所藏的這些「錄」和「家乘」中我們可以看到家譜文獻的雛形，可以看到世家名族的傳承史。

二、天一閣藏十二種明代傳記考述

天一閣遺存明代傳記文獻四十六種，其中殘卷本較多，足本又蟲蛀，破損嚴重。今得閣存六種並散出之六種考述如下。

1. 《新刊三士錄》和《徐蘇傳》（南昌先賢周澹臺滅明、漢徐孺子和宋蘇雲卿的資料彙編。）

《新刊三士錄》四卷，二冊，嘉靖四年（1525）朱拱樻刻本，半葉九行，行二十字，粗黑口，順雙黑尾，四周雙邊，版心依次鐫「澹臺」、「徐」、「蘇」。鈐「王培孫紀念物」印。是書今藏上海圖書館，海內孤本。

是書前有嘉靖四年皇明江西宗室朱拱樻（號醒齋）《三士錄序》和永樂時胡儼《徐蘇傳序》。卷一：澹臺滅明傳、金卿侯澹臺子羽墓祠記、重修金卿侯墓堂記撰、周澹臺子雨墓碑以及有關澹臺滅明之詩；卷二：徐孺子傳、後漢徐徵君墓碣、徐孺子祠堂記、重修南州高士舊宅記、重修徐高士祠堂詩序、重修徐高士祠堂記、謁徐孺子墓文、孺子亭賦、漢徐孺子碑等；卷三：有關徐孺子之詩；卷四：蘇雲卿傳、雲卿出處、蘇公祠記、蘇公祠堂告成祝文、宋蘇公祠堂碑，有關蘇雲卿之額、詩。

春秋時的孔子弟子澹臺滅明、漢代的徐孺子和宋代的蘇雲卿都是江西南昌人，後人為紀念他們，為之建墓立祠。是書蒐輯三人的史傳材料和古今人的題詠、碑文和序記等，以表彰鄉賢。醒齋序云：「此謂三士錄者，周澹臺子羽、漢徐孺子、宋蘇雲卿也。錄者，錄其傳及其墓若亭所存於人之詩若文也。徐、蘇舊有傳矣，獨遺子羽者，非少子羽子。徐、蘇二亭相望於郡之東湖，雲水煙波之間，遊者既眾，感而成籤亦富，集而為錄固也。子羽墓亭僻湖之東偏，且嘗湮廢，幾不可辨，時無可集，其不得與二子同錄者坐此。若謂二子抗節獨行，子羽非其流亞，則其友教士大夫設取予去就，名施乎諸侯，固非苟化者。二子不在其範圍中哉。以為不出是郡，則雲卿廣漢士得以類附，子羽可得而遺乎，且二子傳刻既久，字迹磨滅，魯魚互出，亦當釐正，及增錄其所未錄者，因並子羽以命工焉，更題曰『三士錄』。」

《新刊三士錄》是在《徐蘇傳》的基礎上增輯而成。國家圖書館藏《徐蘇傳》二卷，亦為天一閣散出之書。是書二冊，題「南昌棲碧李廷貴編，南

昌李貞士廉校刊，南昌王遜之增錄」，永樂二十二年（1424）李貞善刻遞修本，半葉十行，行二十字，大黑口，雙魚尾，四周雙邊，版心依次鐫「徐傳」、「蘇傳」。前有胡儼《徐蘇傳序》。末有牌記四行：「南昌黎彥常、李瑛、張俊、李衢、徐瑄、丘讓捐貲鋟梓，永樂甲辰正月上澣刊」。是書鈐「海鹽張元濟經收」、「涵芬樓」二印。

此二書爲明人編撰的前代人的傳記。

2. 《陳選傳》（陳選是成化間名臣，正道直行，被宦官誣陷致死，此書是現存最早的陳選傳。）

《陳選傳》一卷，一冊，明田汝成撰，嘉靖二十一年（1542）陳光哲刻本，半葉八行，行十八字，大黑口，雙對黑尾，四周雙邊。是書今藏國家圖書館，海內孤本。

是書是陳選的傳記。前有嘉靖二十一年九月南京戶部主事王獻芝《恭愍陳公傳敘》，末有嘉靖二十一年九月陳選之從孫陳光哲識語。

陳選（1429～1486），字士賢，號克菴，浙江臨海人，天順四年（1460）會試第一，登二甲進士。授山西道監察御史。出任江西巡按御史，風紀凜然。提學南畿，爲矯正吳下浮藻文風，勸士以經義爲本，獎勵敦樸，黜去侈麗。成化初，遷河南按察司副使，不久改提學副使，以身率教。太監汪直至河南，聲勢浩大，唯獨陳選長揖不拜，且詞氣嚴正。轉按察使，撫愛民人，境內帖然簡靜。丁母憂，去官。服除，擢廣東右布政使，一年後，轉左布政使。在廣東，市舶中官韋眷擅權牟利，陳選毫不畏懼，他毅然上疏，與之針鋒相對。韋眷誣告陳選，皇帝下詔奪陳選之職，並派遣錦衣衛千戶赴廣東將之逮捕入獄。陳選被押，道經南昌，疾病發作，卒於石友亭寺。友人張元禎爲之治殮。弘治初，工部主事李汴爲之鳴冤，詔復原官，諡忠愍。

綜觀陳選一生，其最著的事蹟便是提學南畿、河南以及任廣東布政使之時，一身正氣，剛直不阿，最後冤死道中，竟不得盛殮，實在悲慘，因此頗得時人的同情和讚頌。

陳選在成化間聞望重天下，與吏部尚書王恕和都御史彭韶齊名，其事蹟也爲人紀錄。其從孫陳光哲云：「予從曾祖恭愍公之功業注述見於《名臣錄》者備矣，至於正氣勵節，爲勢所毀而捐焉者，傳之未儘其詳。豫陽田公表而彰之，興仆植僵，立坊樹維，直道之行，千載賞節，其有補於世也，顧不多哉。」明嘉靖間徐咸編纂《名臣言行錄》，其《前集》卷十二有《陳選》，

但輯錄吳寬《傳》、《江西通志》、《姑蘇志》、《震澤文集》、《塵談錄》等之中的有關材料，所載未免過略。此後，《國朝獻徵錄》卷九十九有《廣東布政司左布政使贈光祿卿諡恭愍陳公選傳》。《明史》卷一百六十一也有陳選的傳記，蓋輯錄諸書而成。田汝成所撰此傳，是現存最早且較爲詳細的陳選傳記。

3.《范運吉傳》（雲南孝子范運吉尋父之事，記載詳備。）

《范運吉傳》一卷，一冊，明徐養正撰，嘉靖刻本，半葉八行，行十七字，白口，無尾，四周雙邊，版心鐫「范孝子傳」。是書今藏國家圖書館，海內孤本。

是書記敘雲南孝子范運吉五載尋父之事。范運吉，雲南蒙化人。其父范寅，有感於母喪妻亡，四子孱弱，決意去之四方以自放。范運吉當時年少，還是蒙化府庠生，不能勸阻父親，加上母親還未出殯，也不能跟隨父親出遊。他只好先將母親安葬，又買一僕人跟隨。嘉靖二十二年（1543）六月，范寅告別四子，終於外出。半年後，運吉妻女並亡，家徒壁立。嘉靖二十五年（1546）三月，運吉入省城參加鄉試，下第，痛感父親客遊他方，不幸成疾。雲南巡撫應大猷聞此，助之完成學業。嘉靖二十八年（1549）春，運吉病情好轉，於是年秋天考中舉人之後，便攜其子范潤和僕人出門尋父。此後五年間，歷盡艱辛，終於嘉靖三十三年（1554）尋得父親骸骨以歸。

是傳乃嘉靖三十三年雲南按察司僉事徐養正所撰。嘉靖三十四年，雲南兵備副使周復俊亦撰《范孝子傳》，載於《明文海》卷四百十一，與徐養正所作內容大同小異。康熙《雲南通志》卷二十二也有范運吉的傳略〔註70〕。可見，范運吉的孝行曾經感動一時。

明朝以孝治天下，《明史・孝義列傳》列舉有明一代著名孝子的事蹟，而「嘉靖以後，國史不詳載」，列「姓名所可考者」若干〔註71〕，其中有蒙化舉人范運吉之名。此《范運吉傳》則記載詳備，正可供參考。

4.《先公少司馬傳》（兵部右侍郎胡守中的傳記，與實錄、正史記載大異。）

《先公少司馬傳》一冊，明胡大愼撰，嘉靖刻本，半葉九行，行十八字，

〔註70〕〔清〕范承勳、吳自肅纂修：康熙《雲南通志》，康熙刻本，《北京圖書館古籍珍本叢刊》第44冊，第466頁。

〔註71〕《明史》卷二百九十六，第7580頁。

白口，無尾，四周雙邊。是書爲天一閣遺存，未見他書著錄和版本流傳，海內孤本。

是書是胡大愼爲其父胡守中所撰的傳記。據胡大愼記載，胡守中，字伯時，號文江，江西寧陵人，嘉靖十一年進士，選翰林院庶吉士，散館授刑部主事。嘉靖十四年，改浙江道監察御史，奉命出按陝西，奏上議處屯田疏，驅除北虜吉囊的一次進犯，又建崇正書院，疏請議處吐魯番進貢騷害地方，疏請選擇經筵講官。嘉靖十七年，巡按北直隸。嘉靖十八年，世宗南巡，胡守中負責總理北直、河南、湖廣三省沿途行宮事宜。陞都察院右僉都御史兼詹事府府丞，十九年陞右副都御史。二十年，九廟災，上封事，又劾郭勛不法事。九月，陞兵部右侍郎兼都察院左副都御史，總督薊州軍務兼理糧餉，在邊三月間，疏陳練邊兵、選邊將、理邊儲、議邊情、修邊防等五事，又條陳清查邊界等八事。巡邊至山海關時，見守備趙仁剝削軍士，將之鞭笞四十。趙仁遂唆使給事中章允賢彈劾胡守中，內閣首輔夏言從中主其事，誣陷胡守中意欲侵盜帑銀及斫伐樹木，胡守中因此被逮而死。

胡大愼在此書中對其父褒揚備至，稱其「忘身殉國」，「孤忠凜凜，大節彌堅」，稱夏言是「以私憤而害忠良」。核之《實錄》、正史，其記載卻與此大相徑庭。《明史》卷一百三十載：「副都御史胡守中又劾（郭）勛以族叔郭憲理刑東廠，肆虐無辜。帝置勿治。」〔註72〕而胡大愼《傳》稱當時胡守中「疏奏，朝廷行之」。胡守中總督薊州時，疏陳五事，胡大愼《傳》又稱「疏奏，朝廷速命行之」，而《明世宗實錄》卷二五五記載的實際情況是：「上曰：『守中假以修邊，冒費帑銀，擅自科罰軍衛官員，擾斂百姓，贓賄狼藉，又將邊關百年以來所蓄林木擅行砍伐，自撤藩籬，壞事殊甚。』」〔註73〕關於胡守中之獄，胡大愼《傳》僅用三言兩語爲其父作了辯護，而《明世宗實錄》卷二五六則錄載了章允賢的奏疏和當時審訊的經過，揭露了胡守中和郭勛勾結以及交通北虜、貪贓枉法的事實，審訊的結論是：「守中本以反覆小人、貪殘贓吏，假藉寵靈，擅作威福，蠹政欺君，虛張虜勢，假稱犒賞，冒費帑銀至鉅萬，罪已不赦。至于修建來遠樓、砍伐潮河川一帶林木，自撤藩籬，寘之極典，尚有餘辜。」〔註74〕《明史》記載，御史謝瑜甚至將胡守中與嚴嵩、郭

〔註72〕《明史》卷一百三十，第 3823 頁。
〔註73〕《明世宗實錄》卷二百五十五，第 5120 頁。
〔註74〕《明世宗實錄》卷二百五十六，第 5143 頁。

勛、張瓚等人一起並列稱爲「四凶」〔註75〕，胡守中被論斬，其諸子降級閑住，大快人心。

胡大愼作爲胡守中之子，對其父百般迴護在所難免。此《傳》詳細摘錄了胡守中的奏疏，但是在關鍵問題上忽閃其詞，言之甚簡，《實錄》、正史的記載可能更加接近歷史眞實。

以上三書是當代名臣名人的傳記。

5.《四朝恩典錄》（江西宜春劉氏，蒙恩復姓高氏，集錄四朝恩典，刻書以傳。）

《四朝恩典錄》一冊，不分卷，嘉靖八年（1529）刻本，半葉九行，行十八字，白口，單黑尾，左右雙邊，版心上鐫「恩典錄」。卷首鈐「范氏天一閣藏書」朱文方印。是書爲天一閣遺存，海內孤本。

是書乃高琬誥敕，收錄憲宗時高琬登第之年的殿試策問、恩榮次第和敕撰進士題名記，孝宗敕諭一道、敕命二道、誥命二道，武宗敕諭七道，世宗誥命三道，以及嘉靖八年（1529）江西左參政葉溥所撰諭祭文一道。因高琬歷成化、弘治、正德、嘉靖四朝，故稱「四朝恩典錄」。

是書前有嘉靖三年楊廉序，末有嘉靖六年（1527）嚴嵩《書高氏四朝恩典錄後》以及高祉識語。是書初刻於嘉靖三年（1524），爲高琬八十歲時自刻，嘉靖八年高琬死後，其子高祉又增刻諭祭文一道，並加識語。

據書中記載可知，高琬（1445～1529），初冒姓劉，後復高姓，字德資，號仰峰，江西袁州府宜春縣人。成化十四年（1478）進士，初任松陽縣知縣，調上海知縣。弘治七年（1494）擢南京貴州道監察御史，奉命往四川提督軍務，因功進階文林郎，妻戚氏被贈爲孺人，繼室王氏被封爲孺人，父贈文林郎，母贈孺人。陞松江府知府，進階中憲大夫。正德初歷陝西右參政、湖廣左參政、湖廣右布政使和浙江左布政使等職，正德六年（1511）轉都察院右副都御史撫治鄖陽，討平荊襄、河南、陝西和江西等處「盜賊」，賑恤得宜，因功受賞。正德九年（1514）因病致仕歸里。嘉靖二年（1523）進階通議大夫，妻戚氏被贈爲淑人，繼室王氏被封爲淑人，父、祖父贈通議大夫，母、祖母贈淑人。《諭祭文》云：「爾以醇厚之資，通鍊之才，發跡賢科，出宰大邑。

〔註75〕《明史》卷一百十：嘉靖二十一年，「昔舜誅四凶，萬世稱聖。今瓚與郭勛、嚴嵩、胡守中，聖世之四凶。陛下旬月間已誅其二，天下翕然稱聖，何不並此二凶，放之流之，以全帝舜之功也。」（第5549頁）

進司風紀，擢守名邦，宣化藩方，累效勞績，撫治南楚，克樹戎功。委任方殷，養痾在告。宜膺壽祉，胡遽長違，計音來聞，良增傷悼。特賜葬祭，用篤始終。」

由是書可見，高琬歷仕四朝，政聲著聞，尤其為人稱道的是，他與都御史彭澤一起撫平荊襄等處流賊，以此封妻蔭子，光宗耀祖，成為當地著名人物。因此，嘉靖《袁州府志》卷九和康熙《袁州府志》卷十均有其傳略。而《明史》無傳，對之亦未提及。是書錄載大量誥敕，可與方志相參，其中對當時撫平荊襄等處流賊的情形的詳細記載，亦足補正史史事記載之闕失。

6.《恩命錄》（刑部尚書吳鵬的敕諭，可補史之闕。）

《恩命錄》一冊，不分卷，嘉靖刻本，半葉八行，行十五字，白口，單白尾，四周單邊，無序跋。是書亦為天一閣遺存，海內孤本。

是書收錄嘉靖十二年至三十二年的有關吳鵬的十四道敕諭。

吳鵬（1500～1579），字萬里，號墨泉，浙江秀水人，嘉靖二年（1523）進士，初授工部主事，官至吏部尚書。據是書所載敕諭可知，吳鵬嘉靖十二年（1533）時任貴州按察司僉事，提督貴州所屬二十衛所屯田及各司衛所州縣學校，兼理本司詞訟；嘉靖十五年（1536）時任廣東按察司僉事，巡視提督各府州縣儒學；嘉靖二十年（1541）時任廣西布政司左參議；嘉靖二十二年（1543）時任雲南按察司副使；嘉靖二十五年（1546）時任福建布政司右參政，兼管所屬各府州縣糧儲；嘉靖二十九年（1550）時任都察院右副都御史巡撫江西，操練兵快，修理城池，撫安軍民；嘉靖三十二年（1553）因淮安徐、邳等處水患異常，奉命以刑部左侍郎兼都察院右僉都御史巡撫鳳陽等處，總督漕運，督理海防，招撫營田，賑濟災民。是書所載末三道敕諭，一是嘉靖三十年（1551）三月敕諭兵部右侍郎應檟編造黃冊，一是嘉靖三十年六月敕諭巡撫鳳陽等處都御使查處倉廠坍塌損壞者，三是嘉靖三十二年二月敕諭南直隸鳳陽等處巡撫官管理、操練班軍。

吳鵬，萬曆《秀水縣志》卷六有傳，其突出政績是在貴州參議任上撫平蠻叛，在福建參政任上擒斬盜賊，巡撫鳳陽時督理漕河，而以治河功勞最著。晚年任吏部尚書，依附嚴嵩，成為其人生的污點。《明史》無傳，從其隻言片語中不難看出，《明史》編纂者因此對吳鵬頗有微詞，如云，吏部尚書李默「既得罪，繼之者吳鵬、歐陽必進，視（嚴）嵩父子意，承順惟謹，吏部

權盡失。」〔註76〕吳鵬治河、賑災之事，《明史》一筆帶過：嘉靖三十二年正月「侍郎吳鵬振淮、徐水災」〔註77〕，「帝命侍郎吳鵬振災戶，而悉從（曾）鈞奏」〔註78〕。《恩命錄》錄載當時漕河形勢及治理情形頗為詳備，是人物生平的直接史料，也是明史研究的寶貴史料。

7.《崇孝錄》（鄞縣錢安、錢奐和錢瓚三人的敕、碑、誌乘和關牒等，是一個家族的原始檔案。）

《崇孝錄》一冊（圖36），一卷，隆慶三年（1569）刻本，半葉十行，行二十字，白口，單黑尾，四周雙邊。是書乃鄞縣錢鳳來輯錄其祖輩錢安、錢奐和錢瓚三人的傳記資料，收載敕命一道、行實二通、廣西陽朔碑一通、廣西梧州府牒一通和直隸池州府牒一通。是書亦為天一閣遺存，海內孤本。

據是書所收永樂三年（1405）九月初六日敕命可知，錢安，字靜能，洪武十七年（1384）因學行出眾受到舉薦，以才器事朱元璋，選韓府長史司紀善所紀善，建文時黜為民，永樂元年（1403）以舊臣召至京師，將被任以舊職，安辭以筋力衰退，永樂三年九月敕命一道放還。據是書所收《明故正奉大夫正治卿廣西左布政使訥齋錢公行實》和《廣西陽朔縣碑》可知，錢奐（1409～1483）乃錢安曾孫，字文煥，號訥齋，正統元年（1436）進士，授戶科給事中，正統六年（1441）父卒，九年（1444）服闕，復任戶科持節使。正統十三年（1448）陞廣西左參政，景泰七年（1456）分守潯州，平大藤峽「賊」有功，天順四年（1460）升湖廣左布政使，母喪歸家，起復廣西左布政使，成化六年（1470）致仕。據《明故中憲大夫廣西按察司副使括庵錢公行實》、嘉靖三年（1524）正月《廣西梧州府牒》和嘉靖三十三年（1554）五月《直隸池州府牒》可知，錢瓚（1455～1529）乃錢奐仲子，字廷佑，號括庵，弘治十二年（1499）進士，授安慶府潛山縣令，調池州府青陽縣知縣，升桂林府同知，擢南京刑部員外郎，服除，補郎中，遷雲南按察司僉事，轉廣西按察司副使，年老告歸。其在廣西時的事迹編入《實錄》，死後入池州府名宦祠內奉祠。

書名「崇孝」，語出《禮記·祭統》，如書首隆慶三年（1569）裔孫錢鳳來題識所云：「予家先世如紀善公、方伯公、大父憲副公，懿德美政，昭灼人

〔註76〕《明史》卷二百二，第5339頁。
〔註77〕《明史》卷十八，第241頁。
〔註78〕《明史》卷八十三，第2037頁。

耳，或見於敕，或見於碑，或見於志乘，或見於闕牒，皆班班可考，子孫固有不與知者。偶檢先君鹿山公遺笥，得茲數種，深懼久而無傳也，遂捐俸梓之。《記》曰：『顯揚先祖，所以崇孝也。』匪以崇孝，抑以告爲子孫者知所仰止而敬承，庶求所以無愧世德云。」

鄞東勾藥沚錢氏爲甬上望族之一。清初全祖望編撰《甬上族望表》時，就記載其時錢氏已有「侍郎管廣西布政事奐，廣東按察副使瓚，知臨江府若廣，山東提學參議啓忠，知寧國府敬忠，殉難大學士謚忠介肅樂，殉難翰林院檢討肅範兄弟，徵士光繡，監察御史肅圖，共九望」〔註79〕。康熙《鄞縣志》卷十五有錢奐和錢瓚二人的傳略。而錢氏事迹不見於正史記載。此書所載錢氏敕、碑、行實和闕牒，可以說是一個家族史的原始檔案材料。

8.《幽光錄》（江西蜀江歐陽德編其祖父母、父母的事迹，是家族史的直接史料。）

《幽光錄》一冊，明嘉靖刻本，半葉九行，行十八字，白口，雙魚尾，四周雙邊，版心上題書名，前後均有闕葉。是書爲天一閣遺存，海內孤本。

是書前闕七葉，後闕若干葉，佚編輯者姓名。據書中現存內容推測，此書當爲歐陽德所編。歐陽德（1496～1554），字崇一，號南野，江西泰和人，師從王陽明，是明代著名的理學家。他嘉靖二年（1523）登進士，授六安知州，官至禮部尚書，有《歐陽南野先生集》三十卷。嘉靖二十九年（1550），其母蕭氏卒，次年與其父歐陽庸合葬。歐陽德時爲吏部左侍郎兼翰林院學士，蒙恩，父庸、祖勉追贈如其官，祖母郭氏、張氏贈爲淑人，母蕭氏贈爲太淑人，歐陽德又爲祖父母、父母立碑樹石。爲進一步表彰先人陰德，歐陽德又邀請同仁爲其祖父母、父母撰寫碑文、行狀、傳、墓誌銘、墓表和神道碑銘等，並將之彙爲一編。

此書現存部分包括吏部尚書嚴嵩《畜德發祥之碑》、高州知府歐陽烈《贈通議大夫吏部左侍郎兼翰林院學士歐陽公勵齋先生行狀》、歐陽德《林背先塋碑》、兵部尚書聶豹《贈吏部左侍郎兼翰林院學士勵齋歐陽公繼配張淑人合葬墓誌銘》、禮部左侍郎馬汝驥《嚴溪先生傳》、南京兵部尚書湛若水《明誥封奉直大夫嚴溪歐陽先生墓表》、南京兵部右侍郎歐陽鐸《明誥封奉直大夫嚴溪歐陽先生墓誌銘》、應天府尹歐陽塾《誥封太淑人歐陽母蕭氏行狀》、南京國

子監祭酒鄒守益《明封太淑人歐陽母蕭氏合葬墓誌銘》和禮部尙書徐階《贈通議大夫吏部左侍郎兼翰林院學士巖溪歐陽公暨配蕭太淑人神道碑銘》共十篇，其中徐階所撰《神道碑銘》惟存一葉。

泰和歐陽氏可追溯至唐吉州刺史琮、宋太尉梁國公忠。元末明初，歐陽氏重新崛起，十五世歐陽琳（字觀民，號石塘，1334～1427）曾做過朱元璋的千夫長〔註80〕。其長子（字永清，號松坡）洪武時爲淶水訓導，建文時棄官，永樂時謫戍興州右屯衛。永清之次子澟（字廣澟，號百歲）年九十四，授冠帶。澟有三子，勉（字時勉，號勵齋，1418～1484）乃其仲子。勉鞏固了家業，又宅心仁厚，善待僕婢，原配郭氏（1424～1470）侍奉公婆，和睦妯娌。成化五年（1469），其兄嫂身患疫病，夫妻二人不怕傳染，親自照顧。勉繼配張氏（1419～1488），撫養遺孤，勤勞節用，經營有家。勉有五子，庸（字錄之，號巖溪，1460～1539）乃其第四子。庸爲遷安縣學生員，進爲庠生，三試不舉，隱居巖溪之上。庸少時曾不遠萬里去興州戍所看視祖父，庸十歲喪母，對其舅很好，後又課子敎子，樂善好施。配蕭氏（1462～1550）春簸織布，灌畦摘蔬，躬炊爨，是賢妻良母。

明代歐陽氏爲江西泰和望族，世居蜀江。明初，歐陽哲（永樂十九年進士）曾修《蜀江歐陽氏族譜》，楊士奇爲之作序〔註81〕，此譜今已不存。據歐陽烈《行狀》，歐陽氏尙有《家乘》，《家乘》今亦不存。此書記載了歐陽氏五代的事迹，重點記載歐陽勉夫妻、歐陽庸夫妻的懿行，這是一個家族史的直接史料，體現了仁德世家的傳承。

9.《恩卹錄》（嚴嵩之妻歐陽氏死後卹典，可補史之闕。）

《恩卹錄》一冊，明嘉靖刻本，半葉十行，行十八字，白口，單黑尾，左右雙邊，版心上題書名。此書後有闕葉，並有蟲蛀水漬。是書爲天一閣遺存，未見他書著錄和版本流傳，海內孤本。

是書所載乃嚴嵩（1480～1565）之妻歐陽氏卹典之事。現存十二葉，包括誥命一道，諭祭文三道，部題四道——禮部尙書袁煒等題爲欽奉聖諭事、工部尙書雷禮等題爲欽奉聖諭事、禮部爲欽奉聖諭事、吏部爲欽奉聖諭事，及嚴嵩謝恩疏二道。

〔註80〕〔明〕王直《抑庵文集》（文淵閣《四庫全書》本）卷二十九有《歐陽公觀民墓誌銘》一篇。
〔註81〕見楊士奇《東里集》卷五《蜀江歐陽氏族譜序》。

　　此書內容是：吏部尙書嚴嵩妻歐陽氏於嘉靖二十九年（1550）被封爲一品夫人。嘉靖四十年（1561）五月，歐陽氏卒，議定卹典：諭祭一壇，加祭一壇，下葬一壇；翰林院撰祭文；光祿寺辦祭品；順天府買辦香燭紙，遣工部堂上官致祭；下葬祭品行移江西布政司支給官錢買辦，遣江西布政司堂上官致祭，每壇祭物有猪、羊、饅頭、粉湯、菓子、按酒、鳳雞、煠骨、煠魚、酥餅、酥錠、雞湯、魚湯、降眞香、燭、焚祝紙、酒等；工部應付棺槨、磚灰、夫匠，差官造墳，造墳工料給全價三百兩，夫匠二百名，每名一兩，通共用銀五百兩，加棺槨一副；兵部應付船隻、車輛、脚力、人夫，送回原籍安葬，工部差官護送。因嚴嵩年老，嚴世蕃留京侍養，不必守制，差嚴嵩之孫嚴鵠送回安葬。嚴嵩爲此奏疏謝恩。

　　《明世宗實錄》卷四九七記載，「嚴嵩妻夫人歐陽氏卒。上諭閣臣曰：『聞嵩妻果不起，夫婦並八十者不多有，其示禮臣議卹典，後不爲例。』部覆當祝，故事從厚。上然之，乃賜諭祭三壇，所司分治喪具，遣官護送。」〔註82〕至於歐陽氏卹典的具體情況，史籍沒有詳細的記載，天一閣藏《恩卹錄》明確記載了三篇諭祭文，以及祭葬所需的銀兩、祭物等，正可補史之闕。又《明史》卷六十：「《會典》，凡一品官，祭九壇。父母妻加祭，或二壇、一壇，或妻止一壇者，恩難預擬，遇有陳乞，酌擬上請。」〔註83〕歐陽氏作爲大學士、內閣首輔嚴嵩之妻，屢受一品夫人之封，死後祭三壇，可見卹典之隆重非比尋常。

　　10.《家乘》（浙江象山王淯的傳記七篇，與史志互有異同，可糾補史志等之訛漏。）

　　《家乘》一卷，一冊，明王楫編，嘉靖刻本，半葉八行，行十八字，白口，無尾，左右雙邊，版心上鐫「家乘」，版心下記刻工：「山陽彭淮刊」。是書今藏上海圖書館。

　　是書記載王淯的事蹟，其子王楫編，共七篇：王楫《皇明賜進士文林郎廣西道監察御史先君毅齋先生墓誌銘》，附《乞言小狀》；嘉靖二十三年（1544）三月羅洪先《毅齋王先生傳》；吏部侍郎兼翰林院學士謝丕《明故廣西道監察御史贈奉政大夫毅齋王公墓碑銘》；南京國子監祭酒鄒守益《明故監察御史毅齋王公墓表》；唐順之《王御史毅齋先生誄》。

〔註82〕《明世宗實錄》卷四百九十七，第 8235 頁。
〔註83〕《明史》卷六十，第 1483～1484 頁。

從是書記載可知，王澳（1459～1522），字時霖，號毅齋，晚號丹臺逸史，浙江寧波府象山縣人，弘治八年（1495）舉人，九年（1496）成進士。授長樂知縣，在任期間，救旱賑饑，修築水利，溉田百頃，存恤死者，修建學宮，彰顯節孝，講明理學。因政績顯著，召拜為廣西道監察御史。時宦官劉瑾專權，王澳於正德元年（1506）上疏陳五事：崇聖學以正君心、申詔令以終大孝、公賞罰以服人心、絕內批以防欺蔽、節財用以恤民窮。劉瑾讀至「絕內批」一條，便大怒。澳復上疏，申言：「皇上不親庶政，使刑餘、傳奉竊弄威福，臣恐將來之禍必有不忍言者。」劉瑾將此疏留中不發。正德二年（1507），王澳以病乞歸，劉瑾下之詔獄。澳落籍為民，又被罰粟二百石輸邊。劉瑾敗後，澳復職聽用，但因吏部尚書王瓊記恨王澳，此事不成。於是家居授諸子及後進請業者，絕口不談時事。嘉靖元年（1522）卒，享年六十四。嘉靖二年（1523）十二月葬於蔡家崑山。嘉靖三年（1524）有司評其行誼，祠於鄉賢。嘉靖十八年（1539）以其第三子工部郎中王梴貴，贈奉政大夫。

王澳，《明史》卷一百八十八有傳略，《寧波府志》和《象山縣志》亦各有傳，但所載與此《家乘》多有異同。

上圖藏此本《家乘》，另附《王氏家乘附錄》一卷，一冊，題「衡山李泆撰集」，清藍絲欄抄本，版心下有「紅縹館本」四字。是書將《明史》、《大清一統志》、雍正《寧波府志》、乾隆《象山縣志》、道光《象山縣志》、《千頃堂書目》和《郎邪王氏家派宗譜》等有關王澳的材料輯錄出來，與《家乘》進行比較考察，得出結論：「今余所得天一閣原書，其足糾補正史、官書、地志、家譜之訛漏者更僕難數，又不僅得知生卒日已也。」

又國家圖書館藏《家乘》一卷，一冊，與此同一版本，亦為天一閣散出書。末有羅振常題識：「此書阮、薛二目均列之史部傳記類。阮云：《王毅齋墓誌銘》，子梴撰。不知作者實多，不僅梴所作之墓銘。而薛作明王梴編，當合。惟兩目均誤梴為梴，不知何故。」

11. 《盧陵曾氏家乘》（共七種，江西盧陵斂陸曾氏家族的資料，記載了家族史、家族世系和重要人物傳記。）

《盧陵曾氏家乘》（圖 38），七種，三十五卷，包括《昭先錄》十卷、《存賢錄》十一卷、《表忠錄》三卷、《旌節錄》二卷、《悼後錄》二卷《附錄》二卷、《終孝錄》二卷和《崇義錄》三卷，明曾孔化編，嘉靖刻本，海內孤本，

版式均為半葉十行，滿行二十字，白口，單白尾，四周雙邊，版心題書名。除《昭先錄》第八、九兩卷一冊和《崇義錄》三卷一冊今藏上海圖書館外，餘均乃天一閣遺存。

曾孔化，號華山，江西廬陵歛陸人，嘉靖十一年進士，授南京刑部主事，改貴州道監察御史，嘉靖十四年（1535）因直言免歸。

《昭先錄》五冊，是書記述曾氏的人和事，按體裁分卷，傳、碑、狀、贊、誌、序、記、跋、議、文、書、賦、銘、詩、歌。從是書記載可知，廬陵曾氏乃文獻世族。曾氏先祖可追溯至春秋鄟國時，有曾點、曾參。東漢時因不事新莽，遷家吉州吉陽鄉。五代時由南豐徙居丹桂里，是為歛陸。曾氏代有顯宦，宋代曾鞏最為著名，今廬陵曾氏系出曾鞏之弟曾布。明初曾氏「其先有御史鳳韶、紀善子禎，皆死靖難事，罰及族屬，率多遠戍，幾於不振，至舉人府君，始續遺光，而又遏抑。」（何其高《封主事友雲曾公墓碑》）

《存賢錄》二冊，是書輯錄曾氏之詩，自宋曾鞏至明曾孔敷，凡五十一人，人凡十五世，每人先注字號及官職，後錄詩，詩共 536 首。卷首有嘉靖三十三年（1554）曾孔化《存賢錄引》，云：「茲錄，錄先世之詩，藏之家塾，使後有所考而弗佚，故曰存賢也。」

《表忠錄》一冊，是書表彰曾鳳韶和曾子禎。二人皆死靖難之事，曾孔化為表彰先哲，宣力訪求，於嘉靖二十一年（1542）立二忠祠。卷首有嘉靖三十一年（1552）曾孔化《表忠錄引》，其中云：「《記》曰：先子有善而不知，不知也；不知而不傳，不仁也。是故纂次其事，附于家乘，禮也。錄凡三卷，題曰表忠。」是書三卷，上卷公移，載二忠祠的修建過程；中卷侍御公事實，輯錄曾鳳韶之事迹；下卷紀善公事實，輯錄曾子禎之事迹。據是書可知，曾鳳韶（1375～1403），洪武末年進士，建文中擢監察御史，彈劾無所避，成祖登極，召之不赴，授以侍郎，再召，不屈，逮之，血書明志，嚼舌自盡，時年二十九。族人連坐十數家，徙戍邊。洪熙（1425）初赦歸，並給還貲產。曾麟，字子禎（1335～1398），以字行，洪武十五年（1382）辟為南昌府靖安縣儒學教諭，二十五年（1392）遷周府紀善，賜號貞素，靖難師駐江，奔走丹陽，上書不報，於是自題小像，自殺身亡。

《崇義錄》一冊，是書曾孔化從祖曾愚的資料。曾愚（1378～1456），字子愚，一作子榆，號愚軒，勤於耕稼，培植田廬，以至家用殷富。宣德九年（1434）和十年（1435）間，江西發生旱災，詔勸民出資賑災。曾愚率先出

谷一千二百石，又捐資築倉以供儲備。事聞於朝，正統二年，英宗遣行人齎敕旌之爲義民，並犒以羊酒，免除其戶三年的雜泛差役。一時觀者如堵，傳爲鄉里美談。每遇鄉飲之禮，有司致書請之赴郡庠，使之居於大賓之位。《崇義錄》將這些敕諭、詩文、碑記、壽序、墓誌銘等彙爲一編，上卷：宸翰、睿翰、鄉飲請書、像贊、碑記，贈序、上梁文、贈詩；中卷：壽序、壽詩；下卷：《愚軒記》、《愚溪詩》並《愚溪詩跋》、《愚溪賦》、《墓誌銘》、《挽詩》並引。卷首嘉靖三十一年（1552）曾孔化《崇義錄引》云：「是故儉而弗靡，富而弗淫，厚積而弗匱，博施而弗悋，皆足以勸世道而垂家則也。矧龍篆寶篆，墨色如新；宗工巨儒，嘉言盈帙，可泯泯而弗傳耶？乃以付之梓人，工告成，題其端曰『崇義』。」是書散出後，輾轉由黃裳得之於海上，經黃裳改裝，封面題簽：「天一閣藏書」，卷內鈐「黃裳青囊文苑」、「黃裳藏本」二印，蟲蛀已補。

《旌節錄》一冊，是書是曾孔化祖母郭氏（1431～？）的資料。曾孔化祖父曾謨天順六年（1462）中鄉試第七名，次年赴京參加會試，試院失火，謨感疾身故。郭氏時年三十，育孤守節，始終不渝。嘉靖十年（1531），郭氏101 歲，守節已七十一年，耳聰目明，朝廷旌表其爲「節婦」。嘉靖十三年（1534），禮部尚書夏言驚歎其爲人瑞，書「節壽」二字贈之。是書上卷：奏疏、部箚、院申；下卷：節壽傳、像贊、節壽記、墓誌銘、縣志、節壽詩。卷首嘉靖三十一年曾孔化《旌節錄引》云：「彙次奏牘、公移、銘誌、傳贊、序記、詩歌，刻而藏之，以垂不朽，名曰旌節錄。」

《終孝錄》，是曾孔化之父母曾襃和彭氏的傳記資料。現存下卷：行狀、墓誌銘、傳、墓表、祭文、挽詩。曾襃（1462～1544），字華翰，號友雲，生四歲而父卒，過繼給叔父曾謙爲子，厚待四個堂兄妹，器量不凡，在家躬事稼穡，訓諸子弟，修永思堂，增置祀田，創義倉，立家規，享年八十三。彭氏（1464～1550），廬陵西溪人，相夫教子，勤於操作，享年八十六。

《悼後錄》一冊，《附錄》一冊，是書是曾孔化之子曾世臣（1517～1542）的資料。前有嘉靖三十三年曾孔化序。上卷：傳、像贊、行狀、壙誌、墓表、祭文（十篇）、悼才賦、挽詩（九首）；下卷：書簡（六十四首）。附錄爲曾世臣應試的文稿。曾世臣，字忠甫，號少華，生而不群，善爲文章，孝友恭義，爲廬陵縣學生員，屢試不第，鬱鬱不樂，患病而死，年僅二十六歲。

歟陸曾氏爲廬陵故家大族之一，「衣冠詩禮之家，煒燁芬馥」（《終孝錄》

卷下）。曾氏源遠流長，至明代，幾代族人聚集而居，形成文獻世家的傳統。曾孔化收集家族史料，編刻《廬陵曾氏家乘》凡七種，譜寫了曾氏的家族史，明晰了家族譜系，保存了家族重要人物的傳記資料，寓愼終追遠、耕讀傳家之意。

　　以上五書是家譜性的明人傳記。

第四節　天一閣藏明代科舉文獻

　　天一閣藏明代科舉文獻是天一閣藏書的又一瓌寶。據統計，天一閣原藏明代科舉文獻約 500 餘種，而這些科舉文獻《明史・藝文志》均未著錄。駱兆平說：「明代共開科八十九科，天一閣藏有首科洪武四年的會試錄和進士登科錄，又收藏過極爲罕見的建文二年會試錄和進士登科錄。自宣德五年起，正統、景泰、天順、成化、弘治、正德、嘉靖、隆慶至萬曆十一年止，連續五十二科的會試錄和進士登科錄均一科不缺。宣德五年前僅缺十種，如果考慮到嘉慶以前二百多年間藏書的散佚因素，那麼可以推斷，天一閣收藏萬曆十一年以前的明代會試錄和進士登科錄基本上是完整的。」〔註 84〕近人羅振常曾見天一閣散出之明抄本《建文二年會試錄》和《建文二年進士登科錄》，讚不絕口：「范氏多藏明代科舉題名錄，而尤以鄉試錄爲夥。當其藏書散出時，予悉得寓目，見諸錄皆刻本，此二錄爲抄本，推原其故，蓋此錄在明靖難後，即爲禁書，不獨爲朝廷所禁，且錄中諸臣亦自諱之。觀胡廣《登科錄》中，既改名靖，至後仕永樂又復名廣，可以知其心矣。既爲禁書，相率燬之，乃少傳本，後既弛禁，或倖有藏者，范氏得以假抄，故二錄獨無刊本也。」〔註 85〕范欽生前對科舉文獻進行了系統的搜集，即使是在藏書大量散出之後的今天，天一閣藏明代科舉文獻以其數量之多和質量之高而獨步海內外。

一、天一閣藏明代科舉文獻概述

　　明代科舉文獻在當時的流通和收藏是較爲普遍的。在范欽前後收藏科舉文獻的人就有鄞縣陸銓、山陰祁承爜等好幾位〔註 86〕。還有一位范欽的同鄉

〔註 84〕駱兆平：《天一閣叢談》，第 106 頁。
〔註 85〕羅振常：《善本書所見錄》，北京：商務印書館，1958 年，第 50～51 頁。
〔註 86〕參〔日〕鶴成久章《天一閣〈明代登科錄〉大型藏書之謎——兼論傳入日本的〈明代登科錄〉》，《科舉與科舉文獻國際學術研討會論文集》（下冊），第

李循義（1487～1542）也愛好收藏科舉文獻〔註87〕，清初鄞縣學者李鄴嗣在《書嘉靖癸未試錄後》中說到他的先祖李循義：「先世好藏書，自國初至萬曆，每科會試錄及諸省鄉試錄俱藏一本，凡數簏，亂後百不存一。」〔註88〕這些藏書家的收藏隨著時間的流逝都已煙消雲散，惟有天一閣范氏最終成爲收藏此種文獻的最大宗，至今仍蜚聲海內外。

天一閣所藏的明代科舉文獻，包括進士登科錄、會試錄、鄉試錄、武舉錄和武舉鄉試錄等各種試錄以及同年錄、履歷便覽等原始科舉文獻，也包括題名錄、程文等專題科舉文獻。下面分別概述之。

天一閣所藏明代試錄是明代科舉文獻的核心，也是天一閣藏明代科舉文獻的菁華，它是第一手的最原始的科舉文獻，功用和價值也最大。天一閣遺存進士登科錄41種，會試錄38種，鄉試錄274種，武舉鄉試錄8種，武舉錄11種。此外，國家圖書館、上海圖書館、臺灣中央圖書館和臺灣中央研究院歷史語言研究所及美國國會圖書館等所藏萬曆十一年以前的明代試錄也多爲天一閣散出書。

范氏藏明代試錄在當時已經出名了，並爲學界做出了貢獻。嘉靖二十九年（1550），俞憲編撰《皇明進士登科考》，彙輯洪武四年至嘉靖二十九年凡五十七科的進士姓名爲一編，其《敘》云：「是錄參考湖、閩諸本而成，至是三易梓矣。歲戊申（1548），予謫楚，梓於楚。己酉（1549），移越，梓於越。顧洪武所亡三科猶爲闕典，覽者有餘憾焉。今年秋，明人章貞叔過予曰：『予有是本，而今逸矣。當爲君移箚范堯卿氏可得也。』已而果如約。予乃取校入梓，悉補闕亡，並續庚戌榜三百二十人，另起爲卷。於是錄始大備矣。於戲，二君拾遺之功，詎可掩哉。」〔註89〕《皇明進士登科考》所缺洪武朝三科以及嘉靖二十九年榜得成完全，端賴范氏藏書。

天一閣現存明代進士登科錄，多爲禮部刻本，其中洪武四年，宣德五年，正統四年、七年、十年、十三年，景泰二年、五年，天順四年、八年，成化十四年、十七年、二十三年，弘治六年、十五年，正德六年、十二年，嘉靖

---

336 頁。

〔註87〕 李循義，字時行，號六峰，鄞縣人，嘉靖二年進士，官至衡州知府，康熙《鄞縣志》卷十五有傳。

〔註88〕 〔清〕李鄴嗣：《杲堂文鈔詩鈔》，《四庫全書存目叢書》集部第 235 冊，第 595 頁。

〔註89〕 〔明〕俞憲：《重刻皇明進士登科考敘》，《皇明進士登科考》。

二年、八年，十一年進士登科錄、同年序齒錄；嘉靖二十九年、三十五年、四十四年，隆慶五年，萬曆二年十一年進士登科錄；萬曆十七年、二十三年、崇禎四年進士履歷便覽等三十種爲存世孤本或獨家收藏，印刷較爲清晰，經過數百年的珍藏，至今保存仍較完好，殘損者較少。進士登科錄通常包括五部分：（1）「玉音」，即禮部尚書關於本科殿試的奏疏，皇帝聖旨及讀卷官、受卷官等各類執事官的官職、姓名、表字、籍貫、功名。（2）「恩榮次第」，是殿試、傳臚、張榜、上表謝恩、詣孔、行釋菜禮及國子監立石題名等一系列活動日程。「玉音」和「恩榮次第」兩部分是研究明代殿試制度的直接史料。（3）「進士家狀」，是進士登科錄的主體部分。按名次先後排列進士姓名，列出籍貫、中舉前身份、治何經典、字、行、年幾何、某月某日生，曾祖、祖、父名及其官職，母某氏，封贈情況，祖父母、父母健在情況，兄弟名及其官職，娶某氏，某省鄉試第幾名，會試第幾名。是大量明代進士出身的各類人物原始傳記資料。（4）「御製策問」，即殿試策題。（5）第一甲三人進士殿試對策。策問和對策保存了大量科舉考試的原始文本。綜上可知，進士登科錄對《明史》、《明實錄》等歷史文獻具有重要的訂補價值。〔註90〕

　　天一閣現存明代會試錄 38 種，另外，臺灣藏明代會試錄 10 種，美國國會圖書館藏 4 種。明代會試錄的結構經過了一個發展的過程。明代首科會試錄——洪武四年會試錄只包括執事名錄、考試題目、中式舉人名錄和宋濂《會試紀錄題辭》四部分。此後至明末，會試錄通常包括五部分：（1）前後序，分別爲兩位考試官所作，敘述本科考試的情況及意義。（2）執事名錄，分別是知貢舉官、考試官、同考試官、提調官、監試官、印卷官、收掌試卷官、受卷官、彌封官、謄錄官、對讀官、巡綽監門官、搜檢官、供給官等執事官的職銜、姓名、表字、籍貫和科第。（3）考試題目，分三場，第一場考四書五經，第二場考論、詔誥表（內科一道）、判語五條，第三場考策五道。（4）中式舉人名錄，包括名次、姓名、出身和所習專業。（5）會試錄文，先錄同考試官和考試官的批語，再錄考生文章，一般共 20 篇。

　　天一閣現存明代鄉試錄 272 種，其中孤本 233 種（部），占海內現存 333 種明代鄉試錄種類的 81.68%，孤本種類占存世種類的 69.97%。〔註91〕鄉

〔註90〕參陳長文《明代科舉文獻研究》之《上編　明代進士登科錄研究》。
〔註91〕參陳長文：《明代鄉試錄、武舉鄉試錄的版本及庋藏》，《大學圖書館學報》第 6 期，2011 年。

試錄的結構與會試錄基本相同。目前，學界較多地關注明代進士登科錄，並出了一些研究成果，對鄉試錄重視不夠，鄉試錄的學術價值有待進一步挖掘。

天一閣藏明代武舉錄詳見本節下一段。

天一閣現存明代武舉鄉試錄 8 種，均爲海內孤本：《嘉靖二十八年江南武舉鄉試錄》、《嘉靖三十四年福建武舉鄉試錄》、《嘉靖四十年浙江武舉鄉試錄》、《隆慶四年廣東武舉鄉試錄》、《隆慶四年貴州武舉鄉試錄》、《萬曆元年浙江武舉鄉試錄》、《萬曆十年應天武舉鄉試錄》、《萬曆十年江北武舉鄉試錄》。加上臺灣中央圖書館藏《嘉靖二十八年蘇松武舉鄉試錄》、《嘉靖三十一年福建武舉鄉試錄》和上海圖書館藏《嘉靖二十八年福建武舉鄉試錄》（此三種當爲天一閣散出書），因此海內現存明代武舉鄉試錄共 11 種。鑒於武舉和武舉鄉試的特殊性，武舉鄉試錄的結構與文科鄉試錄相比，在前序後增加「武舉條格」，即國家議定的武舉制度若干條。

天一閣藏明代同年錄有《嘉靖七年浙江戊子科同年錄》和《嘉靖十一年壬辰科進士同年序齒錄》兩種，分別是嘉靖七年浙江鄉試中舉和嘉靖十一年進士登第的同年的名錄和履歷，都是天一閣創建者范欽的同年舉人和同年進士的傳記資料。

天一閣藏明代題名錄有李濂編輯的《國朝河南舉人名錄》、《國朝河南進士名錄》，俞憲編著的《皇明進士登科考》，范欽編輯的《貢舉錄》，以及不著撰人的《皇明吉安進士錄》等，這些題名錄都是從明代禮部刊行的試錄中將進士、舉人輯錄出來，按類重新編排，有一定的參考價值。如《皇明吉安進士錄》彙集洪武四年（1371）至正德九年（1514）共四十五科的江西省吉安府進士的名錄和所終官職，《國朝河南進士名錄》彙集洪武四年至嘉靖二十六年（1547）共五十六科的河南省進士的名錄和籍貫，「以便同鄉覽觀」，「亦備一方文獻之節目云爾」（李濂《序》），「以後每科續刻於左」（《凡例》），實際止續至嘉靖三十二年（1553）。范欽的《貢舉錄》，是洪武三年至萬曆七年浙江出身的鄉試合格者的名單，浙江鄉試解元名單以及洪武四年至萬曆八年各科會元、狀元姓名和籍貫等。

天一閣藏明代進士履歷便覽和程文基本上是萬曆十一年以後之本，版本較惡，多爲坊刻本，印刷粗糙，蓋爲范氏子孫所入藏，但進士履歷便覽記載了進士登科後的仕宦歷程，程文則是科舉考試的範文，因此也不無價值。如

《精刻卯辰註釋二三場青雲得筏程策》一冊，是萬曆癸卯（1603）科和甲辰（1604）科會試及各省鄉試的程策選集，分上下二欄，下欄試卷，上欄評語，版心下鐫「試錄」、「××鄉試錄」等，所收程策共十八篇，分君道類和治道類，其中君道類的考卷有永命、孝慈、災異、安危、命令、賞罰、禮臣、泰交、閹宦、宗藩等十題，治道類的考卷有寬嚴、紀綱、衡鑑、重民、諡法、理財等八題。

總之，天一閣藏明代科舉文獻作爲天一閣藏書的重要文獻集成之一，其研究價值還有待進一步開掘。

二、天一閣藏明代武舉錄探析

（一）明代武舉的確立和明代武舉錄的刊刻

明代的武科舉與文科舉相比，有一定的特殊性。與文科舉實行鄉試、會試和殿試的三級考試不同，明代武科舉只進行過鄉試和會試，終明之世，並未舉行武科的殿試，且武舉鄉試時舉時輟〔註92〕，故有關明代武科舉的原始科舉文獻只有武舉鄉試錄和武舉錄兩種。又與自洪武四年（1371）便開科取士的文舉不同，明代武舉制度至正德年間才最終確立，此後至明末的一百年間又不斷地完善。且武舉會試比鄉試更爲重要，武舉鄉試制度隨武舉會試而定〔註93〕。本書所探討的武舉及武舉錄均是指武舉會試而言。

〔註92〕〔明〕沈德符：《萬曆野獲編補遺》卷三：「成化十四年，宦官汪直擅權，方務邊功、右武人，乃上疏請武舉設科，亦用鄉試、會試、殿試，悉如進士恩例。上下其疏於兵部。時余肅敏（筆者案：指余子俊）爲大司馬，不敢決，請廷臣集議，於是會同英國公張輔、文武諸大臣及科道議之。衆知不可，然不敢逆直，遂條上大略：選武臣嫡子就儒學讀書習射，鄉試以九月，會試以三月，初場試射，二場試論，三場試策，以四月初一殿試，賜武舉及第出身，恩榮次第，刻錄立碑，一如進士制。時萬文康（筆者案：指萬安）當國，心知其非，恐沮之且得禍，須有術以緩之，乃密奏上內批出，武舉重事，未易即行，宜令兵部移文天下，教養數年，俟有成效，巡按、提學具奏起送，事方得止。文康生平以阿媚取寵，獨此事調停最妥。然至弘治中，畢竟行之，但不殿試耳。以孝宗親禮儒臣，四方清晏，猶不免爲纓弁破格，今南北多事，武夫俱有躍冶之心，或議及殿試，未可知也。嘉靖十九年，兵部請武舉鄉試，上以累科未見得人，命已之。給事中王夢弼請六年一舉，亦不許。未久復行之。」（第868頁）

〔註93〕天一閣藏《嘉靖二十八年江南武舉鄉試錄‧武舉鄉試條格》：「每遇子、午、卯、酉年武舉鄉試，預於九月內，各衛所起送都司，府州縣起送布政司，類送巡按御史，會同三司官考驗定數，仍行都司起送五府，轉送兵部，布政司

　　明代的武舉，從議置到最終確立，以至進一步完善，經歷了漫長的歷史過程，實如萬曆《大明會典》所言：「武舉之法，試其謀略、藝能，列其登第而推用之，累朝選試陞用，法各不同。」〔註94〕早在洪武二十年（1387），禮部曾奏請「如前代故事，立武學，用武舉」，太祖朱元璋反對，認爲這是「析文武爲二途，自輕天下無全才矣」〔註95〕。直至天順八年（1464）十月，「立武舉法」，「令天下文武衙門各詢訪所屬官員軍民人等，有通曉兵法、謀勇出眾者，從公保舉，從巡撫、巡按會同三司官考試，直隸從巡按御史考試，中者禮送兵部會同總兵官於帥府內試策略，校場內試弓馬」〔註96〕，然後分別等第，量加署職，明代武科至此設置。但歷成化至弘治，武舉並未規範化、制度化。弘治六年（1493）規定武舉每六年舉行一次，時間在秋九月，試策二道，並根據成績相應升黜應試官生。直到弘治十七年（1504）才實行了第一次較正式的武舉〔註97〕。正德三年（1508）正月，兵部尚書劉大夏等奏「題武舉事」，議定武舉於文舉鄉試的次年（即丑、辰、未、戌年）夏四月舉行，並全面議定了武舉的選士規程、考試內容、執事人員、考試費用和及第授官等，依照此奏議的精神，這一年的四月舉行了武舉，明代武舉至此最終確立〔註98〕。正德共十六年，其間共舉行四次科舉，即三年、九年、十二年和十五年。此後直至明末，武舉制度在此基礎上斷斷續續仍有一些改革。

　　明代武舉錄的刊刻，也是始於正德三年，正德九年（1514）第二次刊刻。在此之前，由於武舉制度尚不健全，加上錄取人數極少，「成化四等年，

起送兵部，兩京衛所俱送中府。候到齊之日，中府掌印官會同各府並錦衣衛各掌印官考驗定數，類送兵部，直隸衛所、留守司、大寧、萬全都司並各府州縣俱各送巡按御史考驗定數，仍行各都司直隸府州縣衛所照例起送。其十月內考驗日期並選取之法，一仿武舉會試例行。」又「武舉會試既奉欽依改於秋九月舉行，其各處取中鄉試人員合於次年五月以後，各該官司查例應付腳力、口糧赴部會試。」

〔註94〕萬曆《大明會典》卷一百三十五，《續修四庫全書》第 791 冊，第 381 頁。

〔註95〕《明太祖實錄》卷一百三十八，第 2759 頁。

〔註96〕萬曆《大明會典》卷一百三十五，《續修四庫全書》第 791 冊，第 381 頁。

〔註97〕〔明〕王希烈《嘉靖四十四年武舉錄後序》：武舉「肇自於弘治之甲子（筆者案：即弘治十七年），迄於正德，僅四行之」。王世貞《弇山堂別集》卷五「武舉始自弘治十四年」，當誤。

〔註98〕參〔明〕黃訓編：《名臣經濟錄》卷四十一，影印文淵閣《四庫全書》第 444 冊，第 241～245 頁。

武舉取中少者二名，多不過七名；弘治十七等年，少者十五名，多不過三十二名」〔註99〕，所以在弘治十七年以前，每次武舉考試之後不過「仍將中式姓名仿文舉事例出榜，賜宴」〔註100〕而已。正德三年武舉最終確立，武舉錄也隨之得以刊刻。據兵部尚書劉大夏等人的奏議：「試畢，將一應有事於場屋官員并中式之人，照依文舉事例，梓其姓名，錄其弓馬、策論之優者，裝潢成帖，題曰『武舉錄』，刊錄進呈，上塵睿覽，仍出榜於兵部門首張掛。」〔註101〕正德九年的武舉考試官爲翰林院侍讀學士顧清，他在該科《武舉錄序》中也說：「夏四月，太子太保、兵部尚書臣陸完等具《條格》以聞，盖三年春上所定也。……取射之及格與文之中程者六十人，錄其氏名，又擇其文之優者六篇，刻之以獻，以傳示於天下。武舉之文至是凡再錄，盖眞與文科並矣。」〔註102〕

　　至於武舉錄的內容，正德三年和正德九年的武舉錄今已不存，不可考，但據嘉靖時人廖道南所撰《殿閣詞林記》記載：「凡武舉第三場考試官，兵部請命如兩京鄉試之制。正德三年始刻錄，前後有序，賜會武宴，一如文試，九年、十二年亦如之。惟十五年兵部尚書王瓊變其制，止用第一道刻文三篇，本院官二員併兵部公、侯、伯皆爲考驗官。今照舊規，出策二道、論一道。嘉靖十一年臣道南暨王用賓蒙上命主考，得周乾等六十員。」〔註103〕清初黃虞稷《千頃堂書目》有《武舉錄式樣》一卷，著錄「正德十五年頒」〔註104〕，大概正是當時兵部尚書王瓊制定的。可見正德間武舉錄的結構尚無定制，嘉靖後基本定型。沈德符《萬曆野獲編》中云：「會試錄刻文，先朝多不拘式。……而武舉錄，或刻二論，或二策，則至今尚然。」〔註105〕目前

〔註99〕　《嘉靖二十三年武舉錄・武舉條格》，天一閣藏明嘉靖二十三年（1544）刻本。

〔註100〕萬曆《大明會典》卷一百三十五，《續修四庫全書》第 791 冊，第 381 頁。

〔註101〕〔明〕黃訓編：《名臣經濟錄》卷四十一，影印文淵閣《四庫全書》第 444 冊，第 244 頁。

〔註102〕〔明〕顧清：《東江家藏集》卷十九，影印文淵閣《四庫全書》第 1261 冊，第 566 頁。

〔註103〕〔明〕廖道南：《殿閣詞林記》卷十四，影印文淵閣《四庫全書》第 452 冊，第 321 頁。

〔註104〕〔清〕黃虞稷撰，瞿鳳起、潘景鄭整理：《千頃堂書目》（附索引），上海：上海古籍出版社，2001 年，第 245 頁。

〔註105〕〔明〕沈德符：《萬曆野獲編》，北京：中華書局，1959 年，第 376 頁。

已知的天一閣藏武舉錄中最早的為嘉靖十七年所刊〔註106〕，其時武舉錄已經定型。

（二）天一閣藏明代武舉錄的結構

據駱兆平《天一閣遺存書目》，天一閣遺存武舉錄共十一種：嘉靖二十三年、嘉靖二十六年、嘉靖二十九年、嘉靖三十二年、嘉靖三十五年、嘉靖三十八年、嘉靖四十一年、隆慶五年、萬曆二年、萬曆八年和萬曆十一年。筆者檢索，無《隆慶五年武舉錄》。因時所限，筆者抽閱其中的六種——嘉靖二十三年、嘉靖二十九年（1550）、嘉靖三十五年（1556）、嘉靖四十一年（1562）、萬曆二年（1574）和萬曆八年（1580）等武舉錄。加上《明代登科錄彙編》中輯入的《嘉靖十七年武舉錄》和《嘉靖四十四年武舉錄》綜合分析。視其版式，均為半葉九行，滿行十八字，黑口，黑尾，四周雙邊，版心鐫「武舉錄序」、「武舉錄文」和「武舉錄」等字樣。其中萬曆二年和萬曆八年武舉錄均為散葉，每葉有字的一面朝裏，版心向內，萬曆八年武舉錄還是藍印本。

此八種明代武舉錄結構比較固定，一般由前後序、武舉條格、執事名錄、考試題目、中式名錄和武舉錄文等六部分組成。下面具體分析。

(1)序。武舉錄的前序和後序均為考試官所作，內容通常是敘述該科武舉情況、議論武舉的意義，因此序是記載該科武舉考試具體情形的原始資料。如《嘉靖四十一年武舉錄序》為考試官瞿景淳所作，其中云：「嘉靖壬戌秋，當復會試天下武士，兵部先期以請，上命諭德臣景淳、中允臣（張）居正典終試事，同考則都給事中臣（沈）淳、臣（張）益、郎中臣（羅）良、臣（龐）遠。時重錄大典，臣景淳奉命充總校官，與臣居正共事，今復奉茲命，乃以九月十三日甲午偕同考諸臣陛辭入瑣院，以十五日丙申進騎步射，合式者嚴試之，制拔八十五人，並錄其文以獻。」可知這次武舉的考試官是瞿景淳和張居正，九月十五日考試，中試者85人。

嘉靖二十三年，考試官翰林院編修閔如霖在《武舉錄序》中記錄了嘉靖時武舉制度的三次重大改革，又介紹了此次武舉的詳細情形：「武舉之典每歲繼廷試以行，而士之登於是科者中土視邊方恒多焉，乃嘉靖戊戌則更之以秋，暫罷於辛丑，而復行於是歲甲辰。若夫差其所產之地而採擇之，如會試

〔註106〕《嘉靖十七年武舉錄》今藏臺灣中央圖書館，為天一閣散出書，《明代登科錄彙編》輯入。

分南北之例，實茲舉始也。此皆我皇上神謀淵覽，因時定制，以應上天陰陽
之義，順風土剛柔之宜，所以崇是典而期實效也。猗歟休哉！維時兵部尙書
臣毛伯溫等合畿省所貢武士八百九十有奇，試之以射，初以騎，次以步，得
及格者二百七十有奇。於是試之以文，而若中允臣閔如霖、右贊善臣郭希顏
叨承簡命，往司其事，既入院，則與都給事中臣專精分校，視昔加嚴，而復
參伍品第，以拔其尤，遵宸斷，得四十人，刻其名氏與其文之優者六篇，獻
諸大廷，以傳佈於天下。」可知嘉靖十七年武舉改在秋九月，嘉靖二十年罷
武舉，嘉靖二十三年恢復，並如文舉會試分南北之例，此次武舉應舉者八百
九十餘人，中者僅四十人。

　　(2)武舉條格。所謂武舉條格，是指關於武舉政策和制度的規定。天一閣
藏武舉錄在《序》後均錄載武舉條格，所載武舉條格是從嘉靖元年開始的，
此後各年若有新的規定，便依次將之增刻於後。從武舉條格中可見明代中後
期武舉制度的沿革情況。嘉靖元年的武舉條格，對武舉的考試程序、考試內
容、考試官員、試卷批錄、考生錄取原則和授官原則等做了詳悉的規定，可
以看出這個武舉條格基本是正德三年武舉政策的複製：

> 每遇文舉鄉試之年，行移天下招諭各色人等堪應武舉者，俱從巡撫
> 都御史於該年十月考試，兩京武學於兵部月考優等選取，俱送兵部
> 會萃數目，於次年夏四月開科，兵部堂上官並提督京營總兵官統領
> 大綱，兵部司屬官分理眾務。

> 初九日初場較騎射，人發九矢，中三矢以上者爲合式。十二日二場
> 較步射，亦發九矢，中一矢以上者爲合式。俱於京營將臺前。十五
> 日三場試策二道、論一道，於文場席舍內。

> 先期請命翰林院官二員爲考試官，給事中並部屬官四員爲同考試
> 官，監察御史二員爲監試官，臨期陛辭入院，試卷皆彌封、謄錄、
> 編號，送入內簾，看詳各官生馬步中箭數目，照試卷編號，立簿填
> 卷之日，取號比對，分配等第。

> 其答策有能洞識韜略，作論有能精通義理，叅以弓馬俱優者列爲上
> 等；策論頗通而弓馬稍次者列於中等之前；弓馬頗優而策論但能粗
> 知兵法，文藻不及者列於中等之後；其或策論雖優而弓馬不及或弓
> 馬偏長而策論不通，俱非全材，發回，候開科再考起送。會考取中
> 名數，臨期請自上裁。

試畢，將一應有事場屋官員並中式之人照依文舉事例，梓其姓名，錄其弓馬策論之優者，裝潢成帙，題曰武舉錄，進呈上塵睿覽，仍出榜於兵部門首張掛。次日早引赴御前叩頭畢，預事官俱赴中府。會武宴亦照文舉廷試事例，預行光祿寺設辦，仍請命內閣重臣一人主席。宴畢，該營備鼓樂、職方司官二員送武舉第一人歸第。

其中式官生，若荅策二道、作論一道、馬上中四箭、步下又中二箭以上者官員，於本職上加署職二級；其第一人若係百戶以上官員，照例加陞；若係百戶以下，不爲常例，授以千戶職銜，以示崇異；其第二名以下，總旗授以署副千戶，小旗署百戶，舍人、舍餘、軍民署所鎮撫，俱月支米三石；荅策二道、作論一道、馬上中三箭以上、步下又中一箭以上者官員，於本職上量加署職一級，總旗授以署百戶，小旗署所鎮撫，舍人、舍餘、軍民署冠帶總旗，俱月支米二石，取中指揮以上，兵部斟酌推用，署千百戶、鎮撫、總旗，俱送各邊總兵等官處贊畫及守堡聽調殺賊，應得俸糧並加添米石於原衛所支給，獲有軍功，照例加陞，五年無功，發回。

此後政策調整：嘉靖十七年，武舉時間改在秋九月；嘉靖二十三年，照依文舉會試分南北卷之例，武舉會試分別邊方、腹裏；嘉靖二十九年，以邊方、腹裏分定則例，邊方取三分，腹裏取二分；嘉靖三十二年，將應試官生曾經三次鄉試中式者依照文舉會試例，不拘官舍、軍民，免其再試，各省從本布政司，兩直隸從本府，申呈撫按衙門，給批赴京會試，若非三科以上者，軍衙有司不許朦朧起送，永爲定規；萬曆五年，因近來武舉官生亦有雇倩懷挾等弊，監試御史須嚴加巡察，有違犯的照文舉例行；萬曆八年，考試中置空格文簿，以防冒名頂替。

　　(3)執事名錄。錄武舉執事者的職銜、姓名、表字、籍貫和登第之年。武舉各執事官員有知武舉官、同知武舉官、考試官、同考試官、監試官、提調官、監射官、印卷官、收掌試卷官、受卷官、彌封官、謄錄官、對讀官、掌號官、巡綽官、搜檢官、監門官和供給官等十八類。通常，知武舉官二人，由兵部尚書和兵部侍郎充任；同知武舉官四至八人，爲兵部公侯伯充任；考試官二人，由翰林院官員充任；同考試官四人，由六科署官充任；監試官二人，由監察御史充任；提調官以下則由兵部署官、衛所指揮使、僉事、主簿等吏員充任。諸執事者之中，以考試官職要最重。

　　(4)考試題目。武舉考試不僅考察考生的實踐能力，更重視考生的理論水平。武舉會試分三場進行：第一場，試馬上箭；第二場，試步下箭；第三場，試策二道，論一道。策題主要考查應舉官生是否能「洞識韜略」，題目多關涉行軍作戰方面。如萬曆二年第二問，問布陣之法：「自昔所稱節制之師者，紀律明而陣法素習也。今求材武士，備在行間，請言陣法。……與間者廟堂先憂，博採羣議，諸所籌畫，次第舉行，獨陣法闕而不講。吾欲貫通諸家，而剖析其義，諸生行且任疆事，試以素所究覽詳著於篇。」策題多與現實緊密結合，如嘉靖二十九年第一問：

> 古之用兵者先以不可勝以待敵之可勝，故以近待遠，以逸待勞，以飽待饑，信矣。然是三者，敵與我共焉，待之固難，而知之尤不易也，故曰知彼知己，百戰不殆。然則所以知之者何道？所以待之者何術？或謂避實而擊虛，或謂變主而爲客，夫如是則遠近、勞逸、饑飽勢至不常，我以是待之，又安知敵之不待我也？惟《孫子》曰「善戰者致人而不致於人」，斯殆得用兵之要，其指意所在，亦有可原者歟？方今國家之於醜虜，沿邊屯戍，來禦而去不追，較之以三者之勢，奚啻百倍。然而在我者未見全勝，在彼者未見全敗也，豈脞敗之數無當於兵法歟，抑所以知而待之者有未盡歟？至如昔人堅壁饗士，則匈奴遠遯；罷騎屯田，則羌虜坐銷，其遺論具在，亦可採而行之於今歟？夫審主客，計虛實，以全力而制其敝，固籌邊者所樂聞也，其爲我畫必勝之策於篇。

嘉靖二十九年九月發生了震驚朝野的「庚戌之變」，俺答入犯京師，嘉靖君臣堅壁不戰，聽憑俺答在城外虜掠，所以這一年武舉推遲到十月舉行。值此多事之秋，試題考問考生待敵籌邊之策，其用意顯而易見。

　　至於「論」題，則通常爲一言，意在考查應試者是否「精通義理」。如嘉靖十七年的「論」題是「安國家之道先戒爲寶」，嘉靖二十三年是「王者制人以道」，嘉靖二十九年是「善用兵者教正不教奇」，嘉靖三十五年是「聖人與天地同光」，嘉靖四十四年是「五者知勝之道」，萬曆二年是「君子常懼而不敢失道」。

　　(5)中式名錄。錄中式者名次、姓名和出身。如嘉靖四十一年武舉中式前五名依次是：「第一名陳彥　河南河南衛中所正千戶；第二名王尙文　浙江觀海衛右所百戶；第三名施沛　直隸宿州衛指揮僉事；第四名黃應甲　直隸安

應衛左所百戶；第五名郭雲　金吾右衛會舉指揮同知」。此名錄在明代人物登科年代和籍貫方面有訂補其他歷史文獻的作用。

如王尙文，《四庫提要》云：「尙文字寶江，眞定人。嘉靖壬辰武進士，累官福建總兵官，挂征蠻將軍印，都督同知。明萬曆戊寅，廣西桂林、柳州苗獞煽亂，馬平獞韋王朋率東甌、大產諸蠻攻掠村落，尙文剿平之。」〔註107〕考嘉靖十一年壬辰（1532）距萬曆十三年（1578）戊寅有四十六年，假使王尙文二十歲便考中進士，至做總兵官之時已六十六歲，垂垂老者，幾爲致仕之年，何能帶兵作戰，故「壬辰」誤，應爲「壬戌」。

又如黃應甲，隆慶時曾以廣西潯、梧左參將隨俞大猷討平韋銀豹，萬曆五年任浙江總兵官鎮守寧波，萬曆八年移鎮廣東，殺賊斬倭，《明史》卷二百十二有傳。但對這樣一個頗有建樹的軍事將領，《明史》竟不知其出身，云：「黃應甲者，不知何許人。」〔註108〕天一閣藏此嘉靖四十一年武舉名錄正可補其闕失。

又天一閣藏《萬曆八年武舉錄》無中式人名錄，武舉錄文中作者皆空格，對應馬上箭和步下箭成績亦空格。

另外，與文舉相比，武舉錄取人數較少，錄取比例較低。如嘉靖十七年參加武舉者790餘人，中式65名；嘉靖二十三年參加武舉者890餘人，中式者40人；嘉靖四十四年中式90人，嘉靖二十九年90人，嘉靖三十五年80人，嘉靖四十一年85人，萬曆二年80人，萬曆八年80人。

(6)武舉錄文。武舉錄文一般在六篇左右，即錄載中式前六名考生的策論，這些進士策論之前考生姓名下還有第一、二場的成績，馬上中幾箭，步下中幾箭，以及同考試官和考試官的批語。如嘉靖二十九年武舉第一名袁吉，馬上中四箭，步下中二箭，同考試官禮科給事中林懋和批：

　　籌畫精詳，辭氣昌大，蓋全材也，武闈得子，可以慶矣。

同考試官吏部主事白璧批：

　　慨匈奴之未挫，慮邊兵之未休，畫簡閱更番之策，明內治德威之本，

　　合之韓范，非子其誰？

同考試官兵科都給事中俞鸞批：

　　知彼知己，兵家至要，子能條答甚悉，且酌古準今，最切時事，豈

〔註107〕《四庫全書總目》卷一百七十七，第1588頁。
〔註108〕《明史》卷二百十二，第5624頁。

非胸中素有甲兵者耶！宜錄以式多士。

同考試官吏科都給事中張秉壺批：

能以己見用孫、吳者，至論中國遠近、勞佚、饑飽，反爲敵所待處，
尤足發感慨，是宜錄。

考試官翰林院修撰王維楨批：

通才大略，於籌邊數計見之，即其文不易得。

同考試官左春坊左諭德茅瓚批語：

談兵而能知變，出入孫、吳，亹亹不窮，可謂決勝千里者。

然後才是袁吉的對策，此處因文繁不錄。考試題目與武舉錄文保存了武舉考試的原始文本，具有導向示範的功能。

　　以上對天一閣藏明代武舉錄進行了抽樣分析，可知明代武舉錄一般由序、武舉條格、執事名錄、考試題目、中式名錄和武舉錄文等六部分構成，記載了明代中期以後武舉制度的沿革變遷，也記載了每科武舉具體而眞實的情況，這就爲中國古代科舉制度尤其是武舉制度提供了一手的新材料，這些材料具有補史、證史的史料價值，反映了明代歷史發展過程中的一個側面。

第三章 天一閣藏明代文獻的主要內容及舉要（下）

第一節 天一閣藏明代地理類文獻

　　天一閣原藏的地理類明代文獻中，明代的地方志是重頭，有 435 種，駱兆平《天一閣藏明代地方志考錄》詳細記載了這 435 種地方志的纂修情況、版本情況和流傳情況。此外，天一閣藏其他類型的明代專志也有不少，約 130 種。下面分別進行分析。

一、天一閣藏明代地方志的內容與體例

　　地方志是記述一定歷史時期一定區域的山川、物產等自然狀況和政治、經濟、文化、軍事、風俗等社會人文狀況的文獻，內容豐富，功用廣泛。中國地方志的纂修至宋元時期方始定型，明代掀起高潮，清代已趨成熟。明永樂十六年（1418），詔纂修天下郡縣志書，並頒降《纂修志書凡例》，於是「纂修志書係郡政先務」〔註1〕，各地知府、知州、知縣上呈申文修志，或者是巡按、巡撫官移文各地知府、知州、知縣修志，於是修志成為一項專門制度。知府、知州或知縣若因才力有限不能修者，則延請該地儒學教諭或學識淵長者修之，因此當時各省、府、州、縣普遍修有志書。明代是方志纂修史上承上啓下的關鍵時期。自明迄今，在收藏明代地方志的各種官私機構及學術機構中，收藏數量最豐、孤本最富和現存最早之本最多者，惟有天一閣。據駱

〔註 1〕 嘉靖《永豐縣志》卷首，《天一閣藏明代地方志選刊》第 39 冊。

兆平《天一閣藏明代地方志考錄》，天一閣原藏省、府、州、縣志有435種，現存268種，加上依據舊目補入的三種，共計271種，其中172種是各地纂修的方志中現存最早的志書，164種是國內孤本。

天一閣藏明代地方志的價值，主要表現在以下三個方面：

（一）重要的版本價值

天一閣藏明代地方志，有的是古無修者，至明代始創，如孤本嘉靖《始興縣志》、嘉靖《清苑縣志》、嘉靖《光山縣志》和嘉靖《寧國縣志》等；有的雖古有修者，然至明代皆已無存，當時重修的這些方志便成為現存最早的孤本，如嘉靖《金溪縣志》、嘉靖《蘭陽縣志》和嘉靖《馬湖府志》等；有的是明代始修，且之後一修再修，但明本中惟一幸存，如孤本嘉靖《磁州志》、嘉靖《銅陵縣志》、萬曆《營山縣志》和萬曆《江浦縣志》等。同時，明代地方志多係官書，貯版於衙署，流傳不易，如今傳世者大大少於當時實際纂修者，天一閣所藏數量如此眾多之明代地方志顯得更為不易。

（二）內容上的價值

地方志性質近乎一個地方的百科全書，而明以前的方志流傳者不多，明代修志則注重當時的歷史變遷，往往略古詳今，故天一閣藏明代地方志是瞭解與研究明代社會歷史地理的必要資料。

明人纂修地方志，明代以前有關該地的記載往往採之史傳遺文，而當代的政務設施及經費、貢賦額數等，則據當時現狀及條例，「因舊而新，隨事而正」〔註2〕，力求報導當時地方最新的社會狀況。如《太平縣志》八卷，係嘉靖十九年（1540）太平人葉良佩纂修，建昌知府王度序云：「太平為台南土，介黃巖、樂清間，成化中始析為縣。縣之故無有司存，存乎二縣之籍而已。至是專治頗久，事勢不能盡同，則宜有志，而以犬牙其間，及今不為，後益不可問矣。」〔註3〕《邵武府志》十五卷，為嘉靖二十二年（1543）邵武知府邢址纂修，其後序云：「今去弘治甲子將四十年，政令之因革，人材之興謝、建置之廢舉、時變之高下，及今不作，後將奚觀？」〔註4〕《南康縣志》十三卷，為嘉靖三十四年（1555）南康人劉昭文纂修，其序云：「其間增定損益者無幾，如學政、社學、社倉、兵防、里社、鄉厲之制，余嘗竊取，其義反覆，

〔註2〕《重修寧夏新志序》，《天一閣藏明代地方志選刊》第68冊。
〔註3〕嘉靖《太平縣志序》，《天一閣藏明代地方志選刊》第17冊。
〔註4〕嘉靖《邵武府志序》，《天一閣藏明代地方志選刊》第30冊。

一篇之中三致意焉。」〔註5〕《潮陽縣志》十五卷，爲隆慶六年（1572）林大春纂修，卷首載隆慶五年《重修潮陽縣志移文》，其中云：「本縣舊志原係嘉靖三十六年（1557）修刻，迄今十有餘年。近又分設普寧縣治，沿革建置，詳署不同，兼以數年叠遭倭亂，中間戶口登耗，財賦盈縮，田土荒闢，川原變遷，村落聚散，市鎮虛實，人才盛衰，風俗美惡，視昔相去不啻倍蓰，即依舊志翻閱，茫然無所考証，若不及時收輯，恐益散逸無傳。合會本學師生擇請士大夫耆舊有學行之士公同再加采輯，自歷代以來至今止，各年應紀事蹟與前志該載不盡者逐一博訪詳訂，彙成刊刻，以備鑒觀。」〔註6〕歲移物改，各地的地理建置、政治設施、經濟情形和人物風俗等不是一成不變的，故必須及時加以記載，「隨事增益」，使不致造成「缺典」〔註7〕。因此天一閣藏明代地方志是明代社會歷史現狀鮮活的動態資料，其補史、證史的史料價值已經並正在爲學界所開發。

清代康熙、雍正和同治、光緒時先後掀起兩次修志熱潮，取得了不小的成就，但關於明代及其以前的記載往往沿襲前志而略加刪並，不及前志之原始與詳備。正如崔建英所言：「一處志書雖經七修八修，實則內容只有兩三種體系，專爲查索資料，同一體系中的後志不僅可代前志，而且多勝於前志；著眼於校勘，則同一體系中的創修志多優於因襲志。」〔註8〕因此，要探究明代的地域發展狀況，明代地方志尤其是創修志也應該是一手材料。

（三）體例上的價值

方志纂修體例是方志學的重要內容，天一閣藏明代地方志的編修體例是方志學史的課題，也爲方志編撰指明了理論方向，並提供可供後世參考的藍本。

明永樂十年（1412）和十六年（1418）先後頒降《修志凡例》十六條和《纂修志書凡例》二十一條，這是國家規定的志書編排類目及其編寫原則，天一閣藏孤本永樂《溫州府樂清縣志》八卷（圖 29）就是這兩個凡例的嚴格執行者。永樂十六年《纂修志書凡例》不見於其他史籍，惟見於天一閣藏正

〔註 5〕　嘉靖《南康縣志序》，《天一閣藏明代地方志選刊續編》第 44 冊，第 694～695頁。

〔註 6〕　隆慶《潮陽縣志》，《天一閣藏明代地方志選刊》第 63 冊。

〔註 7〕　嘉靖《永豐縣志》卷首，《天一閣藏明代地方志選刊》第 39 冊。

〔註 8〕　崔建英：《日本見藏稀見中國地方志書錄》，北京：書目文獻出版社，1986 年，第 1 頁。

德《莘縣志》卷首，是明初重要的修志文獻之一。天順五年（1461），《大明一統志》修成，其編修體例又爲各地纂修志書提供了實際的範本。明代正德以前的志書多依此《凡例》及《大明一統志》而稍有增損。如孤本《莘縣志》爲正德十年（1515）莘縣教諭吳宗器所修，其自序云：「若夫條目之紊亂者，則依我國朝永樂十六年頒降《纂脩凡例》與夫《一統志》叅用而定之。若學官入於宦蹟，則以宦蹟敘遠方來仕者，故縣官錄之，而學官附焉。若科貢入於人物，則以人物敘本縣之人，故名臣錄之，而科貢亦附焉。皆以其類而志之。又竊不自揣，作補敘、考證，附於其內。」〔註9〕

天一閣藏明代地方志以嘉靖時所修最多，可以看出，這一時期明代地方志體例由明初的探索階段進入成熟階段。不少志書不再對永樂《凡例》及《大明一統志》亦步亦趨，而是因地制宜，設置篇目，安排結構，因此體例漸趨多樣。如有平目體，即平列分目，各類目之間平行排列，不相統攝；有綱目體，即以綱統目，先設大綱或大類，其下再設細目；有紀傳體，即將志書門目分別爲圖、表、紀、志、傳等，再立綱分目。其中紀傳體仿史書體例，在明代得到很大的發展，受到歡迎。孤本嘉靖《鄧州志》爲鄧州知州潘庭楠纂修，其自序云：「竊聞之近代稱良志者曰《沔陽》、曰《惠州》，《沔陽》成于童太史，《惠州》成于楊吏部，嘗繹二志綱例謹嚴，論議揮霍，率無異司馬子長，予寔傾慕之，繩步範趨而不自知，其瞠乎後也。」〔註10〕《沔陽志》十八卷，嘉靖十年（1531）翰林國史編修童承敘所纂，分紀一、表四、志七、傳十；《惠州府志》十六卷，嘉靖三十五年（1556）惠州同知楊載鳴所修，分紀一、表三、志六、傳四，並外志、雜志。二志均仿紀傳體史書分目，時人稱爲「良志」。萬曆七年（1579）江浦知縣沈孟化修《江浦縣志》，亦云：「是編曰紀、曰表、曰志、曰傳，竊取於史也。史之爲法，稽眾而置疑，杜諛而覈實，釐正而絀誣。」〔註11〕

清代學者章學誠在方志學上多有建樹，他高自標舉，自成一家言，認爲志書當依史體，並進一步提出「方志立三書」的著名觀點，對明代方志的體例批評甚嚴。然而，體例是爲內容服務的，若是刻舟求劍，方志學就要僵化停滯，只有根據實際合情合理地安排布局，方志學方才有大發展。據筆者粗

〔註 9〕 正德《莘縣志序》，《天一閣藏明代地方志選刊》第 44 冊。
〔註 10〕 嘉靖《鄧州志序》，《天一閣藏明代地方志選刊》第 39 冊。
〔註 11〕 萬曆《江浦縣志序》，《天一閣藏明代地方志選刊續編》第 7 冊，第 351 頁。

略統計，天一閣藏明代方志中有近四十種的卷首有修志凡例，對該志的類目設置、内容編排、纂修源流和資料來源等等做了說明，其實就是近四十篇方志學的理論文章。可以說，明代方志是方志學實踐與理論的集中體現。

　　明代地方志是天一閣珍藏的「雙璧」之一，爲其後地方史志的纂修做出了貢獻。清末福建省爲重修閩志，傳抄了天一閣藏弘治《興化府志》和萬曆《延平府志》等志書。1957 年雲南省圖書館、1958 年廣東省中山圖書館和 1979年甘肅省圖書館等先後分別從天一閣中抄錄了其所藏當地的府州縣志，成爲一時佳話。

二、天一閣藏明代專志的類型及六種明代專志考錄

　　《四庫提要》史部地理類將地理類文獻分爲總志、都會郡縣、河渠、邊防、山川、古蹟、雜記、遊記、外紀等各種類型的專志，這些類型的專志在天一閣藏明代地理類文獻中都有體現，主要有以下九類：

　　總志，如《寰宇通志》、《大明一統志》、《大明一統賦》、《廣輿記》等，全面而扼要地記載全國的政區建置、地理物產、風俗人情等；

　　邊關志，如張雨的《全陝邊政考》、詹榮的《山海關志》、王士翹的《西關志》、馬汝驥的《諸邊考議》、尹耕的《兩鎮三關通志》和進呈本《陝西鎮考》等，記載中國北方、西北邊疆地區的歷史地理；

　　山志，如王賓的《虎丘山志》、張萊等的《京口三山志》、徐邦佐等的《京口三山續志》、邵寶的《慧山記》、沈津的《鄧尉山志》、樊得仁的《龍門志》、徐表然的《武夷山志略》、任自垣的《太嶽太和山志》、許雲昇的《江南華蓋山志》、江山的《雲巖史》、蘇萬民的《九華山志》、汪子卿的《泰山志》、王希文的《羅浮山志》、胡維新的《東山志》等，記載全國各地名山的歷史和典故；

　　水志，如胡永成的《香泉志》、盧襄的《石湖志略》和《文略》、黎民表的《清泉小志》等，記載泉流湖泊的歷史和典故，其中有的水志與水利問題密切相關，如吳韶的《全吳水略》、謝廷諒等的《千金堤志》、王獻的《膠萊新河議略》等，涉及治水的問題，有裨實用；

　　都城名勝志，如《兩京賦》、《豫章今古記》、李廷寶的《董子故里志》、陳鎬的《闕里志》等，記載南北兩京和繁華都城及名人故里的歷史和典故；

　　寺院志，如金鸞的《攝山棲霞寺志》、行悱的《雪竇寺志》、范應虛的《瑞石山紫陽道院集》等，記載寺院的歷史和典故，有佛教和道教色彩；

書院志，如《明山書院私志》、《嶽麓書院志》、《百泉書院志》、《天關精舍志》、《恒嶽甘泉書院志》、《白鷺洲書院志》、《石鼓書院志》等，記載書院的歷史和活動，是古代教育史、思想史的材料；

遊記，如湛若水的《嶽遊紀行錄》和《重遊南嶽紀行錄》、于慎行的《東遊記》、崔銑的《西巡紀行稿》等，記載旅途見聞，反映地理民俗；

外紀，如《異域圖志》、《朝鮮志》、《朝鮮賦》、《日本考略》、《日本圖纂》、《南夷書》、《三寶征夷集》、《殊域周咨錄》等，記載朝鮮、日本和東南亞國家的地理和風俗等。

總之，天一閣藏地理類明代文獻的類型多樣，內容涉及全國各地包括省府州縣、邊關、山川、寺院、書院等等以及外國的歷史地理，具有重要的價值。

如今天一閣遺存的明代專志有二十六種，茲擇其中五種並散出之一種考錄如下。

1. 《吳山志》（陝西隴州之吳山的資料。）

《吳山志》四卷（圖 37），二冊，明司靈鳳纂修，嘉靖八年（1529）刻本，卷首鈐「范氏天一閣藏書」朱文方印，半葉九行，行十九字，白口，黑魚尾，四周單邊，版心鐫「吳山志」。是書爲天一閣遺存，海內孤本。

吳山在陝西鳳翔府隴州南七十里，上有五峰，爲「五嶽四鎮」之西鎮，頗顯靈異，自唐以來，歷代封表以鎮西方，命有司歲時祭祀。據胡纘宗序，吳山古無志，明「成化甲辰（1484），御史中丞耿公屬范倅首創是志」。嘉靖八年，隴州知州李暹修葺吳山廟宇和門牆，屬吏目司靈鳳重修是志。司靈鳳，字廷儀，南直隸宿松人。

是志卷首有嘉靖八年十一月浙江左參政胡纘宗所作的《重修西鎮吳山志敘》，卷一山名、地里、地租、靈異、廟宇、祭器、皇明御祭陳設圖、吳山形勝之圖，卷二皇明辭命一道、祭文三十道、元祭文九道，卷三記，載歷代碑文七道，卷四詩一百五十三首，卷末爲嘉靖八年十一月隴州知州李暹的《吳山志後序》。

2. 《羅浮山志》（廣東惠州之羅浮山爲道教名山，也是明代理學家講習之處，此志久不爲人所知。）

《羅浮山志》十四卷，二冊，題「順德永齋梁憶舊稿，東莞石屏王希文重修」，嘉靖刻本，半葉十行，行二十字，白口，單黑尾，四周單邊，卷首鈐

「范氏天一閣藏書」朱文方印。是書乃天一閣遺存，海內孤本。

　　羅浮山在廣東惠州府博羅縣西北三十里，為嶺南道教名山，以晉葛洪得名，有「道家洞天福地」之號。梁憶，字叔永，號永齋，廣東順德人，正德六年進士，官至參議。王希文，字景純，號石屏，廣東東莞人，嘉靖八年進士，授刑科給事中，十年（1531）改南京，嘉靖十二年（1533）免官〔註12〕，師事湛若水。

　　是志卷首載湛若水《批答講章》七條、兵部侍郎兼都察院右副都御史南海人黃衷《羅浮山志敘》，卷一山圖志，卷二形勝志，卷三創造志，卷四遊逸志，卷五釋道志，卷六神仙志，卷七至卷十詩志，卷十一至卷十三文志，卷十四傳習志，卷末王希文《後序》。首末蓋各脫一頁。明代廣東理學盛行，湛若水等著名理學家曾在此講學，因此專設「傳習志」，其小注云：「講學者眾，不能備載，姑錄數條以備傳。」

　　《千頃堂書目》載有黃佐《羅浮山志》十二卷、黎民表《羅浮山志》四卷和陳璉《羅浮山志》十五卷，《明史‧藝文志》則僅載陳志十五卷，阮元等《天一閣書目》卷二之一載有《羅浮山志》十二卷，不著撰人，但稱有「明嘉靖三十年黃佐序」。案羅浮山志，明以前曾數次纂修，永樂中，陳璉續為十五卷。嘉靖二十九年（1550），湛若水和黃佐遊羅浮山，覓得舊志，黎民表復得圖記五幅於故家，三人相與編纂，成《羅浮山志》十二卷。嘉業堂曾藏有是本，《嘉業堂藏書志》稱其「搜採甚博，字句亦雅」，「前有泰泉序，後有黎民表序。嘉靖庚戌（1550）修，丁巳（1557）刻成」〔註13〕。據《中國古籍善本書目》，現僅上海圖書館藏黎志十二卷，嘉靖三十六年（1557）刻本，當亦即是本。而王希文重修之志，卻不見於諸家著錄。清宋廣業編《羅浮山志會編》十二卷，卷首列有纂輯書目，亦不及此志。可見王志鮮為人所知久矣。

　　此志王希文後序云：「粵之望維羅浮，漢、晉、隋、唐遊詠者眾，厥有志，梓舊矣。我宗師泉翁（筆者案：湛若水號甘泉）老先生卜築青霞，多所著述，稽古準今，續而修之，既成書，乃命希文敘其末卷。」蓋王志是在湛、黃、黎等志的基礎上編纂而成的。

〔註12〕據〔明〕蕭彥等：《掖垣人鑑》卷十三。
〔註13〕繆荃孫、吳昌綬、董康：《嘉業堂藏書志》，吳格整理點校，上海：復旦大學出版社，1997 年，第 345 頁。

3. 《齊雲山志》（齊雲山在今安徽休寧境，道教名山，此志為現存最早的
　　齊雲山志。）

《齊雲山志》七卷，二冊，明嘉靖三十七年（1558）刻本，半葉九行，
行十九字，白口，單黑尾，左右雙邊，版心刻「齊雲山志卷×」。是書為天一
閣遺存，海內孤本。

齊雲山在南直隸徽州府休寧縣境，古稱白岳，自唐乾元間被學道者闢為
道者所居之勝地，成為道教名山。

是志卷首序例、齊雲山圖、敕命、碑文、奏，卷一肇運，卷二山水，卷
三建置，卷四道侶，卷五高道，卷六祀典，卷七紀詠，卷末《齊雲山志後序》，
末脫一頁，因此佚名。

序例有八條，申明資料去取的原則：「山之志雖非一邑一郡之志，其事亦
必稽實，斯可垂之久遠。」「天門為斯山絕勝，志者亦未特書。他若居人、遊
士獨賞斯名者往往採入，今悉除之。」「斯山西來二十里，自石橋巖丹崖翠
嶂，交疊□奇，無舊志其名不可考見。相傳萬鼓山、九鼓峰、應龍巖，今採
入之。」「凡名山必以人顯，志山而不志人，不可。今□□、龔棲霞以下數人
不復列於道侶。斯山以太紫宮為統領，石橋院、蜜多院故各係二巖之下，而
高僧亦稱附錄焉。」「汪以先志者不祖，而以道寓書之誤矣，且明時復振，斯
山道行歷可考見，方士欽方鼎師受其道，俱得與龔棲霞並書。」「許道永、胡
守中俱師鄧道瞻，而與力興起，斯山志者遺之，以潛陽子之傳未有考耳。」「身
後而功與行迺定，凡道流存者俱惟書其姓名而已，他蓋有所俟也。」「杜昱有
《石橋巖記》，如覺有《蜜多院記》，於瑄有《潛陽子傳》，今皆訪採入之，存
古蓋以信今也。今人紀詠有大乖於述作之旨者，不敢詳焉。」

《明史·藝文志》有方漢《齊雲山志》七卷，據吳子玉《齊雲山志序》，
方漢志修於嘉靖三十六年（1557），參修者還有經生許國、黃雲龍、詹景鳳和
吳子玉〔註14〕。方志今已不存。天一閣所藏此志目錄後云：「齊雲未有古志，
邇來兩修志矣。歲己卯（1555），郡侯朱公（筆者案：徽州知府朱有孚，嘉靖
三十二年至三十八年任）〔註15〕命寅復修之，且提點汪曦和、道紀汪尚相、
道會陳鑾相請之於予久矣，於是略為撰次。」可知此志早於方漢志。又《四

〔註14〕據〔明〕吳子玉：《大鄣山人集》卷六《齊雲山志序》，萬曆十六年（1588）
　　　　刻本，《四庫全書存目叢書》集第 141 冊。
〔註15〕據道光《徽州府志》卷七《職官志》，道光七年（1827）刻本，《中國地方志
　　　　集成·安徽府縣志輯》第 8 冊。

庫全書存目叢書》史部第 231 冊影印之《齊雲山志》五卷，乃萬曆二十七年（1599）休寧知縣魯點所修。另據《中國古籍善本書目》，南京圖書館藏明刻本《齊雲山志》六卷，不著撰人與刊刻時間，蓋亦晚於天一閣所藏此志。古志不可見，此為現存最早的齊雲山志。

4.《香泉志》（香泉在今安徽和州，是有名的溫泉，此志為現存最早的香泉志。）

《香泉志》一冊，不分卷，明胡永成編，嘉靖十七年（1538）刻本，半葉九行，行十九字，無尾，無欄，四周單邊。是書為天一閣遺存，海內孤本。

香泉在今安徽省和州北四十里覆釜山下，為古代有名的溫泉，相傳梁昭明太子曾在此沐浴。胡永成，字思貞，號巔泉，一作嶺泉，江西安福人，嘉靖八年進士，授涇縣令，擢刑部主事，謫和州同知，後任南雄知府，晉廣東按察副使備兵瓊州，卒於任〔註16〕。歐陽德序云：「香泉山北去和州一舍而遙，下有香淋湯泉，迸珠沸鼎，隆冬可浴。相傳梁昭明太子嘗浴乎是，因名太子湯。其後甃池引泉，稍區別之，以便浴者。泉旁有香社寺，有書院，有堂，有亭，歷代創構增飾，浴斯憩斯，題詠篇章。」戚賢序云：「巔泉胡司寇謫和二年，往來香泉，解衣思浴，時遊舞雩之上，慨想源流，博採題品，謀諸魯守近塘（筆者案：和州知州魯承恩，嘉靖十四年至十八年任）〔註17〕，請集諸梓，請余為序。」

是志卷首南京尚寶司卿泰和人歐陽德序、工科給事中全椒人戚賢序，凡例五則：「一、記載多近作，以古未有志，故前代多脫畧；一、諸作以體為次序；一、本類編次以時之先後；一、紀官爵以所過時級銜；一、分類不分卷，以一類中有一二篇者恐簡，俟續多然後定。」是志不分卷，依次為形勝、記、賦、五言古詩、五言律詩、七言古詩、七言絕詩、七言律詩，末為嘉靖十七年和州同知胡永成《書香泉志後》。此《香泉志》為現存最早的香泉志。

又據胡松《三泉志序》，嘉靖三十四年（1555），和州知州李渭覽胡永成《香泉志》，「嘆其舛誤，宜釐訂」〔註18〕，便與郡學生張仲華重新詮次纂輯，

〔註16〕傳見雍正《廣東通志》卷四十，影印文淵閣《四庫全書》第 562～564 冊。

〔註17〕據光緒《直隸和州志》卷十一《職官表》，光緒二十七年（1901）刻本，《中國地方志集成・安徽府縣志輯》第 7 冊。

〔註18〕〔明〕胡松：《胡莊肅公文集》，萬曆十三年（1585）刻本，《四庫全書存目叢書》集第 91 冊，第 67 頁。

將香泉與烏江之湯泉、陳村之半湯池合而爲一志，成《三泉志》三卷，此志今藏日本尊經閣文庫。

5.《攝山棲霞寺志》（攝山棲霞寺爲南京古寺，此志爲現存最早的攝山棲霞寺志。）

《攝山棲霞寺志》三卷，二冊，明刻本，題「長洲文伯仁德承考訂，上元金鑾在衡編輯，住持興善校梓」，無序跋，半葉九行，行二十字，白口，單黑尾，左右雙邊，鈐有「范氏天一閣藏書」朱文方印，已嚴重蟲蛀。是書爲天一閣遺存，海內孤本。

攝山棲霞寺在南京東北棲霞山上，爲南朝古刹，以山多藥草可以攝養，故名攝山，始建於南朝永明年間，曾幾度興廢。文伯仁（1502～1575），字德承，號五峰，又號葆生、攝山老農，南直隸長洲人，文徵明從子，善畫。金鑾（1494～1583），字在衡，號白嶼，隴西人，寓居南京，有文名。興善，俗姓薛，十四歲落髮爲僧，嘉靖三十一年（1552）至隆慶二年（1568）住持棲霞寺。

是志卷一紀沿革、生植、形勝、畜產、創立、流衍、建置、事蹟、支派、湮沒、鑴刻、興復；卷二收六朝詩凡一十四首、唐詩凡一十六首、宋詩凡五首，卷三收六朝文凡十一首、唐文凡一首、國朝文凡二首，附本縣優免帖一通。《千頃堂書目》有金鑾《攝山棲霞寺志》三卷，當即此本。

6.《明山書院私志》（正德十一年（1516），汪玉、田惟立倡建書院於湖廣辰州府沅州北之明山。《大清一統志》以來的清代史籍記載皆誤。）

《明山書院私志》二卷，正德刻本，半葉八行，行十八字，粗黑口，單魚尾，四周雙邊，版心依次鑴「明山私志卷之上」、「明山私志卷之下」。是書今藏上海圖書館，海內孤本。

是書卷上：《明山書院記》第一，爲正德十二年（1517）湖廣按察司副使張邦奇所撰；《太極亭說》第二，爲正德十三年（1518）正月湖廣按察司僉事汪玉所撰；《書箚》第三，爲僉事汪玉、辰州驛丞周廣、辰州知州田惟立、副使張邦奇、沅庠諸生馬元吉等人往來書信，凡十四首；《告祭》第四，爲正德十二年九月周廣所撰《釋菜告文》一篇和是年四月田惟立所撰《祭明山文》一篇。卷下：《倡和》第五，爲汪玉、周廣、田惟立等人的唱和詩，凡二十七首；《公移》第六，題「回巡撫衙門呈子」，是關於汪玉因病乞求罷職還籍的批據；《祭田》第七，是辰州府爲明山書院祭田事的申文；《名蹟》第八，記

載明山書院的各處景點，有太極亭、大成殿、高明堂、四齋、仰止亭、明山書院牌門、明山書舍、夢覺亭、詠歸橋、燕子崖、南離洲、五雲岡、天然泉、端峰、川土亭等。

是書記載的是明山書院的創建史。據是書可知，明山書院在湖廣辰州府沅州北十里的明山之上，建於正德十一年（1516）。此前，沅州庠生馬元吉讀書山上祠中，於正德六年（1511）建書舍於祠之右，名太極象物亭。正德九年（1514）冬，鄞縣汪玉以按察司僉事備兵分巡沅州，進諸生論道其中，因欲創為書院，未果。第二年冬，復來，不久又議建書院。知州田惟立贊其成，於正德十一年三月興工建築，在馬元吉舊舍的基礎上，增置講堂三楹，旁列四齋，齋外又建書舍八間，又將沅州社稷壇前荒塘闢作書院祭田。此項工程於五月竣工，歷時共三月。書院建成，汪玉和田惟立聘請沅州竹寨驛驛丞崑山人周廣擔任明山書院院長。

中國古代的書院是士人進行教書、講書、讀書、藏書、著書、刻書等文化的積纍、創造與傳播等各種活動的教育組織。書院的興衰與學術的興衰息息相關。明代正德、嘉靖時期是學術發展的鼎盛時期，也正是書院發展史上的高潮時期，此時建復的書院超過了明代任何一個朝代。鄞縣人汪玉是正德三年（1508）進士，授刑部主事，轉員外郎，陞湖廣按察僉事，攝辰沅兵備。嘉靖《寧波府志》說他「年十六七，讀性理諸書，潛思默誤，慨然以聖賢自期」，在攝辰沅兵備時，還「嘗構書院於沅之明山，日聚生徒講誦，士多興起」〔註 19〕。然而，清代史籍中關於明山書院的情形卻互相矛盾，如《大清一統志》云：「明山書院，在府城西，本朝乾隆八年建。」〔註 20〕《嘉慶重修一統志》云：「明山書院，在府城西，舊名文清書院，在明山南，明嘉靖中建，後遷城北，本朝乾隆八年遷建今所，易今名。」〔註 21〕同治《沅州府志》卷十六記載明山書院的歷史則是從雍正八年開始的。可見，明山書院最初建於何時，為何人所建，它的具體規制諸如祭祀、學田、講學等如何，清人已無從知曉，而二十世紀九十年代江蘇教育出版社影印出版的《中國歷代書院志》收輯中國歷代的書院一百十五種，也未收錄《明山書院私志》。書院志是書院經驗的總結，《明山書院私志》對於書院文化研究和中國教育史研究都是不可

〔註 19〕　嘉靖《寧波府志》，第 2352～2353 頁。

〔註 20〕　《大清一統志》卷二百八十五，影印文淵閣《四庫全書》，第 474～483 冊，第 571 頁。

〔註 21〕　嘉慶重修《大清一統志》卷三百六十九，《四部叢刊續編》第 16～47 冊。

多得的重要史料。

是書鈐「博明鑒藏」、「懷辛居士」、「許厚基秘笈印」，又鈐「黃裳珍藏善本」、「黃裳藏本」、「小雁齋」、「讀書樂」等印。卷末有黃裳三條題識：一為1950年2月4日所記，云：「薛福成編《天一閣見存書目》卷二有『《明山書院私志》二卷，全，明張邦奇撰』一條，是此書光緒己丑（1889）前尚在閣中也。」一為1950年端陽後二日所記，云：「此書恐係天一閣散出者，觀書根題字可知也。今乃分訂兩冊，且加裝訂，遂不可見矣。此種地方私志刊刻甚鮮，行世更稀，公私藏目從無著錄，真孤本秘笈也，敢不寶之。」一為1952年7月26日所記，云：「阮目亦著錄此冊，無撰人姓氏，張邦奇為作記之人，實亦非撰者。余為拆去襯葉，重訂一冊，書根題字宛然閣書舊式也。此為許氏故物，三年前其書散出，為中人竊取佳本數種，此亦其一。」可知，天一閣此書原為二冊，散出後，曾歸蘇州許厚基（字博明）收藏，1950年黃裳得於海上，並改裝為一冊。

以上天一閣遺存之五種孤本明代山水志和寺院志，加上一種散出的書院志，在卷目的設置和內容的安排等編纂體例方面可為方志學提供嶄新的參考材料，而吳山、羅浮山、齊雲山、香泉、棲霞寺和明山書院，或為道家名山，或為佛教古蹟，或為旅遊休閒勝地，或為書院聖地，因此這五部專志又是瞭解與研究中國古代道教文化、佛教文化、旅遊文化和教育史極為難得的一手資料。

第二節　天一閣藏明代邊疆域外史地文獻

天一閣原藏史部明代文獻中的雜史一類，數量不少，加上地理類的外紀部分，內容涉及明代邊疆和域外的史地，關係明代的民族政策和外交政策，在此統而論之〔註22〕。

一、明代邊疆史地文獻

我國的邊疆地區主要是少數民族聚居區。明代南北邊疆大勢形成，是我國統一的多民族國家發展的重要時期。在北部邊疆，有著蒙古貴族，西北的

〔註22〕需要說明的是，如今天一閣藏明代邊疆域外文獻多已散出無蹤，本節所據之文獻，多與天一閣原藏版本不同。

哈密、罕東等衛以及東北的兀良哈、女眞各部；在南部邊疆，生活著兩湖、兩廣、雲、貴、川廣大地區山地的農耕民族。制定民族政策、處理邊疆問題，關係到明朝統治的穩定和國家的興亡。天一閣原藏明代邊疆史地文獻，如進呈之《平番始末》、《哈密事蹟》，遺存之《兩鎮三關通志》、《皇明九邊考》等，與北邊防禦密切相關；進呈之《處苗近事》、《藤峽紀略》、《龍憑紀略》等，則涉及南部經略。明代的北方民族政策的核心是防禦，先是防禦蒙古，後是防禦女眞，這是特殊的歷史原因造成的，而對南方各族，明代在不同時期，或以撫爲主，或以剿爲主，或撫剿兼施，〔註 23〕其中的得失成敗，足以啓迪今人。茲論述天一閣藏有關南部邊疆的史地文獻，探討其中反映的明朝邊疆政策、民族問題，並以此揭示天一閣藏邊疆史地文獻的價值。

　　（一）天一閣進呈之明抄本《百夷傳》和《南夷書》是明朝派往西南邊陲的使臣所作之旅行見聞，從中可見明代處理邊境糾紛的方法。

　　《百夷傳》一卷〔註 24〕，爲洪武二十九年（1396）出使百夷的行人錢古訓所撰〔註25〕。百夷在今天雲南德宏傣族景頗族自治州境內，居住著大百夷、小百夷、漂人、古刺、哈刺、緬人、結些、吟杜、弩人、蒲蠻、阿昌等諸多少數民族，故名百夷，其中傣族人占絕大多數。洪武十五年（1382）明朝在此置麓川平緬軍民宣慰使司，土官思倫發爲宣慰使。思倫發野心很大，不斷侵吞鄰境。先是向東擴張：十八年（1385）攻據景東，二十一年（1388）又侵楚雄；然後向南拓展，數擾緬甸。緬甸不得不受制於實力雄厚的麓川思氏。洪武二十八年（1395）和二十九年，緬甸兩次派遣使者向明政府控訴思倫發

〔註23〕參劉祥學：《明朝民族政策演變史》，北京：民族出版社，2006 年。

〔註24〕天一閣進呈本已不見，今此書所存版本有明澹生堂抄本二種、趙琦美抄本一種和清抄本三種，共六種。本書引文據江應樑：《百夷傳校注》，昆明：雲南人民出版社，1980 年。

〔註25〕《百夷傳》的作者有錢古訓、李思聰二說。據江應樑考證，錢、李二人奉使百夷，歸來後寫了《百夷傳》，進呈史館，藏於內府，沒有向外流傳。事後，錢、李二人各自以這個進呈本爲底稿，加工整理，寫成兩種《百夷傳》流傳出來。錢、李二書章節結構一致，主要內容相同，但錢著比李著多出朱元璋的兩道諭旨以及錢古訓給百夷酋長思倫發的書函，而且兩書字數差異很大，記載詳略不同，行文風格也不大相同。錢著又有初稿和完整本，完整本有小注和洪武三十一年（1398）楊砥序、永樂三年（1405）夏原吉序。《四庫全書總目》著錄的范氏天一閣藏本是錢著完整本。《四庫全書存目叢書》底本——南京國學圖書館藏明萬曆三十八年趙琦美抄本，也是錢著完整本。參江應樑《百夷傳校注·序言》。

侵奪其地。於是明太祖遣行人錢古訓、李思聰出使雲南，一方面告誡緬甸：「若爾緬不主釁，夷不強淩，如此，雖弱自保，以奉天道。其或不聽朕命，忿爭不已，天將昭鑒，福善禍淫，遲速可待。」〔註26〕一方面義正嚴辭地告誡思侖發：「爾思侖發不修鄰邦之好，三面發兵，蠶食諸國，其貪也如是，其謀也如是。彼麓川周臨之國，始古至今，各有主者，未嘗吞併。朕雖不能止爾，聽爾自爲，果天道使然，爾以人事應之，或爲而可。」〔註27〕雙方因此有所懲懼，罷兵和好。這時百夷部長刀幹孟起兵反叛思侖發，錢、李一番曉諭，內亂也暫時止息。二人告辭，思侖發強留，並贈以象、馬、金寶等物，錢古訓又寫信給思侖發，婉言拒絕，其中道：「爲爾計，則將度其心，量其才，何爲而可以盡忠天子，何爲而可以致敬賢王，又何爲而可以安邊境而不干天怒，又何爲而可以教百姓而不違法度？」〔註28〕錢古訓等人爲邊境排難解紛，也明白告訴思侖發，若是思侖發服從中央統治，並與周邊和平共處，就是對國家對人民最大的貢獻了。錢古訓歸來後，「述其山川、人物、風俗、道路之詳，爲《百夷傳紀》以進，帝褒之。」〔註29〕《百夷傳》記述了百夷地區的傣族及其他少數民族的歷史、地理、政治制度、風俗習慣、氣候物產等方面的情況，由於作者親歷其境，根據見聞進行忠實記載，所以足補史之闕，至今仍是民族史研究的第一手參考材料。

《南夷書》一卷〔註30〕，爲永樂四年（1403）出使緬甸的行人張洪所撰。張洪出使緬甸是因爲孟養與緬甸的仇殺。雲南孟養宣慰使刀木旦原爲麓川思侖發的部下，其女爲思侖發之妻，卻不得立爲王妃，刀木旦心懷不滿，曾率兵破金齒，又尋機攻戞里。戞里向緬甸求救，二者合攻孟養，刀木旦敗死。其子思鸞法繼位，思鸞法之弟亡入緬甸。緬甸發兵送其弟歸孟養，殺思鸞法。

〔註26〕《百夷傳校注》，第 129～130 頁。

〔註27〕《百夷傳校注》，第 134 頁。

〔註28〕《百夷傳校注》，第 137 頁。

〔註29〕《明史》卷三百十四，第 8113 頁。

〔註30〕天一閣進呈本不知何時流入坊間。1939 年，雲南騰沖張榮廷在北京書肆見之，「有翰林院印一方，浙撫送書印一方，紀文達題簽一紙，紀曉嵐、陸耳山二人恭閱印一方，翁同和書面題字並翁氏藏書印六方」，因索價奇昂，抄錄副本，贈雲南省圖書館，是爲「滇抄本」，今藏國家圖書館。參王叔武：《〈南夷書〉箋注並考異》，《雲南民族學院學報》第 3 期，2001 年。《四庫全書存目叢書》所選底本據稱爲北京圖書館藏明抄本，但從其版式來看，並非天一閣進呈之明抄本，蓋爲張榮廷抄本。本書引文根據《百夷傳校注》附錄之《南夷書》，因其爲四庫存目之底本。

永樂四年又殺其弟，另立一酋長，並佔據孟養。張洪代表明政府來到緬甸，緬甸宣慰使那羅塔不服，還竭力狡辯。張洪嚴屬斥責道：「戞里本夷，非緬屬類，何云加兵於爾？□□□皆歸職方，惟戞里深竄不出，王法所當討也，孟養執言討之，非首亂也。爾不率職而黨惡，其罪均也，況殺鄰境之宣慰乎？爾欲朝廷置而弗問，設爾之酋殺他酋以並其地，爾可弗問乎？行人之來，欲以興滅繼絕者，豈專爲孟養哉？爾後日子孫亦蒙福利也。爾不奉詔，則使還而兵至矣。」〔註31〕那羅塔這才害怕，退還了侵據的孟養之地。張洪道經雲南時，根據訪聞紀錄，寫下了《南夷書》一書，書中除記載其出使之事外，還記載了明初平定雲南等地各種變亂事件：如洪武十四年（1381）傅友德平雲南；二十一年（1388），沐英大敗思侖發於定邊；二十二年（1389），葉昇、瞿能大敗東川土官攝賽於牛覽江；同年，沐英討定廣西阿赤部酋長者滿、以情；二十八年（1395）春，沐春擒斬越州土酋阿資；二十九年（1397），沐春、瞿能降獲雲南永寧州卜八如甲與四川賈哈剌；三十一年（1399），沐春等擒獲麓川刀幹孟，送歸思侖發。故《南夷書》是研究明初雲南掌故的珍貴史料，正如程晉芳所撰《四庫提要》稿所言，是書有「史所未載」、「與史互異」之處，「亦足資考證之一二也」〔註32〕。同時《南夷書》也表明，對這些與明朝當地官府爲敵的少數頭領，明政府堅決予以軍事打擊，以確保明朝對雲南及整個西南地區的有效管轄，有了強大的武力威懾，明政府才能夠不發一兵一卒，僅憑行人的三寸不爛之舌，便能撫諭四鄰，使邊境衝突與糾紛得到和平解決。

　　（二）天一閣遺存之《平蠻錄》、進呈之《龍憑紀略》和《南太紀略》記載明朝平定廣西的土官變亂和民人反抗之事，從中可見明朝的軍事征剿政策。

　　天一閣遺存之明刻本《平蠻錄》，記載的是成化初年韓雍（1422～1478）等率軍平定廣西大藤峽之事。大藤峽瑤民反抗朝廷，依憑險要地勢，割據多年，搶掠財產和婦女。成化元年（1465）和二年（1466），韓雍受命爲都察院左僉都御史率軍前往廣西，俘殺首領侯大苟，截斷江上大藤，改地名爲斷藤峽。此事《明史》有記載。而此書以原始的資料更爲詳細地記載了明廷的決策以及此事在明人中的影響。是書七卷，今存六卷，闕卷二。卷一「玉音」，

〔註31〕《百夷傳校注》，第 187 頁。
〔註32〕《四庫全書存目叢書》史部第 255 冊，第 203 頁。

錄皇帝敕諭；卷三「詩頌凱歌並序」，錄朝中諸人歌頌此次征剿勝利的詩篇；卷四「書簡」，錄諸人寫給韓雍的書信；卷五「附錄運籌亭序」、卷六「控粵亭」、卷七「瑞竹亭」，運籌亭、控粵亭和瑞竹亭都是韓雍行軍途中憩息之所，錄亭序、記及詩若干篇。

天一閣進呈之明刻本《龍憑紀略》〔註33〕，記載的是廣西土官變亂以及明政府平定之事。《龍憑紀略》一卷，《四庫提要》云：「明田汝成撰。是編紀龍州土酋韋應、趙楷、李寰之亂，已見於《炎徼紀聞》中，此其摘出別行之本。」〔註34〕田汝成（1503～1557）於嘉靖十四年（1535）任貴州按察司僉事，十七年（1538）至十九年（1540）任廣西布政司參議，分守左江，幾年的邊疆生活使他對邊疆史地相當熟悉且有所研究。所著《炎徼紀聞》一書，記述西南邊疆史地，並提出自己的看法。《龍憑紀略》記載的廣西龍州趙楷、憑祥州李寰之亂則發生於嘉靖十七年。趙楷為龍州土知州趙源之姪。源死無子，趙楷之兄趙相以次當立。趙楷心生嫉妒，挑撥趙源之妻岑氏，岑氏便詐稱其媵僕之子田州韋璋是趙源的遺腹子。正德十三年（1518），岑氏之姪、田州土官岑猛以兵二萬護送韋璋至龍州，趙相挈印出奔，岑猛縱兵殺掠，並將趙相之子趙寶削髮為奴。嘉靖元年（1522），趙相死，其子趙燧立。七年（1528），趙楷弒燧，燧之族弟趙煖立，楷又殺煖，並代政。嘉靖十六年九月，趙楷殺趙寶。嘉靖十七年春，韋璋之子韋應乘機以千人攻據龍州。其時憑祥李寰也弒主自立。李寰乃憑祥州知州李廣寧之子。李廣寧死後，其孫李珠嗣位。嘉靖十年（1531），李珠死，其族弟李珍、李珏爭立。李珍挈印出逃。十四年（1535），在憑祥土目李滿、蘇寄枝和思明府土官黃朝等人的幫助下，李珍返回憑祥繼位。十七年三月，李寰殺掉李珍，自立為政。李寰、趙楷、韋應三人相互比周，並與安南莫登庸勾通，李寰還對莫登庸說：「即南征，願以全州先附也。」當時明朝議征安南，莫登庸笑道：「中國土官比比弒逆，數十年無能正法者，而獨慮及我何哉？」〔註35〕趙楷、李寰等人私欲膨脹，他們爭襲官位，殺掉當地土官而自立，造成地方大亂，又與安南勾結，直接威脅中央，若此事處理不當，又會釀成邊關大亂。廣西按察司副使翁萬達、布政司參議田汝成審時度勢，先設計穩住趙楷、李寰，然後伺機將之擒殺。擒住了這些

〔註33〕 天一閣進呈本今不見，明人項德楨、項鼎鉉輯刻之《名臣寧攘要編》中收有此書，見《北京圖書館古籍珍本叢刊》第 11 冊。
〔註34〕《四庫全書總目》卷五十三，第 481 頁。
〔註35〕《名臣寧攘要編》，《北京圖書館古籍珍本叢刊》第 11 冊，第 531 頁。

壞頭頭，便平定了龍憑之亂，又阻止了莫登庸勢力的滲透，防止了事態的惡化，避免了大動干戈，穩定了邊疆地區。

《南太紀略》一卷〔註36〕，明尹畊撰，記載的是龍憑之亂前後南寧四都和太平十八村歸屬變化緣由。南寧四都，爲化外、武黎、華陽、水口吳四峒，思明、忠州爲爭奪此四峒相互仇殺不已。太平府歸化都圖，爲儔宜、馱窘、宜陽等十八村，原屬左州，被龍州奪去後不還。龍憑之變後，翁萬達以四峒隸南寧，設通判，改名四都；將崇德縣附太平府，而以十八村爲崇德縣歸化圖，編戶十里。「龍憑之役爲始條理事，南太此舉爲終條理事。」〔註37〕明政府平定龍憑之亂後，又進一步穩定四周局勢，加強了控制。

（三）天一閣進呈之明抄本《南征錄》和散出之明刻本《院試平苗善後策》，或記載邊疆百姓的生活，或提出針對少數民族百姓的撫御之策，非常切實重要。

天一閣進呈之明抄本《南征錄》一卷〔註38〕，爲天順八年（1457）督兵征剿兩廣的廣東布政使張瑄所撰。天順七年（1456），廣西苗「賊」流竄廣東肇慶、高州、雷州、廉州境内，廣東巡撫葉盛、鎮守總兵歐信、廣西總兵官陳涇調兵擊之。張瑄（1417～1494）時任廣東右布政使，奉命與廣西左參將范信、廣東都指揮徐寧等領兵進剿。他們於天順八年正月初二日從廣東肇慶出發，由新興、恩平、陽江等縣，至高州府的化州、石城，雷州府的石康，廉州府的靈山等地，然後進入廣西南寧府的馴象、橫州，潯州府的平南，接著由梧州府的藤縣、蒼梧，復入廣東肇慶府的德慶、悅城，三月初九日抵達肇慶。張瑄於公事之餘，逐日記下當天的行事見聞，是爲《南征錄》一書，「一時人情、風俗、兵力、將略、山川險易、道理遠近、官屬貪廉、政治得失、善可懲、惡可戒者，具見於此」〔註39〕。兩廣地區陰雨潮濕，林木濃

〔註36〕天一閣進呈本今不見，《名臣寧攘要編》中收有此書，但内容與《四庫提要》所云不同。《四庫提要》云：「明嘉靖四年，廣西土舍李寰、盧四、趙楷等煽亂，副使翁萬達以計討平之，而未蒙遷擢，畊因作是書以紀其功。然書中於盧四煽九司作亂，及韋應附從諸事，俱未能悉敘，未免脫略，不及《明史·張經》、《翁萬達》及《土司列傳》中載此事爲詳也。」書名作「南泰紀略」。本書姑且從《名臣寧攘要編》本。

〔註37〕《名臣寧攘要編》，《北京圖書館古籍珍本叢刊》第 11 冊，第 573 頁。

〔註38〕天一閣進呈本後入藏原北平圖書館，今藏臺灣，而《四庫全書存目叢書》所選底本爲南京圖書館藏明抄藝海彙函本。

〔註39〕《南征錄》，《四庫全書存目叢書》史部 46 冊，第 90 頁。

密，山路泥濘險隘。廣東高、肇、雷、廉等地與廣西接壤，多有流賊狼兵攻劫城池，殺傷搶掠，肆行無忌。張瑄等所到之處鄉村殘毀，橋廢堡壚，凋弊至極，甚至到了「白骨露於野」的地步：「新興起至石康，白骨連延有一里數十人者、五六人者，少亦不下二三人，然無一里空缺。有髑骨已斷，手骨尚帶桎梏者、髑髏下尚帶索者。惟石康至廉州止見白骨六人，石康至靈山見四人。此特道上者耳。其委棄草間填溝壑者可勝數耶？」〔註40〕可見吏治腐敗，賦稅沉重，人民生活極為困苦。而張瑄「所述當日軍政，殊無紀律，蓋明人積弱，自其盛時已然，非一朝一夕之故也。」〔註41〕《四庫提要》如此評價，未免過於苛刻。《南征錄》深刻地揭示了民不聊生的邊疆現實和明朝民族政策的社會背景。

天一閣散出之明刻本《院試平苗善後策》為嘉靖三十一年沅州知州李昶所撰。是書今藏國家圖書館，一卷，題「湖廣辰州府沅州知州新安李昶頓首上言」。湖廣很多地方為少數民族聚居地區，所謂「湖北介苗窟，苗為地方患也，其所從來者舊」。針對此種情況，李昶首先提出：「御苗莫先於為民，然為民之道則尤莫先於節財之為急也。」接著進一步分析：民無養兵之費，兵無轉輸之勞，「財不費而兵自足，善後之策或者其在此也」，又說「不然，拔打手之尤於各州縣焉亦可也」，而「防守之兵莫如取諸屯丁之為害也」，「故今日之策以守為主，而戰則以輔之」。總結道：「夫苟經制定矣則民財均而無偏累之處，屯丁易矣則民財省而無餉軍之憂，戰守宜矣則民居保而無蕩析之患。如是而又清減克以厚軍，如是而又優里甲以厚民，節夫馬，均驛遞，清騶從，絕假借，禁酒席，節禮之靡文，革口糧廩給之踰制，崇節儉之風，敦易簡之政」，「善後之策又何以易諸此？雖然尤未也」，最後轉而又提出擇將帥、守令之賢的重要性。此書後附《偏累議》一卷、《復議》一卷，內容基本上是對上述觀點的具體申述。應該說，李昶所提出的「善後之策」也許不能從根本上徹底解決民族矛盾問題，但至少他能從經濟上蘇解民困入手來試圖安撫百姓，比起單純的軍事征剿來說，此舉明智得多。

綜上，天一閣藏明代邊疆史地文獻，內容有關邊疆的歷史地理和當地人民的生活狀況，以及明代邊疆形勢和治御民人之策，如和平解決邊境糾紛，計擒為害地方、反叛中央的少數壞頭頭，節財為民等等，具有重要的現實意

〔註40〕《南征錄》，《四庫全書存目叢書》史部46冊，第99頁。
〔註41〕《四庫全書總目》卷五十三，第477頁。

義和社會價值。

二、明代域外史地文獻

域外史地文獻是記載外國歷史地理、敘述中外邦交的專題文獻。在明代，隨著中外交往的日益廣泛和深入，域外史地文獻大量湧現出來，成為明代史學中的新元素。天一閣進呈書中，明代域外史地文獻尚有十二種，除《使琉球錄》一種《四庫全書總目》不著錄外，《朝鮮志》和《朝鮮賦》兩種則抄入《四庫全書》，其餘如《朝鮮雜志》、《日本考略》、《日本圖纂》、《朝鮮圖說》、《琉球圖說》、《安南圖說》、《使交錄》、《越嶠書》和《日本東夷朝貢考略》等九種編入《存目》，可見四庫館臣充分認識到它們的價值，給予了高度的重視。

（一）天一閣原藏域外史地文獻多為外交使臣所撰，他們根據親身見聞，真實記載下域外的地理環境、政治狀況和風俗物產等情況，這些記述成為瞭解當時一些亞非國家狀況的珍貴史料，反映了當時中國人對周邊國家和地區基本情況的認知程度。

天一閣進呈之明刻本《朝鮮賦》一卷〔註42〕，為弘治元年（1488）出使朝鮮的明人董越所撰，是書較為全面地記載了當時朝鮮的史地，又「融文史之長，兼美信之義，成為賦史上外邦題材的難得佳作。」〔註43〕董越（1431～1502）是成化五年（1468）一甲進士第三名的探花，選庶吉士，授翰林院編修。成化二十三年（1487）十二月，孝宗即位，董越遷右春坊右庶子兼翰林院侍講，奉命與工科給事中王敞分別充正、副使，頒詔於朝鮮國。次年正月啓程，五月回國，作《朝鮮賦》。作者稱「山川道里，浹月所經；風物人情，五日所得，雖不具知，亦頗記憶」〔註44〕，其書以正文賦體、自注雙行的形式記述了朝鮮的地里、疆域、國制、山川、宮室，人們的衣食住行、當

〔註42〕天一閣原藏《朝鮮賦》為正德刊本，有多個複本，進呈後，阮目、劉目、薛目尚著之於錄，後來散出，羅振常見有二本。今《朝鮮賦》的版本很多，除《四庫全書》本外，還有《國朝典故》本和《豫章叢書》本等。與《豫章叢書》本相較，《四庫全書》本自「孔庭設像」至「亦非西京之可肩」和自「嗟夫六義有賦」至「或庶幾不愧於咨詢」兩段脫漏。本書引自《四庫全書》本。
〔註43〕曹虹：《論董越〈朝鮮賦〉——兼談古代外交與辭賦的關係》，張伯偉編：《域外漢籍研究集刊》，北京：中華書局，2005年，第412頁。
〔註44〕《朝鮮賦》，影印文淵閣《四庫全書》第594冊，第112頁。「亦」，原本誤作「六」，據《豫章叢書》本改。

地的動物植物，以及中朝兩國君臣的禮節往來。《四庫提要》稱其「所言與
《明史·朝鮮傳》皆合」〔註45〕，而二者相合者實僅洪武二年（1369）朝鮮
王顓表賀即位事與二十五年（1392）朝鮮李成桂代王瑤事，因爲《明史》云：
「朝鮮在明雖稱屬國，而無異域內。故朝貢絡繹，錫賚便蕃，殆不勝書，止
著其有關治亂者於篇。至國之風土物產，則具載前史，茲不復錄」〔註46〕。
而董越經過周爰咨訪，且耳聞目見，筆之於書，因此是書內容廣泛，信實可
徵，足補史之遺。如其自注中云「閹官皆非刑人，惟取幼時傷疾者爲之，所
以甚少，惟盜賊決不輕貸。此事以詢諸三四通事，所言皆合」〔註47〕；「予未
使其國時，皆傳其俗以孀婦供事館驛，予甚惡其瀆。比至，則見凡來供事者
皆州縣官吏，婦人則執爨於驛外之別室。相傳此俗自景泰中其國王琇襲封以
後變之，遼東韓副總兵斌所談也」；又「有位而尊，乃許乘輿出入；無位雖
富，止許約馬超驤」，自注云「二句出許吏曹所具《風俗帖》中」〔註48〕，許
吏曹即董越的館伴許琮。《四庫提要》指出：「考越自正月出使，五月還朝，
留其地者僅一月有餘，而凡其土地之沿革、風俗之變易，以及山川、亭館、
人物、畜產，無不詳錄。自序所謂得於傳聞周覽與彼國所具《風俗帖》者，
恐不能如是之周币。其亦奉使之始預訪圖經，還朝以後更徵典籍，參以耳目
所及，以成是製乎。」〔註49〕總之，《朝鮮賦》「郁郁乎有文，鑿鑿乎可信」（歐
陽鵬《序》）〔註50〕，充分發揮了賦體的優勢，又融入了史學的求實精神，可
以說是一部記述朝鮮史地的佳作。

董越出使朝鮮，除了留下一篇《朝鮮賦》，士林傳誦，還有一部詩集——
《使東日錄》。《使東日錄》一卷，正德九年董越之子董天錫刻，今藏天一閣，
爲訪歸書。是書「紀所經行，凡雨暘寒燠之候，山川風物之異，耳目所創見
者，皆見諸題詠」，以及與朝鮮人的唱和詩均在收錄之列。

天一閣進呈之明刻本《朝鮮志》一卷〔註51〕，也是一部記載朝鮮史地的

〔註45〕《四庫全書總目》卷七十一，第632頁。

〔註46〕《明史》卷三百二十，第8307頁。

〔註47〕《朝鮮賦》，影印文淵閣《四庫全書》第594冊，第108頁。

〔註48〕《朝鮮賦》，影印文淵閣《四庫全書》第594冊，第124頁。

〔註49〕《四庫全書總目》卷七十一，第632頁。

〔註50〕《朝鮮賦》，影印文淵閣《四庫全書》第594冊，第106頁。

〔註51〕天一閣原藏本已不見，今除《四庫全書》本外，有明抄本不分卷、清劉氏嘉
　　　 蔭簃抄本二卷（二者今藏北京圖書館）和《藝海珠塵》本（《叢書集成初編》
　　　 據《藝海珠塵》本排印）等。本書所引據《四庫全書》本。

著作，爲嘉靖間朝鮮人蘇贊成所撰〔註52〕。贊成，朝鮮語音譯，又譯作贊相、
贊政，官職名，大概官品不低〔註53〕。《四庫提要》稱其書「首略敘疆域沿革，
而不標其目。以下分六大綱爲經：曰京都，曰風俗，曰古都，曰古迹，曰山
川，曰樓臺。以所屬八道爲緯：中曰京畿，西南曰忠清，東南曰慶尚，南曰
全羅，西曰黄海，東曰江源，西北曰平安，東北曰咸鏡。皆略如中國地志。
惟京都但載宮殿、曹署，而不及城市；風俗多載其國典制，與故事混而爲一。
又諸道皆無四至八到；古迹多雜以神怪，頗同小說。於體例皆爲未協。然遺
聞瑣事爲中國史書所未詳者，往往而在，頗足以資考證。其敘述亦皆雅潔，
較諸州郡輿圖冗漫無緒者，轉爲勝之」〔註54〕。蘇贊成是朝鮮的官方要員，
最熟悉的自然是朝中掌故，故書中「京都」只載宮殿和官曹，「風俗」多載學
校和科舉等文教事業以及養老和監獄等慈善事業。作爲國家高級官員，蘇贊
成又肩負著招待中國使臣參加宴會、登臨遊覽的任務，故此書以大量篇幅描
述朝鮮的山川、古迹、樓臺之美，且引用大量的典故雖然略顯不經，亦爲史
之談助。如寫朴淵：

> 在天磨、聖居兩山之間，狀若石甕，窺之正黑，有磐石湧出。中心
> 曰島巖，水赴絕壁，怒瀑下垂，可十餘丈，宛如白虹映空，飛雪灑
> 矼，霆奔電激，聲震天地。諺傳昔有朴進士者，吹笛淵上，龍女感
> 之，引以爲夫，故名朴淵。其母來哭，墜死下潭，遂名姑姆潭。淵

〔註52〕 杜澤遜《四庫存目標注》：「《浙江省第五次范懋柱家呈送書目》有《朝鮮志》
二卷一本，明蘇贊成撰。又《浙江採集遺書總錄》有《朝鮮志》二卷，寫
本，明朝鮮蘇贊成撰。當即《存目》所據天一閣本。唯二目均稱爲朝鮮蘇贊
成撰，當有依據。《提要》云『不著撰人名氏』，未知何故。檢《四庫全書》
本《朝鮮志》亦無撰人。疑范氏進呈時尚有序文，後不慎佚之也。」（第2354
頁）

〔註53〕 考《明世宗實錄》卷二二一載，嘉靖十八年（1539）二月，翰林侍讀華察、
工科左給事中薛廷寵充正副使頒諭朝鮮國王李懌。據嚴從簡《殊域周咨錄》
卷一記述稱：在朝期間，朝鮮官員蘇贊相世讓、金觀察麟孫奉命接待。朝鮮
刻本《皇華集》正紀錄了當時朝鮮議政府左贊成蘇世讓與華察、薛廷寵幾人
往來唱和的詩賦。華察《清心堂箴・序》云：「余使朝鮮度鴨綠江，贊政蘇君
以其國王之命逆於義順，相從入漢城，歸，復送之江滸。往返匝一月，每朝
夕必謁，見余輩有作，輒屬和。見其禮度雍容，詞華充潤，東藩之士，此其
傑出者乎？」（《四庫全書存目叢書》集部第301冊，第672頁）贊成，朝鮮
官名，又譯作贊政、贊相。再聯繫《朝鮮志》所達到的文學水平，據以判斷：
《朝鮮志》作者名「蘇世讓」，官居「贊相」。

〔註54〕 《四庫全書總目》卷七十一，第633頁。

上有神祠，遇旱，禱雨輒應。高麗文宗嘗遊此，登島岩上，忽風雨
暴作，石震動，文宗驚怖。時李靈幹扈從作書，數龍之罪，投於淵，
龍即出其脊，杖之，淵水爲之盡赤。

朝鮮人以中國語文記述其國自然山水，語言地道，其筆下之山水無不帶有作
者濃郁的主觀感情色彩和由於軼聞典故的渲染而產生的深沉的歷史感，《朝鮮
志》是一部文采斐然的朝鮮史地佳作。〔註55〕將《朝鮮賦》與《朝鮮志》對
觀，可見中朝兩國人民對同一自然的不同認知情況。

天一閣進呈之明刻本《使琉球錄》二卷〔註56〕，爲嘉靖十三年（1534）
陳侃所作，是中國第一部琉球史地專著〔註57〕。嘉靖十一年刑科給事中陳侃
與行人高澄奉命往琉球冊封國王尚清，歷盡艱辛，終於嘉靖十三年回國，鑒
於前此文獻無徵，作《使琉球錄》。是書首載詔敕及諭祭文，正文分兩部分，
一爲《使事紀略》，詳記其往返行程，備錄「道途、山川、風俗、人物之實，
起居、日用、飲食之細」（《自序》）〔註58〕，其中對「道途之險易」著墨尤多；
二爲《群書質異》，辯證《大明一統志》、《贏蟲錄》、《星槎勝覽》、《集事淵海》、
《通典》、《使職要務》、《大明會典》諸書中有關琉球的記載訛誤之處。末附
《天妃靈應記》和夷語、夷字，略記朝鮮的語言文化。

天一閣原藏之明抄本《星槎勝覽》和《三寶征夷集》則記載了鄭和下西
洋沿途所經諸國之地理、風俗、物產、氣候等情況，是西洋史地學不可缺少
的重要文獻。《星槎勝覽》二卷，爲費信所撰。費信先後於永樂七年（1409）、
十年（1412）、十三年（1415）、宣德六年（1431）四次隨鄭和下西洋。書成
於正統元年（1436），分前後二集：前集記占城等二十二國，是根據其親身歷

〔註55〕 天一閣進呈書目有《朝鮮國志》一卷，此書據天一閣藏《朝鮮志》傳抄，後
由江蘇兩淮鹽政李質穎進呈，實與天一閣進呈本重複，後來又誤編入《天一
閣進呈書目》中。參杜澤遜《四庫存目標注》第2354頁。

〔註56〕 天一閣原藏嘉靖刻本《使琉球錄》今藏臺灣。大陸則有《紀錄彙編》本、清
抄本等。《叢書集成初編》據《紀錄彙編》本影印。本書引文據《紀錄彙編》
本。

〔註57〕 自永樂元年（1403）起，明朝多次遣給事中、行人往其國冊封，但這些冊封
使回國之後，並未留下隻言片語。陳侃的《使琉球錄》是第一部。其後，嘉
靖四十年（1561），給事中郭汝霖、行人李際春出使琉球，往封尚元爲王；萬
曆七年（1579），户科給事中蕭崇業、行人謝傑出使琉球，往封尚永爲王；三
十四年（1606），給事中夏子陽、行人王士禎奉使琉球：均撰有《使琉球錄》，
體例一如陳《錄》。

〔註58〕 《使琉球錄》，《叢書集成初編》第3242冊，第2～3頁。

覽而作；後集記眞臘等二十三國，是採集他書而成，末均附有詩句。《三寶征夷集》記載亞非的國家和地區有二十個：占城、爪哇、舊港、暹羅、滿刺加、啞魯、蘇門答刺、那孤兒、黎代、南浡里、錫蘭、小葛蘭、柯枝、古里、溜山、祖法兒、阿丹、榜葛刺、忽魯謨廝、天方。《三寶征夷集》一冊，又名《瀛涯勝覽》，爲馬歡所撰。馬歡先後於永樂十一年（1413）、十九年（1421）、宣德六年（1431）以通事身份三次跟隨鄭和下西洋，「於是採摭諸國人物之妍媸，壞俗之同異，與夫土產之別，疆域之制，編次成帙，名曰瀛涯勝覽」（《序》）〔註59〕。《星槎勝覽》相當一部分內容取自元汪大淵《島夷志略》，而《瀛涯勝覽》則多爲親身見聞，史料價值更高。〔註60〕

　　（二）天一閣原藏之明代域外史地文獻中記述的中外交往史實及其特定的撰著目的，又對探究明代中國的外交關係與對外政策有著重要的實用價值。

　　《三寶征夷集》記載外國史地的同時，還記述了明初中外雙方的海外貿易活動，體現了中國厚往薄來的朝貢原則，以及中國爲解決各國糾紛，穩定國際秩序，創造一個和平安寧的國際環境所作的努力。如爪哇國人「最喜中國青花磁器，並麝香、花絹、紵絲、燒珠之類，則用銅錢買易。國王常差頭目船隻將方物貢獻朝廷」〔註61〕；錫蘭國王也「甚喜中國麝香、紵絲、色絹、青磁盤碗、銅錢、樟腦，則將寶石、珍珠換易。王常差人齎珍珠、寶石等物，隨同回洋寶船進貢朝廷」〔註62〕；蘇門答刺國王之子殺死

〔註59〕〔明〕馬歡著，萬明校注：《明抄本〈瀛涯勝覽〉校注》，北京：海洋出版社，2005年，第1頁。

〔註60〕天一閣原藏之《星槎勝覽》和《三寶征夷集》還有很高的版本價值。《星槎勝覽》的版本有原本和改訂本兩個系統：原本二卷，有天一閣本和《國朝典故》本兩種；改訂本四卷，有《紀錄彙編》本等八種。1938年，馮承均以羅以智校本爲底本，用《國朝典故》本和天一閣本對校，並取《島夷志略》等書互證，出版了《星槎勝覽校注》，成爲幾十年以來通行的校注本。《三寶征夷集》自天一閣散出後，直到上世紀八十年代才在北京圖書館被發現。本世紀初，研究者將之與其他三種《瀛涯勝覽》的明抄本進行比較，得出結論：《國朝典故》本爲馬歡的初稿本，此稿初成於永樂十四年（1416），正統九年（1444）完成；《說集》本與《澹生堂》本爲馬歡定稿本，完成於景泰二年（1451）；《三寶征夷集》本是馬歡稿本的集大成本，「是惟一迄今沒有見到刻本的足本，而且是海內孤本，彌足珍貴」（萬明《明抄本〈瀛涯勝覽〉校注》序）。

〔註61〕《明抄本〈瀛涯勝覽〉校注》，第27頁。

〔註62〕《明抄本〈瀛涯勝覽〉校注》，第56頁。

原先佔據王位的漁翁，重掌政權，而漁翁之子蘇幹剌不服，要爲父報仇，永樂十三年鄭和到此，發兵擒獲蘇幹剌，平定其國內亂，新國王向中國朝貢〔註63〕。

《朝鮮賦》和《朝鮮志》則是中國與朝鮮親密的「詩賦外交」關係的產物和見證。如《朝鮮賦》中記載董越二人「至太平館，諸陪臣以次見畢，王隨來設燕，候於館門外，立東向，不入，執事者報予二人出迎，乃揖讓入至庭，交揖序坐，舉酒獻酬。將卒爵，乃頷二譯者，使言曰：『《詩經》有云：「隰桑有阿，其葉有那，既見君子，其樂如何。」我得見二位大人，心中懽喜不盡。』予二人亦稱其賢，且敘謝其途次燕接之厚。』」〔註64〕朝鮮君臣浸染中國文化頗深，乃至引經據典，彬彬有禮，二國友好交往，順理成章。《朝鮮志》中則記載朝鮮的一些亭臺樓閣因爲有了中國人的題記而增色不少。如狎鷗亭「在豆毛浦南岸，上黨府院君韓明澮別墅。明澮嘗奉使入中朝，請名於翰林學士倪謙，謙扁以狎鷗，而爲之《記》。後復奉使入中朝，求詩於縉紳武靖侯趙輔等數十人。亭名遂聞於中朝」，迎薰樓「在定州客館南，舊名定遠，董侍講越改以迎薰」，風月樓「在府城中，樓下有池深，廣種芙蕖，董侍講越有《記》」，練光亭「唐內翰臯有《記》」，納清亭「唐內翰臯名之，史給事道記之」〔註65〕。景泰元年（1450）倪謙出使朝鮮，開創了兩國「詩賦外交」的新傳統，兩國使臣往來不絕，文化交流頻繁，萬曆間中國援朝抗倭，這種親密關係一直保持到明亡。自然山水承載著歷史文化的厚重內涵，流傳千載而不息。

天一閣進呈之《日本考略》〔註66〕和《日本圖纂》〔註67〕都是明代日本研究的專著，也是中國對日防禦政策的集中體現。明初倭寇遼東沿海，海防甚嚴，永樂十七年（1419）望海堝一役使沿海倭患稍息。至嘉靖間，倭患又

〔註63〕《明抄本〈瀛涯勝覽〉校注》，第44頁。

〔註64〕《朝鮮賦》，影印文淵閣《四庫全書》第594冊，第110～111頁。

〔註65〕《朝鮮志》，《四庫全書存目叢書》史部第255冊，第389～390、396頁。

〔註66〕天一閣原藏之《日本國考略》一卷《補遺》一卷，嘉靖九年王文光刻本。此書今別有《國朝典故》本、得月簃叢書本、高麗本等。

〔註67〕《四庫全書》收有《鄭開陽雜著》十三卷，爲康熙中鄭若曾五世孫泓及子定遠重編，中有《日本圖纂》、《朝鮮圖說》、《安南圖說》和《琉球圖說》各一卷。而天一閣進呈之《日本圖纂》、《朝鮮圖說》、《安南圖說》和《琉球圖說》各一卷，《四庫全書》又著錄入《存目》，蓋天一閣所藏乃其初出單行之本。今天一閣進呈本不見，本書引文據《四庫全書‧鄭開陽雜著》本。

起，日本海盜與沿海走私商人相勾結，江、浙、閩、廣直至山東沿海無不被其蹂躪。薛俊所撰之《日本考略》就是為禦倭而作的中國第一部研究日本的專著〔註68〕。是書編撰的起因是嘉靖二年（1523）的「爭貢之役」。嘉靖二年，日本大內氏派出的宗設、謙道和細川氏派出鸞岡瑞佐、宋素卿兩批朝貢船隻先後到達寧波，宋素卿賄賂寧波市舶司太監賴恩，得以後到而先驗，在賜宴會上，宋素卿又位居於宗設之上。宗設等強烈不滿，晚間撬開市舶司存放日本貢使兵器的倉庫，殺死瑞佐，並追殺宋素卿至紹興。大內使團在由紹興返回寧波途中，一路燒殺搶劫，殺死明朝官員，奪船逃回日本。日本二使團爭貢，卻在中國領土上濫殺無辜，焚燒劫掠，實在是無理瘋狂之極！定海知縣鄭餘慶因此覺得有必要作一本關於日本的書，「以便禦邊將士之忠於謀國者究覽」，便命郡學生薛俊纂輯是書。書中介紹了日本的歷史沿革、行政官制、禮儀立法、地理物產和風土人情等，而且對日本的文化尤其是語言也有所研究，還記載了中日關係始末，反映了當時一般知識分子對日本的看法。但由於是書「大體上是輯摘前史分類排比，加以刪簡；並加上部分他所知和能搜集到的資料而成」，「除了是第一本中國人有系統的研究日本著作以外，實在稱不上什麼優秀的研究日本作品」〔註69〕。

《日本圖纂》則是當時研究日本著作中水平較高的一部。作者鄭若曾，南直隸昆山人，嘉靖初貢生，進入浙閩總督胡宗憲幕府參加抗倭工作，平倭有功。他認為《日本考略》失真，便訪問曾去過日本的蔣洲和陳可願二人，又咨詢了一些來華的日本人，還得到奉化人所示的南島倭商秘圖，加上自己在抗倭前線的實踐經驗，參互考訂而成書。

《日本圖纂》中言：「今日急務，備倭為第一義。」因此，其門目為備倭而設置，內容為備倭而安排，故實用價值更高，完全可供實際決策中參考引證。如「倭好」，記載日本國人所需之物的用途及價格，「知倭國之所好，則餌在是，而悟所以制之之術矣」。「倭船」，詳記日本船隻的形制、行程特點及我方應對之策。「倭刀」，記日本刀的形制，「刀有高下，技有工拙。倭之富者，不惜重價而制之，廣延高師而學之；其貧者所操不過下等刀耳。運刀者

〔註68〕　參汪向榮：《中國第一部研究日本的專著——〈日本考略〉》，《中日關係史文獻論考》（長沙：嶽麓出版社，1985年）。案《國朝典故》本《日本考略》錯漏極多，又高麗刻本未見，故本節引文多轉引自汪文。

〔註69〕　汪向榮：《中國第一部研究日本的專著——〈日本考略〉》，《中日關係史文獻論考》，第236、232頁。

在前衝鋒，可畏頗有限也。中國人不知，望之轍震而避焉。擒獲倭刀，亦莫辨高下，混給兵士。」「寇術」，記倭寇行軍布陣之法及一些小道小術，如「細作用吾人，故盤詰難」，「向導用吾人，故進退熟」，「眞倭甚少，不過數十人爲前鋒」，作者稱：「倭寇之勝我兵，專以術也，即以其術還治其人，不必用古兵法，蔑不勝矣，故志之。」「使倭針經圖說」，記「太倉使往日本針路」和「福建使往日本針路」，所記路線爲古道，實「有深意存焉」：「頻年倭寇之人往往取間道突至，便利特甚。予已稍從入寇圖中指畫，然不欲條書之者，恐傳者或貽奸孽，以悖騫也。有志於經世者，必須以意會之，而得予之所以不詳書焉，斯善矣。」「市舶」，記明代市舶制度，作者認爲倭患之源不在於市舶制度，而在於利權在下，「市舶所以通華裔之情，遷有無之貨，收征稅之利，減戍守之費，禁海賈，抑奸商，使利權在上也。自市舶內臣出，稍稍苦之。然所當罷者，市舶內臣，非市舶也。嘉靖二年科臣建言倭患起於市舶，遂悉罷之。市舶罷而利權在下，奸豪外交內訌，海上無寧日矣。」〔註70〕可見其鮮明的用意。

鄭若曾的這些關於日本的知識得之於實踐，用之於實踐，所以取得了不錯的效果。《四庫提要》稱：「若曾少師魏校，又師湛若水、王守仁，與歸有光、唐順之亦互相切磋。數人中惟守仁、順之講經濟之學。然守仁用之而效，順之用之不甚效。若曾雖不大用，而佐胡宗憲幕，平倭寇有功。蓋順之求之於空言，若曾得之於閱歷也。」〔註71〕後來鄭若曾在《日本圖纂》的基礎上又編撰了《籌海圖編》、《萬里海防圖論》，此二書更爲完備而周詳。

《日本考略》與《日本圖纂》專門針對倭寇而寫，都是經世之作，反映了明代知識分子對倭寇問題的認識，同時也深刻地表明中國的對外政策，那就是絕不主動侵略別國，一旦受辱，就積極防禦，以抗外敵。

綜上，從天一閣原藏明代域外史地文獻可見，中國以開放友好的姿態積極發展與周邊及海外各國之間的關係，爲世界的和平安定做出了重要貢獻，同時以積極防禦的政策對抗外來侵擾，明代知識分子也對世界有了深入的瞭解，超過了以往的水平。

〔註70〕以上引文分別見《鄭開陽雜著》，影印文淵閣《四庫全書》第584冊，第529、542、546、549、548、547、552、554頁。
〔註71〕《四庫全書總目》卷七十，第617頁。

第三節　天一閣藏明人文集

　　天一閣原藏明人文集約 815 種，其數量之多、種類之多，不僅遠遠超過《明史・藝文志》的著錄，也超過同時代其他藏書家所藏。天一閣藏明人文集是天一閣又一重要的特色文獻集成——明代文學文獻集成。

一、天一閣藏明人文集的特點

　　中國古代傳統的文學樣式是以詩文爲中心的，天一閣原藏明人文集 800餘種，幾乎都是詩文。明史專家陳梧桐曾總結明人文集的特點有三：一是作者眾多，數量龐大；二是體裁廣泛，內容豐富；三是大都爲當時人記當時事、當地人記當地事、當事人記親歷事，比較眞實可靠〔註72〕。筆者根據天一閣書目著錄，將天一閣原藏明人文集包括其作者的生平進行了仔細考察，分析發現，天一閣藏明人文集除了具有上述特點之外，同時又有另外的四點值得注意：

（一）從文集作者的生活時間來看

　　天一閣藏明人文集以正德、嘉靖、隆慶時爲最多。對照明代文學發展的歷程，正、嘉、隆之際也正是明代文學發展的黃金時期，各種類型的文人，各種類型的創作，各種類型的文學活動，在此時紛紛湧現，天一閣藏明人文集恰是這一文學盛況的集中反映。

　　天一閣藏明人文集，有的是大家小集，作者是當時炙手可熱的作家，文集卻初出單行，流傳不甚廣，如李夢陽的《空同集》、《嘉靖集》，王世貞《入魏稿入浙稿入晉稿入楚稿》、《陽羨諸遊藁》，皇甫汸的《三州集》、《南中集》、《還山詩》、《岳遊漫稿》，湛若水的《樵風》；有的文集是一般的二流、三流作者所作，如無錫顧起綸的《澤秀集》、《昆明集》、《句漏集》、《赤城集》，長洲張獻翼的《自泉元諭詩》、《紈綺集》、《秣陵遊稿》，章丘李開先的《東岱山房詩錄》、《使金陵稿》、《濠梁集》、《高齋集》、《李氏山房詩選》，長安張治道的《太微前集》、《太微後集》、《嘉靖集》，河南李濂的《觀政集》、《科場漫筆》、《交遊贈言錄》，江西宜春嚴嵩的《振秀集》、《南還稿》，泰和陳德文的《石陽山人病詩》、《石陽山人蠡海》，湖廣顏木的《淮漢燼餘稿》、《燼餘錄》，雲南張含的《張禺山戊己吟》、《禺山律選》、《觀征集》等，這些作者在當地有

一定知名度和影響力；有的則是各種其他類型的作者所撰，如官至兵部尚書的蘇祐的《舜澤江西詩》、《三巡集》、《穀原詩集》、《穀原詩續集》，江西理學家王臬的《東石類稿》、《東石續集》、《東石近藁》，監察御史熊卓的《熊士選集》，寧波知府鄭珞的《雞肋集附錄》，廣西鎮守太監傅倫的《素軒吟稿》，四川按察副使劉天民的《遊蜀吟稿》，愛好軍事的皇甫沖的《枕戈雜言》等等，這些作者在做官之餘也著意於詩文，詩中反映了作者的生平、思想和當時的史實，在明代詩壇上應佔有一席之地。

（二）從文集作者的生活地域來看

天一閣藏明人文集以浙江、吳中、江西、閩中籍作者爲最多。自明代起，隨著經濟和文化中心的南移，文學中心也逐漸南移，明代文學最發達的地區是在江浙，其次是江西和福建。《明史·文苑傳》對明代吳中、南京和閩中的文學發展狀況作了簡要的論述，而天一閣藏明人文集更加直觀而生動地反映了明代文學發展的這一地域性特徵。若是將其所藏明人文集以時間順序按照上述各地區來分類編排，並加以研究，可以清晰地勾勒出明代地域文學發展的軌迹。

據初步統計，天一閣藏明人別集中，浙江籍作者的別集就有 130 種，僅以天一閣藏甬上作者的文集爲例。有明代寧波文學開山者之一謝瑾的《蝸濡集》、魏侔的《雲松詩畧》；有成化以後楊自懲的《梅讀先生存稿》、李麟的《心齋稿》、楊子器的《早朝詩》等；有弘治、正德之間張琦的《白齋先生詩集》、王相的《介塘文畧》、華愛的《石函先生遺稿》、張鈇的《張碧溪詩集》、屠僑的《屠簡肅公文集》、徐漸的《與泉先生詩集》等；嘉、萬之際的甬上文人文集更多，既有如「嘉靖八才子」之一陳束的《后岡詩集》、《文集》，「布衣詩人之冠」的沈明臣的《越草》、《蕭蒯集》、《丁艾集》、《帆前集》、《用拙集》、《青溪集》、《沈嘉則詩選》、《豐對樓詩選》，以及屠隆的《屠長卿集》這些大家的文集，也有如王應鵬的《定齋先生文畧》、《定齋先生詩集》，張時徹的《芝園定集》，楊美益的《西巡稿》，管大勳的《湖湘初集》，沈一貫的《喙鳴詩集》，余有丁的《余文敏公集》，舒繣的《嘉南集》，余佑的《余遷江集》的這些宦迹之人的文集，還有如倪珣的《京寓稿》、《龜城寓稿》，盧澐的《盧月漁集》，包大中的《東征漫稿》，包大炯的《越吟》，黃元忠的《槐藁》，楊承鯤的《西青閣詩草》，吳鑌的《汝震詩集》，呂時的《甬東山人稿》，李生寅的《李山人詩》等這些雖無甚功名但也工於詩的作家的

文集。其中，王相、沈明臣、呂時和李生寅的文集由天一閣進呈四庫館，被著錄入《四庫存目》，且被給予了應有的評價。《四庫提要》評呂時詩：「蓋萬曆以後，公安、竟陵交煽僞體，么弦側調，無復正聲。時詩在淫哇嘈囐之秋，尚爲不墜風格」，評李生寅「詩皆短章，音節頗諧，而乏深警之思，亦頗窘於邊幅，蓋思清而才弱者也」〔註73〕。甬上文學在明代文學中有一定的地位。

（三）從文集作者的出身來看

天一閣藏明人文集中明代皇族及宗室的文集最全。

如天一閣原藏有明太祖朱元璋的《御製文集》二十卷、明宣宗朱瞻基的《宣宗詩文》一卷。宣宗詩文由天一閣進呈四庫館，雖僅一卷，也很珍貴，《四庫提要》云：「《明史·藝文志》載宣宗文集四十四卷，今未見傳本。此冊僅《廣寒殿記》一篇、《玉簪花賦》一首，詩歌、詞曲三十九首，非其全帙也。」〔註74〕天一閣所藏皇明宗室的文集則較多，如明太祖第五子、周定王朱橚的《元宮詞》，朱橚長子朱有燉的《誠齋百詠》，明世宗生父、湖廣安陸興獻王朱祐杬的《含春堂稿》、《恩紀詩集》，武昌楚王府朱孟烷的《勤有堂詩集》，荊州遼王府朱憲㸂的《種蓮歲稿》、《種蓮文署》，山西大同代王府朱成鏻的《怡齋詩集》，潞州沈王府朱恬烆的《綠筠軒唫帙》，河南開封周王府的朱睦㮮《聚樂堂甲辰集》，洛陽伊藩王的《推恩裕國詩》、《孝子永慕詩》〔註75〕，江西各藩府宗正的文集有朱奠培的《懶仙竹林漫筆》，朱拱檟的《東樂軒詩集》，朱拱橘的《豫章既白詩稿》，朱拱梃的《樵雲邦君詩集》，朱拱樋的《瑞鶴堂近稿》、《匡南詩集》，朱多煃的《夫容社吟稿》等等。明代宗室大多驕奢淫逸，不學無術，但工詩屬文，才學橫溢者亦不乏其人。《史》稱朱孟烷「敬愼好學」〔註76〕，朱奠培「善文辭」〔註77〕，朱多煃「以善詞賦名」

〔註73〕《四庫全書總目》卷一百八十，第1624頁。
〔註74〕《四庫全書總目》卷一百七十五，第1549頁。
〔註75〕阮元《天一閣書目》著錄《推恩裕國詩》一冊：「明伊藩讀禮之餘，見內史所藏乞貸左券無慮萬餘金，憮然曰：『予豈屑此以裕國，將捐而弗取，安用券爲？』盡出於庭，焚之，王都闉詩詠其事，僉和之，裒爲一帙，題曰『推恩裕國』。陝西布政許諫序，湖廣按察洛陽孫應奎序後。」《孝子永慕詩》一冊：「明伊藩思親之作，侍者錄之成帙。嘉靖癸卯洛陽辛東山序之，行人溫新、右長史朱福跋後。」「伊藩王」爲誰，待考。
〔註76〕《明史》卷一百十六，第3571頁。
〔註77〕《明史》卷一百十七，第3593頁。

〔註78〕，朱恬焌「好學，工古文詞，審聲律」〔註79〕，而《藝文志》未著錄其任何著作。天一閣所藏明代宗室的文集，可以塡補明代文學研究乃至史學研究的空白。

（四）從總集類的內容來看

天一閣藏明人總集中，以明人唱和、酬贈、遊觀、哀挽、以及家族的詩文集最有特色。

有的是君臣之間的唱和詩，如《宸章集錄》是嘉靖五年（1526）至七年（1528）間世宗與大學士費宏、石珤、賈詠、楊一清等人的唱和詩；有的是親友之間的唱和，如《湖山倡和詩》是內閣首輔謝遷歸田後與其姻親馮蘭的唱和詩，《怡椿軒集》是刑部尚書劉憬與諸同人的唱和詩，《海右倡和集》是李攀龍、許邦才二人的唱和詩，《朝正倡和詩》是顧璘、趙鶴、朱應登和陳沂等人在南京官邸時的唱和詩，《祖孫倡和詩》是常熟范欽、范奉賢祖孫倆的唱和詩，《除夕倡和詩》是嘉靖二十九年（1550）除夕黃魯曾、黃貫曾、黃禮曾、黃姬水、黃道美等黃氏子侄和其他吳中文士的唱和詩；有的是好友結伴遊覽名勝古迹時的唱和詩，如《名山百詠詩》是弘治時李瑛等人遊南京句容山時的唱和詩，《白岳遊稿》是嘉靖四十二年（1563）沈明臣與友人吳守淮遊齊雲山時的唱和詩，《南明紀遊詩集》是雲南按察副使黃中與僚佐同遊南明諸洞時的唱和詩，《遊嵩集》是喬宇、薛蕙二人遊河南嵩山時的唱和詩；有的是祝壽詩文，如《耆齡集》是隆慶五年（1571）馮遷八十歲生日時與諸人的唱和詩，《希壽錄》是萬曆二年（1574）呂本七十歲生日時諸人的祝壽序文，《壽祺錄》和《壽榮錄》分別是羅欽順七十歲和八十歲生日時公卿大夫及鄉縉紳的祝頌詩文；有的是挽詩，如《哀榮錄》是諸人挽羅欽順的詩文，《張氏至寶集挽詩》是諸人挽張以寧的詩；有的是題贈詩文，如《題贈錄》和《麗澤錄》是諸人獻給江藩朱拱樋的題贈詩文合集，《江門別言》是陳宗虞被謗歸蜀時江西諸人的贈別詩，《邃菴集》和《續集》是楊一清的僚友門生的題贈詩，《陶園後集》是南都士大夫爲贈別南京太僕寺卿楊旦所作的詩；有的是家集，如《郭氏連珠集》、《三軒集》、《章氏三堂集》和《義谿世稿》分別是武定侯郭氏、雲南沐氏、蘭谿章氏和閩縣陳氏的家族文學作品集；還有的是集會結社詩，如《橋門聽雨詩》是永樂七年（1409）會試時諸人之詩，《西湖八社詩》

〔註78〕《明史》卷一百十七，第 3597 頁。
〔註79〕《明史》卷一百十八，第 3606 頁。

是嘉靖四十一年（1562）閩人祝時泰遊杭州時與杭州高應冕諸友結社唱和之詩。《四庫提要》曾就提要進呈之《西湖八社詩》論道：「明之季年，講學者聚徒，朋黨分而門戶立；吟詩者結社，聲氣盛而文章衰，當其中葉，兆已先見矣。」〔註80〕批評未免過嚴。慶祝、題贈、酬唱、遊觀、哀挽等類詩文諸作，擅一時之長，紀一時之盛，於此可見明人風尚，亦可備藝文之一派。

總之，天一閣藏明人文集有共性，也有個性，從另一側面更爲全面地反映了明代文學發展的實際情況，不僅是文學研究也是史學研究的一手材料。

二、天一閣藏二十九種明人文集敍錄

如今天一閣遺存的明代集部文獻 165 種，其中明人別集 78 種，總集 73 種，版本質量亦優劣參半，而大體善本較少。今得閣藏七種並散出之二十二種敍錄如下。

（一）明人別集二十種

1. 《入魏稿入浙稿入晉稿入楚稿》（記述王世貞隆慶、萬曆之際的仕履行迹，爲初出單行之本。）

《入魏稿》二卷、《入浙稿》二卷、《入晉稿》一卷、《入楚稿》一卷，每一部爲一冊，共四冊，題「吳郡王世貞元美著」，半葉九行，行十六字，白口，無尾，四周雙邊，其中《入魏稿》版心上鐫「爽鳩氏言」四字。此書爲天一閣遺存，海內孤本。

明代著名學者王世貞（1526～1590）字符美，號鳳洲，又號弇州，南直隸太倉人，嘉靖二十六年（1547）進士，授刑部主事。嘉靖三十八年（1559），其父王忬被嚴嵩構陷論死，王世貞兄弟赴京爲父訟冤，後歸家奔喪。隆慶元年（1567）父冤得到平反，王世貞起補河南按察司副使，整飭大名等處兵備，是年五月疏請致仕，不允，七月赴任，即《入魏稿》所爲作；隆慶二年（1568）除夕得遷浙江左參政之報，次年正月啓程赴任，四月履任，即《入浙稿》所爲作；隆慶四年（1570）正月得遷山西按察使之報，因母病，至六月方啓程赴任，即《入晉稿》所爲作；是年十月母喪，歸家丁憂；萬曆元年（1573）二月補湖廣按察使，六月啓程赴任，即《入楚稿》所爲作，九月改廣西右布政使離任。

〔註80〕《四庫全書總目》卷一百九十二，第 1751 頁。

此四稿詳細記述了王世貞隆慶中及萬曆初的仕履行迹，所收詩作散見於其《弇州四部稿》中，此集蓋初出單行之本。

2. 《皇甫百泉還山詩》和《岳遊漫稿》（長洲皇甫汸嘉靖末自雲南罷歸作《還山詩》，隆慶時遊白岳山作《岳遊漫稿》，均爲初出單行之本。）

《皇甫百泉還山詩》和《岳遊漫稿》均爲明皇甫汸所撰。《皇甫百泉還山詩》一卷，一冊，明刻本，半葉七行，行十四字，白口，單白尾，左右雙邊，版心鐫「還山詩」，今藏北京大學圖書館。《岳遊漫稿》一卷，一冊，隆慶六年（1572）刻本，版式與《還山詩》相同，版心下有「長洲陳約刻」、「吳郡章循刻」記刻工姓名，卷末牌記「門人新都黃極越郡王廷卿校刊」，今仍藏天一閣。此二書均爲海內孤本。

皇甫汸（1498～1583）爲長洲「皇甫四傑」之一，「七歲能詩，四子中最著者也」〔註81〕，字子循，號百泉，嘉靖八年（1529）進士，授國子博士，擢工部主事，謫黃州推官，召爲南京吏部稽勳司郎中，又謫開州同知，量移處州，遷雲南按察司僉事，落職歸。有《皇甫司勳集》六十卷，收入《四庫全書》。

《皇甫百泉還山詩》是皇甫汸嘉靖末年自雲南罷歸時所作。是書無序跋，收錄其《始發滇》等詩共二十五首，均見於《皇甫司勳集》之中。此集有些詩之後還附載他人原唱之作，如《酬子約秋日燕集》和《和子約夏日郊居五首》均附皇甫濂原倡，《長兄招燕觀蘭》附皇甫沖原倡，《聞郡檄至簡子約》附皇甫濂答詩。是書末又附《還山贈答諸詩》，錄皇甫沖、皇甫濂、陸梓、黃貫曾、張敬渠、莫叔明、黃姬水、史臣紀和吳子孝九人之詩共十首，其中黃詩二首，其餘諸人各一首。

《岳遊漫稿》是皇甫汸於隆慶六年遊徽州府白岳山時所作。前有自序，述及遊山之由，云：「隆慶己巳（1568），大中丞莆田林公〔註82〕假我以符傳，偶染微疢，初夏畏暍俶裝，復解駕屢停，林公且化爲異物，悲哉！余恨不力疾行也。越壬申（1572），大中丞同安陳公〔註83〕詢言及此，余語之故，且告之悔。公曰：『吾獨不能爲林中丞乎？』遂於毗陵移以憲符，三月初吉溯嘉禾，

〔註81〕 乾隆《長洲縣志》，乾隆十三年（1753）刻本，《中國地方志集成・江蘇府縣志輯》第 13 冊，第 282 頁。
〔註82〕 巡撫應天都御史林潤，福建莆田人，參《明督撫年表》，第 362 頁。
〔註83〕 巡撫應天都御史陳道基，福建同安人，參《明督撫年表》，第 363 頁。

踰茗雪，爰登軌路，取捷宣州，望青山，臻白岳。……舟回再泛西湖，抵家
為月之晦，凡二十八日云。」《岳遊漫稿》收錄皇甫汸《始遊白岳》等詩共二
十七首。書末附顧存仁、張勉學、王延陵、劉鳳、黃姬水、黃河水、王穉登、
周時復、黃貫曾、杜瓚、毛文煥、周天球、董份和王世貞等人贈言。

　　皇甫汸是明代中葉有名的吳中文人，其《還山詩》和《岳遊漫稿》中所
載之詩多散見於其《皇甫司勳集》中，蓋亦初出單行之本，而能更為集中地
反映作者之行事與交遊情況。

　　以上三書是明代詩文大家的小集。

3.《石陽山人病詩》和《石陽山人蠡海》（江西泰和人陳德文乃性情中人，為官銜所累，作《病詩》、《蠡海》。）

　　《石陽山人病詩》和《石陽山人蠡海》均為明陳德文所撰。《石陽山人病
詩》一卷，一冊，題「政和令吉人陳德文」，嘉靖十九年（1540）張杞刻藍印
本，半葉八行，行十六字，白口，無尾，四周單邊，版心鐫「石陽山人病
詩」，卷中竟體硃筆句點。首鈐「鄞蝸寄廬孫氏藏書」，卷末鈐「心齋」、「林
集虛印」，蓋散出後曾為甬上書賈林集虛所獲，後又被孫家湛所得。今藏上海
圖書館。《石陽山人蠡海》二卷，一冊，題「吉人陳德文」，亦為嘉靖刻藍印
本，半葉九行，行十八字，白口，無尾，四周單邊，今藏國家圖書館。

　　陳德文，號石陽山人，江西泰和人，嘗增修《袁州府志》，編撰《孤竹賓
談》，著有《陳建安詩餘》等，天一閣均有收藏。據同治《泰和縣志》卷十二，
陳德文為嘉靖四年舉人，官至工部員外郎。又據民國《政和縣志》卷十二，
嘉靖十七年，陳德文任福建政和縣知縣，十九年卸職，在任三年。還做過建
州知州，時間待考。

　　《石陽山人病詩》收錄陳德文任政和知縣時所作之詩凡三十九首。前有
嘉靖十八年（1539）六月陳德文題識。末有嘉靖十九年張杞跋：「杞少侍翁
學，翁襟度坦夷，意興沖逸，居嘗鉛槧弗離手，行則筆墨自隨，所之遇解情
處，止留無難。及其出為令，顧屢以病聞，意翁玄標素質，準物範形，勞積
薄書，非本志也。己亥之秋，弟梓自豫章寄翁病中所為詩，情曠神怡，軋晉
逼魏，其辭益昌焉，而皆賢者不得志之言也。嗟乎，翁豈徒一身之病云哉。
朋友借觀，杞不能悉抄，因重刻之觀北山中。」

　　《石陽山人蠡海》分上、下二卷。上卷收錄陳德文論詩之詩凡八十一首，
前有小序，其中云：「『蠡海』云者，言乎以微測巨，不知量者也。」末有識：

「余來建州，辭翰簡就，簿書謝沖，玄事猥瑣，所理朝夕，揆非平生，菀邑幽憤之情，艱難愁病之狀，入不能言於內，出不敢告於人，情結不伸，悲嗟成韻，未敢擬古作者，姑自爲一家言，庶幾同情之人萬一矜予志耳。」下卷則收錄《病詩》六十四首，前有題識，與《石陽山人病詩》之題識相同。又臺灣中央圖書館藏《石陽山人建州集》四卷，亦爲天一閣散出書，未見，但見《阮目》稱：「內卷三、卷四名《孤竹賓談》」。

陳德文博學善詩文，著述多部，當是江西才子型人物。其同鄉尹臺撰《送石陽陳子令政和序》一文，其中云：「吾郡石陽陳子希踵慕跡，以斯業起名，褒然出人之上者十數年，故一時名卿士大夫咸不藉推引，而知石陽子文學之周。然竟詘名進士之科，乃時俗人不厭譏笑，則反謂勤斯業如石陽子，且邑邑不遂一第，況他哉。」〔註84〕陳德文乃性情中人，卻爲官銜所累，鬱鬱不得志。正史不載陳德文其名，江西地方志亦無其傳略，從天一閣收藏的他的撰述，庶幾可見其學問與性情。

4.《太微後集》和《嘉靖集》（陝西長安人張治道好學耽詩，是關中詩人中較突出者。）

《太微後集》和《嘉靖集》均爲明張治道所撰。《太微後集》四卷，二冊，嘉靖二十年（1541）刻本，半葉十行，行二十一字，白口，無尾，四周單邊，版心鐫「太微後集卷×」，今藏上海圖書館。是冊鈐「黃裳百嘉」、「黃裳藏本」二印，卷末有1953年9月黃裳題識：「此天一閣故物也，《前集》已佚，只存此《後集》矣。林估集虛自甬上攜來者。閣書半爲殘帙，只此尚全可際也。」《嘉靖集》八卷《拾遺》一卷，四冊，嘉靖三十一年（1552）孔天胤刻本，題「關中太微山人張治道著，門生中南李汝蘭校」，半葉十行，行二十一字，白口，四周單邊，今藏國家圖書館。此二書臺灣均有藏本。

張治道（1487～1556），字孟獨，號太微山人，陝西長安人，正德九年（1514）進士，授長垣知縣，在任三年，擢刑部主事，與薛蕙、劉儲秀、胡侍以詩名都下，稱「西翰林」。正德十三年便引疾歸。退歸後，數與王九思、康海縱論詩文。嘉靖十年（1531），劉天和刻其所著《太微詩集》十二卷，嘉靖十九年（1540）魏少潁（少潁乃其字，名待考）刻其新著《太微後集》四卷，嘉靖三十一年孔天胤又刻其《嘉靖集》八卷《拾遺》一卷。

〔註84〕尹臺：《洞麓堂集》卷一，影印文淵閣《四庫全書》第1277冊，第411頁。

《太微後集》書首有嘉靖二十年三月王九思序，對張治道評價頗高：「往歲予嘗讀其詩矣，宛然漢魏盛唐之音響也，然未嘗掇其句。乃今讀其文，宛然先秦兩漢之風氣也，然未嘗泥其故。蓋有今之名士未能免之疵，孟獨乃能灑然脫去，自為一家之言，所謂不煩繩削而自合者，其在天下後世蓋必傳無疑也。嗚呼，是固由於學問之力而天資之迥絕，亦孰得而及之哉。昔者對山康子蓋嘗歎息，謂予曰：『眼中落落，惟有張孟獨。』孟獨有經濟才，弗究於用，乃使之從事文字間，豈不為世道惜也，一而已矣。」

《嘉靖集》收錄張治道詩文凡若干首，《拾遺》一卷為《耽詩論並序》。前有嘉靖三十一年劉儲秀《嘉靖集序》、孔天胤《刻太微嘉靖集敘》、張鏵《序太微嘉靖集》和張治道《嘉靖集序》。張治道自序云：「題曰嘉靖集，蓋以樂雍熙之世，寧忘堯舜；效擊壤之歌，敢誇陽春，且俾後之觀者得以知年代之先後也。」

張治道，史亦無名，而從此二集可見，他好學耽詩文，受到著名文學家康海、王九思的獎譽，又得到陝西巡撫劉天和、陝西布政使孔天胤等官員的賞識，使其詩文得以幾乎全部刊刻行世，是關中作者中較為突出的一位。

5.《介立詩集》（河南汝陽林時之詩集。）

《介立詩集》六卷，二冊，明刻本，半葉十行，行二十二字，白口，無尾，四周單邊，版心上鐫「介立詩集卷之×」。是書今藏上海圖書館，臺灣亦有一部。

是書卷一、卷二為詩，卷三闕，卷四為祭文、墓誌銘、碑、行狀、賦並序。

林時（1491～1535）字懋易，號介立山人，其先南直隸休寧人，家於河南汝陽，正德十二年（1517）進士，選庶吉士，授翰林院檢討，與修《武宗實錄》，充纂修官，進編修，充經筵講官，擢國子監司業，改南京通政使司右參議，擢右通政，改提督膽黃，會繼母喪，歸，遂卒。事蹟具《國朝獻徵錄》卷六十七。

前有 1920 年羅振常題識：「《介立詩集》六卷，范氏天一閣藏書，《天一閣書目》及《天一閣現存書目》並云不著撰人。案此書為明林時撰，時字懋易，汝陽人，正德丁丑科進士，南京右通政，自號介立山人，見《千頃堂書目》。故書端書『林介立詩集』。阮氏、薛氏均未深考，又不見書端之字，亦云疏矣。時庚申二月心井識。」是書鈐「羅振常印」，又鈐「研易樓藏書印」、

「沈氏粹芬閣所得善本書」、「梅花草堂」等印。

6.《均奕集》（河南祥符郭鳳儀習文工詩，受到李夢陽、何景明的提攜，詩集名《均奕集》。）

《均奕集》一卷《附錄》一卷，一冊，明郭鳳儀撰，嘉靖郭中桐岡書院刻本，半葉八行，行十五字，白口，單白尾，四周雙邊，版心下鑴「桐岡書院」。是書今藏國家圖書館，海內孤本。

是集前有翰林院修撰李春芳《均奕詩集序》和王廷陳所撰題識，錄郭鳳儀詩十六首，又郭鳳儀序一篇，末有牌記「男中集、侄西膽」，錄郭鳳儀詩一百四十餘首。附錄四篇：正德十二年（1517）五月李時《送郭生南還序》、何景明《黃河篇送郭季子還梁》、李夢陽《郭生行》和高叔嗣《秋水亭說》。

郭鳳儀，字舜符，號桐岡，河南祥符人。正德十一年（1516）北遊京師，受《易》於侍讀李時，同時結交「前七子」中的李夢陽與何景明。半年後，郭鳳儀還河南，李時贈序送之，稱：「郭生為科舉之學，其文平生典則，達於事理；為古文歌詩，咸知體要，無鉤棘險僻之詞。」何景明賦《黃河篇送郭季子還梁》一首。郭鳳儀後中嘉靖四年（1524）舉人，復進京參加會試，李夢陽賦《郭生行》一首，稱「贈舜符舉人。舜符之遊燕也，信陽何子嘗賦《黃河篇》送之，茲登第，復將北之，而北郡李子為賦《郭生行》」。嘉靖五年，鳳儀中進士後，其同年高叔嗣又為之撰《秋水亭說》：「郭子遴乎大河之上，室於夷門之墟，秋水生其除而冬枯。」郭鳳儀後官黃州知州、雲南按察司副使等職。

書名「均奕」，取自鍾嶸《詩品》：「鍾記室曰：詩之為技殆均博弈。知言哉！兩技均余拙也。若乃四候觸衷，群怨攸託，遐路孤征，閨居疑對，凡斯種種，若弗能已於言焉者。夫言以紓情，情達斯已，況之博弈，局終興盡，贏負一莞爾。今茲作者不然，刓精竭慮，決奇鬥玄，乃至靡有抵極，亦惑矣。余悟等下乘，言均劣奕，情之所起，時亦間作，已輒捐之。兒中跧進曰：『大人操觚運思，忍輒捐乎？』蓋感之，漫為札記云耳。」

郭鳳儀習科舉程文，又工詩歌，得到李夢陽和何景明的獎掖，在河南詩人群中較有聲名。

7.《雷氏白雲樓詩集》（雷鳴春任職刑部時作《白雲樓詩集》，後任河南南陽知府，唐藩朱宙楨刻其詩集以傳。）

《雷氏白雲樓詩集》三卷，三冊，題「舒州雷鳴春肇元甫著」，隆慶五

年（1571）唐藩朱宙棍刻本，半葉十行，行二十二字，白口，四周單邊，版心上鐫「雷氏白雲樓詩集」。前有缺頁。是書今藏北京大學圖書館，海內孤本。

是集按體裁編排，依次為五言古詩、七言古詩、歌、五言排律、七言排律、五言絕句、七言絕句、五言律詩、七言律詩。前有歐大任《白雲樓詩集序》和隆慶五年朱宙棍《刻雷氏白雲樓詩集序》。

雷鳴春，字肇元，號龍舒，南直隸懷寧人，嘉靖三十八年（1559）進士，授湖廣孝感縣知縣，五年奏最，擢刑部郎中，轉工部，出守河南南陽，陞河南布政司右參議，致仕歸，宦遊二十餘年，日講明理學。康熙《安慶府志》卷十七有傳。

雷鳴春以工詩著稱，官刑部時作《雷氏白雲樓詩集》。隆慶中，雷鳴春出任南陽府知府，與唐藩朱宙棍結交，受到其欽慕，詩集得以刊刻傳世。歐序云：「古舒雷公肇元擅賦詠才，不為近世聲偶習，其格調高雅，傳於詞林。曩官西曹，因題其集曰『白雲樓』，志所自也。余過南陽，公守是郡，唐藩宗正紹齋君刻其集成。」朱序云：「《雷氏白雲樓詩集》若干卷，乃吾郡伯龍舒雷先生宦遊詠懷寄贈稿也。先生在比部，居白雲樓最久，故以『白雲樓』名集云。予素聞先生幼負奇才，舉名進士，文章譽震動天下，蓋屢與神交而未逐登龍者二十餘載。庚午歲（1570），先生受命保釐於宛，親炙令儀，竊自慶幸。視篆之暇，因求詩教，先生不予鄙，乃出示《白雲樓詩集》。」

以上七書是明代二流、三流作家的文集，史均無其名。

8. 《雞肋集附錄》（福建閩縣人鄭珞受命出任寧波知府，卓有政績，作《雞肋集》，今已不存，惟存《附錄》。）

《雞肋集附錄》一卷，一冊，題「訥菴鄭珞著」，嘉靖刻本，半葉十行，行十八字，白口，單黑尾，四周單邊，版心鐫「附錄」。是書今藏國家圖書館，卷首有「長樂鄭振鐸西諦藏書」印，蓋散出後曾為鄭振鐸所藏。海內孤本。

是集收錄鄭珞之詩八十首和序一篇，末附嘉靖十六年（1537）趙維《雞肋集跋》，宣宗敕命二道，宣宗御製招隱歌並序和嘉靖十五年鄭威跋，以及浙江巡按御史張惠《保留郡主鄭公奏疏》。趙維跋云：「訥菴公之迹之政，前人之述備矣，惟茲《雞肋集》固公手澤之遺而心聲之著者也，是用錄附，並刻以傳。嗚呼，閱斯集者因圖以考迹，即事以觀政，誦詞以徵心，而公之德之

業將世世其有永矣，然則是集之刻有以哉。乃若司教有規，備載學宮，刺明全稿，克世德業，是皆心之著、政之顯而蹟之耀然者別錄以傳，茲不復綴。」可知，鄭珞著有《雞肋集》，其內容大概是有關鄭珞的事蹟和政績，《附錄》錄鄭珞的詩歌。《雞肋集》今已不存，惟《附錄》尚存。

　　鄭珞，字希玉，號訥菴，福建閩縣人，永樂十三年（1415）進士，選庶吉士，授戶部主事。宣德五年（1430），宣宗為振興吏治，特選禮部郎中況鐘等廷臣九人出任蘇州等九個州府的知州和知府，是年十一月，又命廷臣二十五人出任地方的知州、知府，戶部主事鄭珞便是其中之一，他出任寧波知府。宣德五年（1430）十二月二日，皇帝敕諭鄭珞云：「夫千里之民，安危皆繫於爾，用體朕心，以保養為務，必使其衣食有資，禮義有教，而察其休戚，均其徭役，興利除弊，一順民情」，「奉公循理，始終不渝，庶副朕之委任」。鄭珞於次年正月蒞任，是年二月十五日，宣宗又御製《招隱歌》一首並序賜之，鄭珞從孫鄭威云：「此宣宗皇帝御製《招隱歌》也。先曾仲大父訥菴公領敕守寧波，陛辭而出。帝念天下之遺賢在野，乃賜此歌，而以招賢之意望先公。於時同領歌者，如肇慶知府四明王營、吉安知府陳本深、蘇州知府況鐘也。」鄭珞建言任聽民出海捕漁，宣德六年（1431）九月十一日敕諭：此事利少害多，今後遵永樂十六年（1418）禁例，不許擅自違禁，以啓民患。據嘉靖《寧波府志》，鄭珞奉敕守寧，興舉學校，整飭公署，均節財賦，公平獄訟，為之一新〔註85〕。宣德八年（1433）二月，鄭珞聞母喪，丁憂去職。百姓爭相留之。浙江巡按御史張惠奏「為考察官員事」一疏，其中云：「本府知府鄭珞宣德六年正月十八日敕命到任以來，宣明教化，奸弊屏除，理論無冤，賦役均平。今本官宣德八年二月二十六日聞母喪丁憂，告乞轉達復任，以慰民望。」於是有詔奪情復任。鄭珞於正統二年（1437）復任，復任期間重修寧波府學宮，正統四年（1439）寧波府同知等人立《寧波府重修學宮記》碑〔註86〕。鄭珞後官至浙江參政。

　　鄭珞，《明史》卷二百八十一《循吏列傳》有傳略。他是一名循吏，又愛好詩文，「案牘之暇，手不釋卷，時寄興吟詠」〔註87〕。從現存的《雞肋集附錄》中可以觀政。

〔註85〕參嘉靖《寧波府志》卷二十五，第 1935～1936 頁。
〔註86〕此碑今藏天一閣，參章國慶編著：《天一閣明州碑林集錄》，上海：上海古籍出版社，2008 年，第 65～66 頁。
〔註87〕嘉靖《寧波府志》卷二十五，第 1936 頁。

9.《素軒吟稿》（湖南靖州人傅倫出身宦官，此集為其鎮守廣西時所作，
　　記述其撫治政績。）

《素軒吟稿》十一卷，四冊，題「鎮守廣西都知監太監湖南素軒傅倫
著」，嘉靖五年（1526）朱素齋刻本，半葉十行，行十六字，白口，雙對黑尾，
四周單邊，版心鐫「素軒吟稿卷之×」。是書今藏國家圖書館，有「四明張氏
約園藏書」、「張氏壽鏞」、「詠霓」、「約園善本」等印，蓋散出後曾為張壽鏞
所獲。

是集前有嘉靖五年九月南京翰林院侍講學士郭維藩《素軒吟稿序》。按體
裁分卷：卷一至三，七言律詩；卷四，五言律詩；卷五，歌行；卷六，七言
排律；卷七，五言排律；卷八，五言古體；卷九，七言絕句；卷十，五言絕
句；卷十一，附錄，「《素軒吟稿》，因奉命出師征剿田州夷寇，往還途間，漫
興七言律詩、五言律詩並絕句、歌行共五十五首」。

據郭序可知，傅倫，字天序，號素軒，湖南靖州人，成化十三年（1477）
被選入內庭，進學司禮監內書堂，從翰林院學士李東陽、倪岳講習課試，
得通曉經史大義，並工詞翰，又於暇日練習武事，故乃文武全才。不久遷
尚寶監，供染翰之職。孝宗即位，命提督廣東珠池，自少監陞太監，裁省
賦役，禮待士大夫，「不怵於勢家，不移於利誘，休聲令譽籍甚」。正德初
年，命督理淮安國儲。正德十一年（1516），被委以廣西鎮守一職，在任期
間，抑豪強，撫困苦，興學校，修武備，撫安軍民，為地方穩定做出了一定
的貢獻。

現代研究者指出，明代自成化以後，宦官把持國柄，專權誤國，橫行無
忌的現象屢見不鮮，成化時的汪直、正統時的王振、正德時的劉瑾和天啓時
的魏忠賢就是其中最著者，明朝宦官與國家政治、經濟和軍事結緣，影響著
明代社會生活。鎮守太監更是敲詐勒索，削弱邊防，迫害官吏，給地方造成
危害〔註88〕。但事實並非完全如此。如傅倫，雖是一名宦官，卻不同流俗，
他修身重道，兼通文武，才得兼全，「其發而為詩，沖澹和平，清潤幽婉，畧
無穠纖刻削之為，堂堂乎大雅之音，足以擅作者之場，鳴國家之盛」（郭維藩
《序》），素質很高，是一名知識宦官。

《明史》無傅倫傳記，僅在卷三百十七中提及他於正德十一年曾參與領
兵進剿斷藤峽之事。《素軒吟稿》是傅倫鎮守廣西時所作的詩歌，且都是為事

〔註88〕參王春瑜、杜婉言：《明朝宦官》，西安：陝西人民出版社，2007年。

而作，對其任廣西時的撫治政績記述尤詳，因此此書是明代詩文研究的材料，
更是明代宦官研究不可多得的材料。

10. 《枕戈雜言》（「皇甫四傑」之一的皇甫沖目睹倭寇蘇松、百姓流離，
作《枕戈雜言》。）

《枕戈雜言》一卷，一冊，明皇甫沖撰。半葉八行，行十六字，白口，
單黑尾，左右雙邊，版心鐫「雜言」二字。卷末有嘉靖三十七年（1558）皇
甫汸《讀兵論序》。前殆有脫頁，少量蟲蛀已補。此書爲天一閣遺存，海內
孤本。

「皇甫四傑」之一的皇甫沖（1490～1558）字子浚，號華陽山人，嘉靖
七年（1528）舉人。《明史》有皇甫沖傳略，稱其「善騎射，好談兵。遇南北
內訌，撰《幾策》、《兵統》、《枕戈雜言》三書，凡數十萬言」〔註89〕。《幾策》
和《兵統》今已不存。

此集乃皇甫沖於嘉靖三十三年（1554）所作。是年夏，倭寇蘇州、松江，
入青陽港，至崑山，焚劫村鎮，燒毀郛郭，金閶蕩爲丘墟，軍民死者數千。
皇甫沖目睹此情形，寫下了一系列的紀實詩文：《燒郛行（並序）》、《金閶行
（並序）》、《家兒奉府檄從事軍門詩以送之》四首、《六月五日倭寇再犯郡城
雜詩十首》、《寇退雜詩十首》、《弔三殤文》（並序）（序云：「三殤者，一曰國
殤，謂民兵也；二曰家殤，謂士民也；三曰閨殤，謂貞女也。」），以及《兵
論》四篇（《青齊》、《田州》、《永順保靖》、《吳》）。

皇甫沖究心世務，其言「雖不能用，亦可見其志矣，故四皇甫之才以子
瀋爲冠」〔註90〕。其弟皇甫汸《讀兵論序》中對其志向也有描述：「華陽君自
昔少時好覽孫、吳之書，頗耽左丘之癖，每抗論軍容，高談劍術。甲寅（1554）
之歲，海寇外連，島夷內矗，插羽傳警，枕戈綴言，慕子文以申威懷士，雅
之慷慨，虜在目中，較若指掌。……庚戌（1550）之秋，虜犯京師，君方違
上漢，裒敝辭秦，睹烽火以興嗟，聞鼓聲而流涕，因著《滅胡經》一十六卷，
藏諸私篋，蓋已氣憺幕南、志馳夷北矣。使售策於統朝，回聽於廣武，則是
論也，殆兵家之左券，豈儒生之厄言而已哉？」

此集是研究皇甫沖的思想特點與文學成就的必要參考文獻，同時對於研
究明嘉靖時的內憂外患，也有一定的史料價值。

〔註89〕《明史》卷二百八十七，第 7373 頁。
〔註90〕乾隆《長洲縣志》，《中國地方志集成‧江蘇府縣志輯》，第 282 頁。

皇甫沖好兵書，喜談武事，而是集體裁爲詩文，故不入兵家類，入別集類。

以上三書是知府、宦官和兵事愛好者等其他類型作者的文集。

11.《澤秀集》（無錫顧起綸諸詩集的精選本，著名詩人楊愼、皇甫汸評選，可貴。）

《澤秀集》七卷，存三卷，一冊，題「明無錫顧起綸著，同邑王問、李文麟、成都楊愼、長洲皇甫汸評選，錢唐洪梗編次」，嘉靖四十五年（1566）刻本，半葉九行，行十八字，單白尾，白口，四周單邊，版心依次鐫「澤秀集序」、「澤秀集評」、「總編」、「澤秀集卷一」、「澤秀集卷二」、「澤秀集卷三」等，版心上依次鐫「玄玉齋」、「目錄」、「姓氏爵里」等，版心下鐫刻工：「何鑰」、「邵埴」、「何鎡」、「何銓」、「何貞」、「何釗」等。又有「吳郡閶門探稿朱氏竹素齋雕」一行。是書今藏上海圖書館，鈐「黃裳青囊文苑」、「黃裳藏本」、「黃裳」、「黃裳容氏珍藏圖籍」印。末有黃裳 1953 年九月題識：「此天一閣舊藏，只餘上半，刊刻極工，得之甬估許。」臺灣亦藏一部。

據目錄，是書原本七卷，收錄顧起綸賦一首，四言詩三首，五言古詩六十首，七言古詩十五首，六言詩三首，五言律詩一百四十四首，五言排律十三首，七言律詩八十首，五言絕句三十九首，六言絕句十二首，七言絕句五十一首，共計四百二十一首。今本惟存卷一至卷三，計詩一百五十九首。

是書正文前有嘉靖四十五年（1566）田汝成《澤秀集序》，高應冕集評，目錄，姓氏爵里（所謂「姓氏爵里」，即「本集所題，間就其今昔異稱，前見既詳，後不復載內，稱詳傳者」），嘉靖三十三年（1554）楊愼《玄言齋集序》，嘉靖三十四年（1555）楊愼《昆明集序》，嘉靖三十四年皇甫汸《昆明集序》，嘉靖三十年（1551）陳鶴《誂藻集引》，嘉靖三十七年（1558）李文麟《書句漏集》，以及嘉靖三十七年顧起綸《感知編自題》、《舊林集自題》。又附洪梗題識：「顧儒林詩高流品之者眾矣，然而楊太史序中所稱警句諸篇並不見茲集，何歟？蓋儒林鑒識頗精，自律更嚴，合諸家之選，而手抄之，所取故不寥寥菁秀哉。僭爲是編，並附末識云。」

顧起綸（1516～1587）字玄言，後更名更生，字仲長，南直隸無錫人，禮部尙書顧可學之子，少時即穎異出眾，補博士弟子，入太學，但不第，選爲雲南某衛經歷，遷鬱林州同知，謝病歸。顧起綸編有《國雅》，撰有《玄言

齋集》、《昆明集》、《訕藻集》、《句漏集》、《赤城集》、《舊林集》、《知非歷》等〔註91〕，多數都被天一閣收藏。《澤秀集》則是以上諸集的精選本。

　　書名「澤秀」，田汝成序：「玄言爲無錫世家，穎悟絕倫。八歲誦詩讀書，背碑覆局。十七善屬文，詞賦如流水。以《雅》以《南》，蚤擅西河之鑑；載津載涉，博詠北海之淵。一時華苑並欽其風，爲其世父少保禮部尙書榮僖公（筆者案：指顧可學）特所鍾愛。故其優遊宦邸、調笑公卿則多紀盛覽勝之作，薄遊羈役、慷慨呻吟則多寓言述志之作，金馬碧雞、鬼門海角則多宣風懷土之作，宴集丘園、從容酬酢則多臨高興矚、贈別詠歸、訪古悲時、停雲歎逝之作。凡斯之體，各以彙聚，具載其《玄言》、《昆明》、《句漏》、《訕藻》、《舊林》諸集，暨《感遇》有編、《知非》有歷，若開武庫，而鏗鏗者皆利器；若啓玄圃，而種種者皆奇珍。猶以爲詩不易作，亦不可以徒多作也。選其諸集中犁然當心者僅存什一，別之爲集，舉似楊太史用修號之『澤秀』，取其所鍾皆靈澤之秀也。」

　　顧起綸，曾在雲南與楊愼、皇甫汸相唱酬，以其才學受到諸人的推重，是一時之詩文較爲傑出者。

　　12.《池上編》（寶應人朱曰藩詩文集的初出單行本，楊愼批選，殊爲可貴。）

　　《池上編》二卷，一冊，題「射陂朱曰藩著，升菴楊愼批選」，嘉靖三十五年（1556）刻本，半葉十行，行十八字，白口，單黑尾，左右雙邊，版心依次鐫「卷上」、「卷下」，卷末有牌記「嘉靖丙辰春三癸亭重雕」。是書今藏上海圖書館，海內孤本。

　　是書錄朱曰藩之詩，凡七十四首，楊愼批選。前有嘉靖三十四年楊愼序，其中云：「維揚朱子射陂以掞藻相契，近以其《池上編》二帙寄余批評，苦無人錄一過，但擇其愜心而必傳者七十四首，如昔人篋中之集藏之，仍歸其原帙。至邛州，北川陸公（筆者案：指陸穩）見而珍之，遂命刻梓，而屬愼以序。」又云：「余方欲剗其穢以似知音，獨見射陂子之詩黎然當於予心，蓋取材《文選》、《樂府》，而憲章於六朝、初唐，不事蹈襲，不煩繩削，可以鳴世興後矣。」朱曰藩的詩受到楊愼的襃揚，又得到陸穩的讚助，得以刊刻行世。

〔註91〕傳見王世貞：《同知鬱林州事封文林郎大理寺右評事九華顧公墓誌銘》，《弇州續稿》卷一百十三，影印文淵閣《四庫全書》第 1283 冊，第 594～596 頁。

　　朱曰藩（1501～1561）字子价，號射陂，嘉靖「十才子」之一、「金陵四大家」之一朱應登之子，南直隸寶應人，幼即博學工詩。嘉靖二十三年（1544）中進士，授烏程知縣，與工部尚書劉麟結社硯山之中。歷南京刑部主事，轉兵部員外郎、禮部郎中，詞翰聞於一時。出爲九江知府，卒於任。〔註92〕朱曰藩著有《山帶閣集》三十三卷，萬曆刻本，爲其一生詩文合集，《明史・藝文志》著錄。《池上編》乃其詩文的初出單行之本，又有名家批點，殊爲可貴。

　　是書鈐「梅花草堂」、「蟫隱廬所得善本」等印。前有 1917 年羅振常題記：「《池上編》二卷，明朱曰藩撰。曰藩有專集，卷帙頗富，此特其當時單刻之一種耳，四明范氏天一閣藏書。見《現存書目》卷四別集類，注云：『六冊，缺。』案觀前楊升菴序，明明言二帙，七十四首，何得云缺？薛氏嘗詆阮氏編之《天一閣書目》謬誤極多，實則薛氏誤乃更甚。前天一閣藏書散出，時予太半得寓目，以校《現存目》，其誤處不堪枚舉，在集部爲尤甚。如劉龍洲，乃注曰明人，陳氏《義谿世稿》本作者十四人，乃不入總集而入別集。語曰：目能見千里而不見其睫，不其然歟？丁巳仲春月付裝竟，因題其端。」

　　13.《感樓集》（吳縣人賀甫家產豐裕，爲里中耆宿，善爲詩，其子編爲
　　　　《感樓集》。）

　　《感樓集》一卷，一冊，明賀甫撰，弘治四年（1491）刻本，半葉九行，行十七字，白口，單黑尾，四周單邊。是書今藏北京大學圖書館，封面題「原目載天一閣舊藏」，卷首鈐「李盛鐸」、「木齋」、「木犀軒藏書」等印，末有「李滂」、「少微」二印，蓋散出後曾爲李盛鐸所藏。海內孤本。

　　是書收錄賀甫之詩凡四十九首。前有弘治四年四月楊循吉《感樓集序》，末附錄吳寬《賀感樓先生墓誌銘》、李東陽《感樓賀君墓表》，以及不著撰人之《賀先生誄》。

　　據此四文可知，賀甫（1415～1490）字美之，初號恥軒，晚更號感樓，人稱感樓先生，南直隸吳縣人。幼隨父僑居江陰，學業既成，還吳中，爲塾師。久之，倦於教書，乃治產業，以至家用豐裕。然能勤儉自持，不惑鬼神，篤於倫理，卓然里中耆宿。有四子：慈、恩、息、應。幼子應早卒。仲子恩

〔註92〕萬曆《揚州府志》卷十八有傳，見《北京圖書館古籍珍本叢刊》第 25 冊，第318～319 頁。

中成化四年（1468）鄉試解元，惜未舉進士亦卒。賀甫「儀貌修古，衣冠整潔，對客舉觴，談謔間發，綽有古人風度。為文章，疏通簡質，善於敘事」（吳寬《賀感樓先生墓誌銘》）。詩稿約有千篇，歿後，其子慈、息編選其中四十九首刊梓以傳。

賀甫，史無其名，崇禎《吳縣志》亦無其傳略，此集及前序和附錄提供了其生平和創作的史料。錢謙益《列朝詩集小傳》中云：賀甫「字美之，吳中耆宿。剛明介特，有通變之才，以老儒致產千金。持邦人風俗之柄者數十年。有『感樓詩集』千篇，楊君謙選得數十首，序而刻之。」〔註93〕錢謙益所見《感樓詩集》蓋與今傳本同。

14.《移虔稿》（按察司副使嘉定人徐學謨嘉靖時由襄陽移鎮江西，作《移虔稿》，江藩朱拱櫜刊刻。）

《移虔稿》一卷，一冊，明徐學謨撰，萬曆三年（1575）刻本，半葉九行，行十八字，白口，單白尾，左右雙邊，版心下鐫「鄒國興刊」、「熊一元刻」、「鄒爵刻」、「一元刻」、「一元刊」、「一元」等記刻工姓名。卷首有萬曆二年（1574）朱拱櫜《刻移虔稿序》、萬曆三年陳柏憲《移虔稿序》和隆慶五年（1571）徐學謨自序。此書為天一閣遺存，海內孤本。

是集是按察司副使徐學謨於嘉靖四十二年（1563）由襄陽移鎮江西時所作，凡《聞虔中新命書漢南公署》等詩四十五首，末附朱拱櫜《賦得太室憲使書却寄二首時予在天池》詩二首。

徐學謨（1522～1593），字叔明，號太室山人，又號西園居士，南直隸嘉定人。初名學詩，因有同姓名者，更今名。嘉靖二十九年（1550）進士，授兵部主事，改吏部，復改禮部，為曹郎凡十年，出為荊州知府，落職歸，起為湖廣按察司副使分守襄陽，轉江西，陞湖廣布政使，遷都察院右副都御史巡撫鄖陽，召為刑部侍郎，晉禮部尚書。著有《世廟識餘錄》等。

徐學謨「文學、政事著於一時」〔註94〕，雖算不上名家、大家，但也受時人讚譽。朱拱櫜序云：「兩過豫章，與余談藝甚歡，復出《遊嶽》、《移虔》諸稿，咸臻妙境，余每三歎之。《遊嶽》舊刻於均州，獨《移虔》未行，爰命梓人，謬題數言如此。」徐學謨自序云：「是役也，食虔州奉僅二十有七日，而迂延道路者凡八月。是稿皆舟中擁鼻所得，不忍弁棄，篋而藏之，而並書

〔註93〕錢謙益：《列朝詩集小傳》，北京：古典文學出版社，1957年，第223頁。
〔註94〕萬曆《嘉定縣志》卷十一，《四庫全書存目叢書》史部208～209冊。

移虔始末於簡端云。」江藩朱拱樋賞識徐學謨的詩，刻其書以傳。

《明史》卷二百四十三載徐學謨任荆州知府和禮部尚書時事，著重其政治才能，對其文學才華則略而不言。此集雖箋箋小帙，亦可補史闕。

以上四書是今江蘇一帶作者的文集，其中《皇甫百泉還山詩》、《岳遊漫稿》、《枕戈雜言》、《感樓集》、《移虔稿》以及天一閣遺存的陸采《天池山人小稿》等都是吳中文人的文集。吳中是明代文學最為發達的地區之一，《明史》對明代吳中文學的發展狀況是這樣描述的：「吳中自吳寬、王鏊以文章領袖館閣，一時名士沈周、祝允明輩與並馳騁，文風極盛。徵明及蔡羽、黃省曾、袁袠、皇甫沖兄弟稍後出。而徵明主風雅數十年，與之遊者王寵、陸師道、陳道復、王穀祥、彭年、周天球、錢穀之屬，亦皆以詞翰名於世。」〔註95〕以上文集的作者《明史》並未提及，天一閣藏書可補其闕。

15.《定齋先生詩集》（御史、鄞縣人王應鵬卒後二十年，詩文集得以刊刻行世。）

《定齋先生詩集》二卷，二冊，題「明進士都察院右副都御史鄞王應鵬天宇著」，嘉靖三十九年（1560）陸激刻本，半葉十行，行二十字，白口，單黑尾，四周雙邊。版心上鑴「定齋詩集」，版心依次鑴「前序」、「目錄」、「卷上」、「卷下」和「後序」。是書今藏國家圖書館。

是集收錄王應鵬之詩三百六十首。前有嘉靖三十九年八月南京都察院右副都御史鄞縣王鈁所撰《定齋先生詩集序》，末有嘉靖三十九年仲秋陸激所撰《敍定齋先生詩後》。

王應鵬（1475～1536）字天宇，號定齋，正德三年（1508）進士，出知嘉定，徵拜監察御史，彈劾無避。巡按山東，能持大體，決疑獄。嘉靖時督學畿內，以樹士風為己任。擢河南提學副使，崇雅黜浮。陞大理寺少卿，編定律令，條陳時政。官至都察院副都御史，嘉靖十一年（1532）以所進章疏遺漏職名下獄，科道交章論救，於次年落職歸里。傳見嘉靖《寧波府志》等。

是集乃王應鵬卒後二十年其婿陸激刊刻。王應鵬正直不阿，以政聲著聞，而詩文亦可觀。如陸《敍》所云：「夫先生以豪傑之才、聖賢之學講授明道，追軌儒先，而又以詩文與海內名才頡頏伯仲焉。蓋又不獨居官立朝，著

─────────────────

〔註95〕《明史》卷二百八十七，第 7363 頁。

績偉度，其大者炳炳朗朗，於時之耳目也。先生之集亦侈矣，激今取先生之詩而梓之，且十之六七焉。」「先生舉進士，仕始縣令，而至大中丞，效忠宣力，於三十年之間，曾不獲休假，無心於詩而詩具焉，無心於志而志形焉。」清李鄴嗣《甬上耆舊詩》高度評價：「定齋先生詩渾涵高脫，即置諸開元之際可謂大家。」〔註96〕

王應鵬還有《定齋先生文畧》一卷，今藏臺灣，亦爲天一閣舊藏。

16.《西青閣詩草》（鄞縣人楊承鯤好遊山水，作詩集曰《西青閣詩草》。）

《西青閣詩草》一卷，題「鄞楊承鯤伯翼著」，萬曆刻本，半葉九行，行十八字，白口，單白尾，四周單邊，版心下鐫「朱仁刊」記刻工姓名。此書爲天一閣遺存。今臺灣藏《西青閣詩草》不分卷，凡二冊，當爲天一閣散出書。而天一閣所藏此集有二部，內容相同，且均只存一卷，後有脫頁，當爲殘本。題下有「壬午」二字，壬午乃萬曆十年（1582）。

楊承鯤（？～1588），字伯翼，浙江鄞縣人，康熙《鄞縣志》稱其「少嗜學工詩文，書法入北海之室，以諸生藝北雍，才名籍甚。性岸放難馴，好遊山水，時與高人衲子往尋名蹟古刹間，構脩園於郭外。有閣曰西清，登眺水光野色。詩能幽峭絕俗。時競趨琅玡，居然不踵其門，稱才俊之有定識者」〔註97〕。

以上二書爲甬上作者的文集。

17.《樵雲詩集》（江西宗室朱拱梃，禮節下士，好學工詩，作《樵雲詩集》。）

《樵雲詩集》一卷，一冊，明朱拱梃撰，嘉靖二十七年（1548）刻藍印本，半葉十行，行十七字，白口，單黑尾，四周雙邊。卷首有嘉靖二十七年吳桂芳序，卷末有嘉靖二十七年傅弘《後敘》。此書爲天一閣遺存，海內孤本。

朱拱梃，號樵雲，寧獻王朱權五世孫。他身爲皇室貴冑，卻甘居儒素，禮節下士，好學工詩，是皇明宗室中的一位佼佼者。吳桂芳序云：「豫章，藩封之多賢地也。余自己亥（1539）得友樵雲邦君，時君齒甫冠，脩然如儒生

〔註96〕〔清〕李鄴嗣《甬上耆舊詩》，影印文淵閣《四庫全書》第 1474 冊，第 177 頁。

〔註97〕康熙《鄞縣志》，《中國地方志集成·浙江府縣志輯》第 18 冊，第 601 頁。

寒士。間往候之，每見其披卷讎校，至則竟日辯難，亹亹不倦，蓋勤學好問
類此。所製詩一準唐王右丞、杜工部諸人，不啻達其堂奥。尤嗜初唐人作，
每誦南溟樊君（筆者案：樊鵬號南溟）云『初唐詩如池塘春草，又如未發之
花』，以爲知言。嗟夫，所造之宏遠可知矣。歲癸卯（1543），余與君別去。
去之數年，君製作日多，名日盛，一時藩臬諸君才名赫奕者悉嘉與之唱和，
蓋駸駸成帙矣。」傅弘敘云：「江藩樵雲邦君以盛年篤志尚賢，雅敦禮道，讀
書攻詞，約類儒生學士。然絕無聲色狗馬紈綺之好，每聞縉紳士必爲延致之。
弘與自湖司寇（筆者案：吳桂芳號自湖）昔俱辱道義交。邦君秀發多文，尤
善於詩。」均對之倍加推贊。

　　是書爲明代宗室的文集。又朱拱㮖的事蹟，相關史籍殊少記載，萬曆
《新修南昌府志》、雍正《江西通志》隻字不提，《明史》卷一百十七則僅
述及拱㮖於嘉靖二十四年（1545）上疏爲父宸潝澡雪事。此集爲瞭解與研究
朱拱㮖之生平行實、詩文成就以及明中期江西詩壇的情況等也提供了難得的
材料。

（二）明人總集九種

1.《名山百詠詩》（句容縣李瑛、王韶等人遊茅山時的唱和詩。）

　　《名山百詠詩》二卷，明李瑛等撰。是書今藏浙江圖書館，每一卷爲一
冊，共二冊。細觀此書，每冊之中，前後兩部分版式不一。卷上前十葉和卷
下前十葉行款相同，都是每半葉十行，行十七字，四周雙邊，順黑尾，版心
上鑴「名山百詠詩」，版心分別鑴「卷上」、「卷下」；卷上後十四葉和卷下後
二十五葉行款相同，都是每半葉十行，行十六字，對黑尾，版心中和版心上
無字。而且每冊前後兩部分，所刻字體亦不一致。又卷上首題「姑蘇顧璘」，
卷下首題「吳郡徐霖」，與原書實際内容不符。是書末有牌記：「崇明院前葉
宅刊行」。蓋是書本爲弘治十三年（1500）原刊本，嘉靖間又將顧、徐二人之
詩增入加以補版，以致前後差距甚大。

　　是集乃句容李瑛等人遊茅山所作之詩。前有弘治十三年九月李瑛《名山
百詠詩引》、弘治十三年九月王韶《璞菴李隱君名山百詠詩序》、弘治十三年
九月胡漢《容城李璞菴名山百詠詩序》，末有華陽居士張紳《名山百詠詩序》
和鄉生黄裳《跋》。

　　據弘治九年（1496）程文纂修、王韶校正的《句容縣志》，茅山在句容縣

治東南四十五里茅山鄉，周回一百四十五里，以山形似句曲，初名句曲，又形似己字，又名己山。漢元帝時有茅氏兄弟三人居其上，遂名茅山。有大茅、中茅和小茅三峰。三茅秀色還是容山八景之首〔註 98〕。因此茅山號稱金陵地肺，華陽洞天。

弘治十二年（1499）春，邑人李瑛與王韶（字思舜，號二守，景泰元年舉人）等里中七人相與遊茅山。李瑛云：「凡所至仙宮古迹，觸景興懷，靡不形之歌詠，以啓予之茅塞。隨賡和者十強二三，勉步唐詩，韻者三十餘首，並歷覽形勝，各賦近體一律，轅錄成帙，名曰『名山百詠』。」王韶序云，李瑛「字廷玉，別號璞菴，爲人性度夷坦，學行老成。成化初，提學天台陳公（筆者案：提學副使臨海人陳選）按臨，建興社學，擇立師範，考公居卷首，深爲邑令太原張侯（筆者案：句容知縣山西忻州人張蕙）所器重。後以衰老辭。西華李侯（筆者案：句容知縣河南西華人李澄）〔註 99〕慕其隱德，敦請泮宮鄉飲，迨今二十餘年矣。公平昔所作尤多，《名山百詠》特一事耳。」可知，李瑛隱居鄉間，作爲鄉賢耆舊，爲人器重，又好爲詩，與遊茅山，賦《名山百詠》。

2.《遊嵩集》（吏部尚書喬宇與薛蕙二人遊河南嵩山的唱和詩。）

《遊嵩集》一卷，一冊，明喬宇、薛蕙撰，嘉靖二十二年（1543）薛蕡刻本，半葉七行，行十六字，白口，對雙黑尾，四周雙邊。是書今藏北京大學圖書館，封面題：「《遊嵩集》，明喬宇、薛蕙同撰，嘉靖癸卯刊本。甲子人日得於廠肆。盛鐸記。」可知此書自天一閣散出後流於廠肆，1924 年被李盛鐸獲得。是書國家圖書館亦藏一部，與此版本相同。

是書收錄嘉靖十年（1531）九月喬宇、薛蕙二人遊嵩之唱和詩各三十五首，共計七十首。前有嘉靖十年九月喬宇所撰《遊嵩記》，末有嘉靖十年十一月濟南鎦天民所撰《書遊嵩集後》，末有牌記「癸卯五月之吉蕙弟薛蕡重刊」。

喬宇（1457～1531）字希大，號白岩山人，山西樂平人，成化二十年（1484）進士，授禮部主事，官至吏部尚書。

嘉靖十年八月，喬宇歸自京口，取道爲嵩嶽之遊，道出亳州，州人薛蕙（1489～1541）來迎。喬宇嘉靖初任吏部尚書時，薛蕙正爲吏部郎中，二人

〔註98〕參弘治《句容縣志》卷四和卷八，《天一閣藏明代地方志選刊》第 11 冊。
〔註99〕據乾隆《句容縣志》卷七，《中國地方志集成·江蘇府縣志輯》第 34 冊。

有同僚之誼，於是與之同行，爲五日之遊。九月七日抵登封縣。八日謁中嶽廟，經盧巖寺，見寺後瀑布泉。九日出啓嵩門，遊嵩福觀，至白鶴觀，造北極廟。十日由啓嵩門行至嵩陽宮，夜宿少林寺。十一日遊初祖庵，登五乳峰。十二日出少林，過崿嶺口，渡伊洛水，抵偃師。一路諸景畢歷，且唱和以終。喬宇自言：「世嘗謂遍遊五嶽爲物外之福，予素愛山水，不減昔人，而遊山之福似爲過之。恒、泰、華三嶽，往歲皆嘗寓目，自餘名山如句曲、清涼之屬，非五嶽列者尚不與焉。今老矣，復得歷覽嵩嶽之勝。」（《遊嵩記》）

喬宇，《明史》有傳，稱其「詩文雄儁，兼通篆籀。性好山水，嘗陟太華絕頂。」〔註100〕《藝文志》著錄其《白巖集》二十卷，不著錄此書。

3. **《廣陵聯句集》**（揚州府通判涂相等五人揚州聯句詩。）

《廣陵聯句集》一卷，一冊，明涂相等撰，嘉靖十六年（1537）刻本，半葉七行，行十五字，白口，單白尾，四周單邊，版心鐫書名。是書今藏國家圖書館，海內孤本。

是集是揚州府通判涂相與田汝棘、朱（名字待考）、宗訓、黃省曾四人聯句之作，共四十七首，其中與田聯句四首，與宗聯句五首，與宗、朱聯句三首，又與宗聯句十四首，與黃、宗聯句七首，與黃聯句十首，附與宗治漕河聯句三首。前有嘉靖十六年五月文徵明《廣陵聯句錄引》和黃省曾《廣陵聯句集序》，末有嘉靖十六年七月宗訓《廣陵聯句錄後序》。

涂相，字夢卜，號東潭，江西南昌人，正德十二年（1517）進士，授新昌縣知縣，擢廣東巡按御史，嘉靖六年謫廣德州，通判桐川，又改判揚州府。嘉靖十六年夏，揚州大雨，淮河決口十三處，官民船隻漂出海，涂相等修理寶應一帶堤岸。涂相後任廣東按察司僉事，致仕歸。〔註101〕田汝棘，字深甫，號莘野，河南祥符人，正德十一年舉人，官兵部司務。朱，號少海，南直隸揚州人；宗訓，號瓠川，廣德人；黃省曾，字勉之，號五嶽山人，吳縣人。

涂相是李夢陽門人，長於詩。文徵明序曰：「《廣陵聯句錄》者，侍御豫章涂君夢卜所作。君自內臺出判桐川，再遷維揚，於是數年，所爲詩甚富。

〔註100〕《明史》卷一百九十四，第5134頁。
〔註101〕同治《南昌府志》卷四十有傳，《中國地方志集成·江西府縣志輯》第1冊，第451頁。

此則在維揚與其所遊會合聯句之作，總若干首。」黃省曾序云：「東潭柱史生
少翔文苑，及於空同子之門，肆入淵肯。故其爲詩，暢而奧，婉而雅，體物
而善新，篤倫而有則，翩翩乎逸驂之騁長途也。揮賦之餘，頗及聯句。」

涂相也有幹才，能治水。宗訓後序云：「東潭涂公判水曹乃五月之季，淮
海淫雨異甚，湖水羨溢湍悍。於是河決邵伯，又決寶應，水高出民屋，稚耋
病之，蓋襟喉之害也。公輒詣邵伯，集鄉部論便宜以相難極。公曰：『寧與此
水爭咫尺之地哉？』廼釃旁渠，分殺水怒寡遊波而不迫，且利漕艘先也。乃
行視其決處，則刮除沖齧而成淵，於是却徙而稍迁之，並堅地作巨堤。功既
就，瓠川子適訪公於邵伯，復有聯句之作。」可見，此書是涂相治水成功之
後諸人的慶功聯句之作。

4. 《南明紀遊詩集》（巡按雲南監察御史黃中等人遊雲南臨安府勝景時
   的紀遊唱和詩。）

《南明紀遊詩集》一卷，一冊，明黃中等撰，嘉靖三十三年（1554）章
士元刻藍印本，半葉八行，行十九字，白口，對雙黑尾，四周雙邊，版心
鐫「南明紀遊詩集」。是書今藏國家圖書館，鈐「周越然」印。臺灣亦藏一
部。

是集是巡按雲南監察御史黃中爲雲南臨安府的南明洞天、萬象洞天和巖
洞的題詩以及諸人的和詩。前有兵科給事中江都李遇元序，次圖二幅，次嘉
靖三十二年七月黃中所撰南明紀遊詩三首：《南明洞天》（序並詩）、《萬象洞
天》、《寄題巖洞》（並序），並附錄三首：《七日芹溪大參虹泉兵憲邀飲海上歸
舟阻風》、《遊湧金寺》、《六涼道中見奇石林立馬上口占》。次韻詩，題「遊臨
安諸洞和」，分別是雲南分守參政沈宏《侍御黃公有作三首》（南明洞天、萬
象洞天、九曲仙源），雲南兵備副使周復俊《寄題南明洞天》，以及四川布政
使繆宗周、戶部主事葉瑞和前戶科給事中楊譔三人《南明洞天次韻》、《萬象
洞天次韻》、《巖洞次韻》各三首。末有嘉靖三十三年春臨安府知府章士元《題
南明紀遊詩集後》。

黃中，字文卿，號西野，浙江遂昌人，嘉靖十年（1531）舉人，爲鉛山
縣令，召入爲御史，先後任山西、雲南及應天府巡按御史，「持大體，多異績」
〔註102〕，補天津兵備。

〔註102〕康熙《遂昌縣志》，《中國地方志集成·浙江府縣志輯》第 68 冊，第 173 頁。

　　黃中在任雲南巡按御史時，有討平那氏之軍功。李遇元序云：「自嘉靖辛亥（1551）以來，元夷構禍，吾臨災切剝床。夏月興師，左轄殞宿。當是之時，限銳之卒腥於野戰，負任之旅疲於繼供，民不堪命甚矣。公初受命，志切澄清，隱若洞瘝在躬者。及按轡於滇，元兇告殄，謨謀廟算，動在萬全，乃與黔黎安養休息。今入吾臨之疆，見其田野闢，教化興，時和年豐，勞息饑食，民無冤獄，道不失遺，公由由然樂焉。」而黃中足跡所至，也不乏詩思，故李遇元又云：「柱史西野黃公按滇之明年，東巡至於臨安，秉飭憲度，申儆有位，罔斁罔越。事既竣，乃從分守芹溪沈公（筆者案：沈宏）、兵憲虹泉蔣公（筆者案：蔣宗魯）之請，載遊南明洞天，因洞命名，奮藻識意，悠悠風雅，允矣可傳。公而下，次韻賡和者若干篇什，郡伯鄧山章侯輩將彙集成帙。」南明經黃中等名宦品題，增色不少。章士元云：「公嘗躋岱宗，越嵩、華，翱翔天台、雁宕，所歷名勝不知凡幾，一睹南明，鑒賞特異，公之具眼也夫，抑南明之遭也夫。」

　　以上《名山百詠詩》、《遊嵩集》、《廣陵聯句集》和《南明紀遊詩集》四書是明人一時一地之唱和、聯句、題詠之作，從中可見明人交遊之習尚。宗訓在《廣陵聯句錄後序》說「是編寄嘯詠於江山者居多」，經過名人的品題唱詠，地理增添了人文色彩。從這個意義上看，此四書又是有關茅山、嵩山、揚州、雲南臨安的歷史地理和旅遊文化的難得資料。

　　5.《張氏至寶集挽詩》（福建古田名士張以寧自挽詩、友朋同僚挽詩暨朱元璋御製詩等。）

　　《張氏至寶集挽詩》一卷，一冊，題「古田縣儒學訓導餘干張瑄編次　古田縣知縣曲江侯昶校正」，弘治元年（1488）刻本，半葉九行，行十八字，粗黑口，三魚尾，四周雙邊。首缺一頁。是書今藏上海圖書館，海內孤本。

　　是冊收錄洪武三年（1370）張以寧所撰自挽詩一首，以及其他46人挽張以寧之詩共46首。詩前有弘治元年福建按察司僉事楊澤序、洪武三年正月誥命、洪武三年四月太祖高皇帝御賜詩十首並序和弘治元年六月楊澤識。

　　張以寧（1301～1370）字志道，號翠屏，福建古田人。元泰定四年（1327）以《春秋》登進士，授黃巖州判官，改六合尹。元亡隱居。洪武初，詔起為翰林學士。洪武三年，與典簿牛諒出使安南，封安南國王。至安南，其王已先卒，國人請求授王印於世子。張以寧以為不可，奏聞朝廷，並使安南世子

行揖拜之禮。朱元璋嘉其忠貞，敕書褒獎，又賜御製詩八章。及還，卒於安南驛。詔有司歸其柩，所在致祭。《明史》卷二百八十五有傳。

是書編輯之由，楊澤題識云：「及公之卒於安南驛，易簀自挽，以見其斃之正。副使典簿牛諒以訃聞，上切嗟悼，命中書省差驛丞張祿齎文赴安南，護柩至廣東省，轉送福建省，命有司擇地修墳以葬，家小之在京者禮送還鄉，仍賜俸祿，優給三年。一時名士咸惜其未獲大用而哀挽之，於以發明聖祖恩禮之隆與公抱負之蘊，皆極精緻，如陳琬琰弘璧，參之以和弓垂矢，皆可觀而可愛者也。」書名「至寶」，序中有楊澤對張以寧之子云：「其爲寶也，豈不至重哉？子毋秘於一家，當以玉音在前，挽詩在後，哀成一集，名曰『至寶』，鋟梓以傳，使天下後世皆得以拜觀乃祖至寶之餘光也。」

張以寧是明初名人之一，《明史》有傳並著錄其《翠屏集》五卷。他的自挽詩也見於《翠屏集》中，而是集又將同時其他人的挽詩並皇帝的誥命、賜詩等相關材料與之彙爲一編，以進一步爲之揚譽，可見挽詩這種特殊的文學體裁的特殊效用。

是書前有 1952 年正月黃裳題識：「此天一閣舊藏本也，出於四明舊肆二酉山房，余收之石麒許，頗敝舊，存其原式可也，不可重裝也。」末又有 1952 年七月黃裳跋：「此天一閣舊藏本，去歲殘臘四明估人挾來滬上，序首葉已失去。按阮元《天一閣書目》史部第五十九葉著錄此本，皆節錄首序之語，時首葉尚未失去也。以寧《翠屏集》尚有，以之著之，此《至寶集》則只范氏藏之耳，因重跋於此，以見其罕秘云。」是書著錄於阮元《天一閣書目》卷二之一，散出後由寧波書賈販至上海，相繼被郭石麒、黃裳所得，今藏上海圖書館。

6.《希壽錄》（餘姚人呂本七十歲生日，其同年、門生及友人祝壽之文。）

《希壽錄》一冊，萬曆元年（1573）呂兌刻本，半葉八行，行十八字，白口，單黑尾，四周單邊，版心上鐫「同壽錄」，前有序，已毀，中間脫一頁。此書爲天一閣遺存，海內孤本。

《希壽錄》爲呂本之子禮部精膳司主事呂兌輯刊，收錄萬曆元年六月一日呂本七十歲生日時其同年、門生和友人所作的十二篇祝壽序文，依次是：朱衡《壽少傅相公南渠翁呂老先生七十序》、王希烈《壽相國渠翁呂老先生七十序》、劉光濟《奉賀少傅呂公南渠先生七十褒序》、佚名《渠翁呂相公七十壽丈》、王遴《壽尊師渠翁呂相公七十序》、陶大臨《奉壽師相渠翁呂老先生

七十序》、陳省《壽少傅南渠呂公七十序》、趙錦《杜國光祿大夫少傅兼太子太傅禮部尚書武英殿大學士南渠呂先生七十壽序》、吳中行《奉賀南渠翁相公呂老先生七十壽序》、孫鑛《壽少傅呂相公暨夏夫人並躋七十序》、呂光洵《壽杜國少傅伯兄渠翁老先生七旬詩有序》、鄭鍾《賀大恩師大杜國渠翁夫子呂老大人暨師母夏太夫人偕壽七袠序》。

呂本（1504～1587）是嘉靖時名臣，中進士後，選庶吉士，授國史檢討，遞陞兩京國子監祭酒、吏部侍郎、東閣大學士、禮部尚書，進太子太保、文淵閣大學士，加少傅，贈太子太傅。但《明史》無傳，僅在《藝文志》中著錄其《期齋集》十六卷。此《希壽錄》是同時諸人對其生平的記述，眞實可信，足補史之未備。

明人祝壽風俗極盛，壽詩、壽序大量刻入文集乃至單獨結集傳世，始於明。祝壽詩文也是明代文學中比較特殊的現象，然至今沒有得到充分的研究。天一閣遺存之《棠陰遙祝》和《儷德偕壽錄》均是此類祝壽詩文，惜或蛀損或殘破，不得一觀。

7. 《題贈錄》和《麗澤錄》(《題贈錄》是江西士人爲江藩朱拱橬所寫的詩文集，《麗澤錄》是諸人寄給朱拱橬請求賜教的詩作以及寫給朱拱橬的書簡，由此可見，在嘉靖中期江西形成了一個以瑞昌王朱拱橬爲首的「西江文會」。)

《題贈錄》十六卷，存卷一至六、卷八至十六共十五卷，嘉靖刻本，二冊，半葉十行，行二十字，白口，四周單邊，版心鐫「題贈錄卷×」。案《阮目》卷四之二有《題贈錄》十六卷《既白詩集》五卷，云：「前十六卷皆諸臣題贈之作，後五卷則既白自製詩也。」此《題贈錄》當即天一閣舊藏之殘卷。

是書今藏國家圖書館，海內孤本。卷一鈐「容家書庫」、「黃裳百嘉」印，第六卷末有黃裳丁酉（1957）前三日題識：「此《題贈錄》六卷，嘉靖豫章刻本，蓋江藩既白君集同時諸仕宦交遊贈序而刊之者，原裝一冊，書根尚存，天一閣舊物也。不知何時流出閣中，余展轉得之海上，百嘉書藏更增一俊，喜何可言！余收有明諸宗藩刻書甚富，江藩所刊此爲初見，並世亦未嘗有著錄者，孤行秘冊，當珍護之。」第八卷首鈐「長樂鄭振鐸西諦藏書」。蓋天一閣原藏本散出後，一冊爲黃裳收得，一冊被鄭振鐸所獲，後均歸國圖，今惟闕第七卷耳。

　　是集是江西地方官、江西籍人和流寓江西之人等爲江藩朱拱樋（1503
～？，號既白）所寫的詩文合集。按體裁分卷：卷一、二、三，序；卷四，
記；卷五，帳詞；卷六，雜著；卷八，賦；卷九，四言擬頌；卷十，五言古
詩，卷十一，五言律詩；卷十二，五言排律；卷十三，五言絕句；卷十四，
七言古詩；卷十五，七言律詩；卷十六，七言絕句。

　　如嘉靖九年（1530）郊議禮成，當時論疏頗多，朱拱樋獻意發明，合乎
上意，皇帝嘉悅，賜金帛襃之。嘉靖十六年（1537）皇帝又賜《御製敬一
箴》、《大學衍義》、《通鑑纂要》諸書，嘉靖十九年（1540）朱建「尊賜樓」
藏之，嘉靖三十四年（1555）樓成。爲此，嘉靖十九年十月張希舉撰《尊賜
樓序》，陳鳳梧撰《敕建尊賜樓記》，嘉靖二十一年歐陽杲撰《恭詠尊賜樓之
冊序》，嘉靖三十四年江西提學副使胡汝霖等撰《尊賜樓序》，江西按察副使
黃洪毗撰《敕建尊賜樓序》，江西巡撫都御史蔡克廉撰《賀瑞昌既白君尊賜樓
成有引》，以及《尊賜樓頌並序》。又如嘉靖十九年，朱拱樋因思其父輔國將
軍宸渠（號竹石），繪《思竹卷》。爲此，嘉靖二十年周賓興撰《思竹冊跋》，
程中和撰《思竹序》，嘉靖二十一年戴有孚撰《題思竹卷》，嘉靖二十八年張
春撰《思竹辭並序》，嘉靖二十九年張蓉撰《思竹序》。嘉靖二十一年五月，
朱拱樋四十歲生日，諸人撰壽序、壽詩爲之祝賀；嘉靖三十一年，朱拱樋五
十歲生日，諸人又撰壽序、壽詩、帳詞等爲之祝賀。朱拱樋還曾將建昌縣民
田七十八畝六分捐入白鹿洞，廩養士儒，爲此，嘉靖三十六年林一新撰《獎
奉國君捐田入白鹿洞議》。

　　是書當與天一閣原藏之《麗澤錄》並觀。《麗澤錄》二十四卷，嘉靖三十
六年遂昌吳世良編，江藩刻本，今亦藏國家圖書館〔註103〕。是書前十六卷爲
諸人寄給朱拱樋請求賜教的詩作，後八卷爲諸人寫給朱拱樋的書簡。吳世良
《刻麗澤集叙》云：「茲若既白公賦呈楓陛，忠歌《天保》之章；夢逃竹坰，
孝切《蓼莪》之想。誠孚北闕，尊賜炳綸綍於五雲；興老南湖，散逸繫筝箬
於孤棹，信志仰仁，功學先潔已矣。用是倡學西江。若陽明王公屢相候問，
不厭往還，手筆瑤華，爛存記室。夫知行合一，與精一敬義，博約道脉，先
後共貫。自此，學不講三乘九轉之談與芝蓋桂室之羨，異端靡俗，莫可挽而
上也。陽明公得匪親見公天分誠朴，可授良知聖訣耶？職涖豫章，再若可泉
（筆者案：蔡克廉）、鍾陽（馬森）、靜齋、少岩（傅頤）、靈湫、五台（陸光

〔註103〕《北京圖書館古籍珍本叢刊》第 115 冊中據以影印。

祖）、還峰諸公，俱令有司先後旌揚盛美，儀文炳燁，迹分南北，情益繾綣，尺素寄聲，遙詢政體，以逮內外簪纓，悉吐腑肺，申好金蘭，群公愛慕之心，猶之陽明夫子也。良嘗辱公挈登徐孺亭，遊濂溪院，喩厄待月，見公直規鄙過，皆對牒苔參。抑思介谿公（嚴嵩）、少湖公（徐階）、默泉公（吳鵬）諸孤卿，政學操節爲當令第一流人物，得非亦慮心取友賢藩、輔仁長善歟？」可見，朱拱橺以宗室親王之尊而好學深思、禮賢下士，贏得了包括當時著名學者王陽明的敬重，江西的地方官員如蔡克廉、馬森、傅頤、陸光祖等人，江西籍人士如嚴嵩，宰輔重臣如徐階、吳鵬等等，無不傾心與之相交，於是形成了以朱拱橺爲首的「西江文會」。

總之，據《題贈錄》和《麗澤錄》等書，我們可以看到，約在嘉靖十九年至嘉靖三十六年之間，江西形成了一個學術群體或者說學術圈，這個群體的領軍領袖便是瑞昌王朱拱橺，諸人往來於其門下，麇集在他周圍，與他切磋學問，爲他寫作詩文，請他改教詩作。這個群體是被明代學術史、文學史研究者等所忽略的，這個群體的形成起因、發展過程和作用影響等問題都有待進一步研究。

　　8.《義谿世稿》（彙輯福建閩縣陳氏祖孫五代十九人的詩作一千餘首，是一部家族文學總集。）

《義谿世稿》十二卷，八冊，萬曆三年（1575）刻本，半葉十行，行二十字，白口，單黑尾，四周單邊，版心上卷「義谿世稿」，版心鑴「卷×」。是書今藏浙江大學圖書館，每冊有「吳興劉氏嘉業堂藏書記」，卷首鈐「張叔平」印，卷內鈐「蟫隱廬所得善本」。臺灣亦藏一部。

是書收錄福建閩縣大義鄉清谿陳氏祖孫五代十九人的詩作一千餘首。初刊於正德十五年，李堅編選陳周至陳達祖孫四代十二人之詩，新安程世大梓行；萬曆二年，陳氏族人陳朝錠任定海知縣，增入陳進、陳暹、陳朝鋆、陳朝鈇和陳朝錠五人之詩，莆田丁瑞生重刊。前有萬曆三年莆田丁瑞生《序》，正德十四年（1519）二月李堅《序》，正德十五年（1520）三月黃鞏《序》。

是集體例：前附各人小傳，後錄詩作。

陳周，字仲昌，號筠軒，通《春秋》，旁及圖史、百氏、陰陽、地理之學，少師楊士奇，隱居不仕，築萬玉潭草亭以自適，晚封監察御史。《義谿世稿》選詩 2 首。

陳周長子陳根，字叔剛，號絅齋，以字行，永樂十九年（1421）進士，拜監察御史，預修三廟實錄，改翰林修撰，陞侍讀，充經筵講官，歸省，卒於家，年四十七，著有《絅齋集》十卷。選詩 92 首。

陳周第三子陳桭，字叔紹，號毅齋，亦以字行，正統十年（1445）進士，拜監察御史，巡按應天，官終湖廣按察副使，有《毅齋集》若干卷。選詩 66 首。

陳周第四子陳梱，字叔復，號抑齋，因二兄既貴，便主持家政，居鄉不苟取予，贈監察御史。選詩 7 首。

陳叔剛長子陳煒，字文曜，號恥菴，天順四年（1460）進士，拜監察御史，督北直隸學政，陞江西按察副使，歷按察使、右布政使，屢薦爲都御史，不果，卒，有《恥菴集》十卷《拾遺》若干卷。選詩 81 首。

陳叔剛次子陳爟，字文政，號果菴，養母以居，創「野航別業」，贈南京戶部郎中，有《野航漁唱集》。選詩 19 首。

陳叔紹之子陳焯，字文厚，號遯菴，一號棲雲，領成化七年（1471）鄉薦，兩試不第，棄去，放情詩酒間，詩文信筆而成，多不存稿。選詩 82 首。

陳周之孫陳焞，字文盛，號默菴，太學生，早死。選詩 5 首。

陳周從侄孫陳烕，字文熇，號畏菴，家貧，教授於鄉。選詩 15 首。

陳梱之子陳烓，字文用，號蒙菴，晚號留餘，成化十四年（1478）一甲進士的探花，授潮州府推官，擢南京監察御史，清戎兩浙，歷廣西、浙江按察僉事，年五十掛冠歸里，有《留餘存稿》十四卷及《續稿》若干卷。選詩 147 首。

陳爟之子陳墀，字德階，號柏崖，又號僅窗，弘治十八年（1505）進士，授廣東東莞知縣，擢南京戶部主事，歷郎中，終雲南按察副使。選詩 31 首。

陳煒長子陳璽，字德府，號守魯，不樂仕進，晚居湖南倉，耕農教子，有《守魯遺撰》。選詩 32 首。

陳堪，字德輿，號梅溪，陳叔紹之孫，隱居不仕。選詩 7 首。

陳烓長子陳達，字德英，號盧窗，又號石壁山臞，弘治十八年進士，授浙江寧波府推官，擢南京刑部主事，遷兵部郎中，調北京職方郎中，歷南太僕、北大理寺少卿，陞山西巡撫都御史，致仕，有《盧窗小稿》並《續集》。選詩 90 首。

陳煃次子陳進，字德仕，號退窗，以弟子員入太學，選湖廣荊門州同知，陞河南都司經歷，致仕，平生所著多不存稿。選詩 8 首。

陳煃之子陳暹，字德輝，號闇窗，又號暘谷山人，嘉靖十四年（1535）進士，授大理寺評事，歷寺正，陞安慶知府、兩淮運使、遼東苑馬卿、廣西參政、江西按察使、廣東右布政使，致仕，有《掄瓴集》。選詩 117 首。

陳璽之子陳朝鍌，字全之，以字行，號津南，又號蒼筤山人，嘉靖二十三年（1544）進士，授禮部主事、員外郎、郎中，歷荊州知府、長蘆都轉運使、山西參政，晚號夢宜居士，僑寓榕城一年半，耕讀於義谿，著有《錦冰集》、《遊梁》、《巴黔》、《蘆滄》、《蓬窗日錄》、《晉陽稿》、《聚遠樓稿》等。選詩 75 首。

陳堪之子陳朝鈇，字嚴之，亦以字行，號筆山，隆慶二年（1568）進士，授江西泰和知縣，移浙江景寧，陞大理寺評事，有《萬卷樓稿》。選詩 44 首。

陳達之子陳朝錠，字符之，由選貢入國學，隆慶四年（1570）鄉薦，授湖廣善化學諭，陞浙江寧波府定海縣知縣，有《公餘小草》。選詩 208 首。

是書是明代洪武至隆慶閩縣義谿陳氏的家集。其中陳周、陳叔剛、陳叔紹、陳焯、陳煒、陳達、陳墀和陳朝錠八人的傳略散見於康熙《福建通志》卷四十四和卷四十五中，但《通志》對他們之間的關係沒有給予充分的揭示。（陳氏家譜有待查考。）《義谿世稿》以「家集」的形式使「多不存稿」的家族成員的詩文得以較為完整地保存下來，流傳於世，這是文學研究乃至史學研究的寶貴史料，其中系統而完整地展現了明代中期以前閩縣陳氏的家族政績、家族文學的特點和家學傳承的特色等，是一個家族史的詳盡資料。

天一閣原藏之《郭氏連珠集》、《三軒詩集》和《章氏三堂集》都是這樣的「家集」：《郭氏連珠集》是武定侯郭鎮、郭武和郭登三人的詩作；《三軒詩集》是雲南沐氏家族成員的詩集，包括沐昂《素軒詩》、沐僖《敬軒詩》和沐璘《繼軒詩》；《章氏三堂集》是蘭谿章氏家族的著述，包括章懋、章拯、章述和章邁四人的奏疏和詩文。然而《郭氏連珠集》仍藏閣中，卻已殘破，《三軒詩集》惟《素軒集》存於南京圖書館，《章氏三堂集》則散佚不知所終。